U0330187

东方的崛起

关于中国式现代化的哲学思考 【第二版】

杨　耕 _著

杨
耕
文
集

第7卷

Rise of the East

Philosophical Reflections
on the Chinese-type Modernization

华东师范大学出版社
·上海·

图书在版编目（ＣＩＰ）数据

东方的崛起：关于中国式现代化的哲学思考 / 杨耕著. -- 2 版. -- 上海：华东师范大学出版社 , 2022 （杨耕文集）

ISBN 978-7-5760-3225-3

Ⅰ . ①东… Ⅱ . ①杨… Ⅲ . ①现代化建设—研究—中国 Ⅳ . ① D61

中国版本图书馆 CIP 数据核字 (2022) 第 165526 号

杨耕文集　第 7 卷

东方的崛起：关于中国式现代化的哲学思考（第二版）

著　　者　　杨　耕
策划编辑　　王　焰
责任编辑　　朱华华　王海玲
责任校对　　刘凯旆　时东明
装帧设计　　卢晓红

出版发行　　华东师范大学出版社
社　　址　　上海市中山北路 3663 号　邮　编 200062
网　　址　　www.ecnupress.com.cn
电　　话　　021-60821666　行政传真　021-62572105
客服电话　　021-62865537　门市（邮购）电话　021-62869887
地　　址　　上海市中山北路 3663 号华东师范大学校内先锋路口
网　　店　　http://hdsdcbs.tmall.com

印 刷 者　　上海中华商务联合印刷有限公司
开　　本　　787 毫米 × 1092 毫米　1/16
印　　张　　23.75
字　　数　　337 千字
版　　次　　2022 年 11 月第 1 版
印　　次　　2022 年 11 月第 1 次
书　　号　　ISBN 978-7-5760-3225-3
定　　价　　98.00 元

出版人　　王　焰

序　言

　　中国的历史似乎越古越辉煌,雄汉盛唐、文宋武元,秦皇汉武、唐宗宋祖……一部中国古代史灿烂辉煌。然而,盛极而衰。这是一个古老而平凡的真理。历史发展总是一条曲线,而不是直线。一部中国近代史沉重悲惨,沉重得让人难以翻动,悲惨得让人不忍卒读:风雨如磐、战祸离乱、割地赔款、百年凌辱……"长夜难明赤县天,百年魔怪舞翩跹"。

　　历史的这一页终于被翻过去了。新民主主义革命的胜利使中国人民从此站起来了,一个饱经沧桑的民族获得新生。那是一段激情燃烧的岁月,一个真情涌动的年代,气壮山河、感天撼地……然而,从1957年开始,"以阶级斗争为纲"的错误理论和实践逐渐占据主导地位,"文化大革命"十年内乱导致中国经济濒临崩溃的边缘,人民生活处于"贫穷的普遍化"状态,温饱都成问题,以致"文化大革命"结束后我们不得不"重新开始争取必需品的斗争"。这是一个悲剧,一个巨大的历史悲剧。

　　改革开放使中国走进新的时代。这是一段"拨乱反正"的岁月,一个悲壮奋起的年代,史无前例、波澜壮阔……中国发生了翻天覆地的变化:从"以阶级斗争为纲"转向以经济建设为中心,从传统的计划经济体制转向社会主义市场经济体制,从封闭半封闭型社会转向开放型社会;从建设物质文明、精神文明到建设政治文明,再到经济建设、政治建设、文化建设、社会建设和生态文明建设"五位一体",构建人与自然共生的"生命共同体";从实行家庭联产承包制到农村承包地"三权"分置,再到实施乡村振兴战略;从以科学技术为"第一"生产力、走新型工业化道路到贯彻科学发展观,再到贯彻新发展理念、建设现代化经济体系;从发展个体私营经济到国有企业改革、发展混合所有制经济,再到建构以公有制为主体、多种所有制经济共同发展的基本经济体制;从"使民主制度化、法制化"到坚持党的领导、人民当家做主、依法治国有机统一,再到全面依法治国,实施法治国家、法治政府、法治社会一体建设;从培养"四有"新人到"不断促进人的全面发展",再到"培养担当民族复兴大任的时代新人";从走向"开放的世界"到"引进来"和"走出去"并重,再到积极推动建设开放型世界经济、构建"人类命运共同体"……改革开放终于使我们探索出一条"中国式的现代化道路"。沿着这条新的道路,一个古老而又充满希望的民族重新出发,"迈开了气壮山河的新步伐,走进万象更新的春天",社会主义的中国崛起在世界的东方,中华民族正以崭新姿态屹立于世界的东方。

经历过共和国的风风雨雨,我从心灵的深处、流动的血液里,深知行走在"中国式的现代化道路"上的艰难,同时,我又深信,"中国式的现代化道路"是承载着国家富强和人民幸福的希望之路。因此,从理论上探索和反思"中国式的现代化"的规律,并以此为基础重构民族的生存方式、思维方式和价值观念,反映、引导和塑造当代中国的民族精神;反过来,以一种面向21世纪的哲学理念,以一种与时代精神融为一体的民族精神引导现实的社会运动,这是当代中国哲学家的良心和使命。我深情地爱着我的祖国,"我的祖国和我,像海和浪花一朵,浪是海的赤子,海是那浪的依托……我分担着海的忧愁,分享海的欢乐"。正因为如此,我向读者献上这部《东方的崛起:关于中国式现代化的哲学思考(第二版)》。

我始终认为,哲学研究不能仅仅成为哲学家之间的"对话",更不能成为哲学家个人的"自言自语"。哲学家不应像魔术师那样,煞有介事地念着咒语,说着一些谁也听不懂的话;哲学家不应像"沙漠里的高僧"那样,腹藏机锋、口吐偈语、空谈智慧,说着一些对人的活动毫无用处的话;哲学家也不应像吐丝织网的蜘蛛那样,看着自己精心编织的思辨之网,自我欣赏、自我陶醉,处在"自恋"之中。水中的月亮是天上的月亮,眼中的人为眼前的人。人类哲学史表明，任何一种有成就的哲学，无论从其产生的原因来看，还是就其提出的问题以及解决问题的方式而言，都是非常现实的，都或直接或间接、或多或少地解决了时代课题。

哲学似乎高耸于"天国"，可哲学家不能不食人间烟火。无论哲学家在主观上如何"超凡入圣"，他都不能不生活在现实的社会中，不能不在现实的条件下进行认识活动，提出问题，拟订解决问题的方案，所谓超前性不过是对可能性的充分揭示。不管哲学在形式上如何抽象，实际上都可以从中捕捉到现实问题。哲学应该也必须从"天国"降到人间，关注现实的人和人的现实。否则，哲学既不可信，也不可爱。

哲学应该也必须同现实"对话"，这是哲学得以存在和发展的根基。否则，哲学就会成为无根的浮萍、无病的呻吟、无魂的躯壳。当今中国最基本的现实就是改革开放和现代化建设。在经济市场化的过程中实现社会现代化，是当代中国社会发展的根本任务；同时，这种经济市场化、社会现代化又是同社会主义改革联系在一起的。换言之，在当代中国，从计划经济体制转向市场经济体制，不仅是资源配置方式的转变，而且是人的生存方式的转变，是一次重大的社会转型。当代中国社会转型的最突出特征和最重要意义就在于，它把现代化、市场化和社会主义改革这三重重大的社会变革浓缩在同一个时空中进行了，构成了一场史无前例、艰难复杂而又波澜壮阔的伟大的社会变迁，它必然引发一系列重大的哲学问题，也必然为哲学思考开辟一个广阔的社会空间。

哲学与现实是一种双重关系：一方面，哲学不能脱离现实，必须直面现实问题，解答时代课题，否则，将失去自己存在的根基；另一方面，哲学又必须进入抽象的概念领域，以概念运动反映现实运动，否则，就不是哲学。当然，哲学必须以哲学的方式联系现实，解答时代课题。在联系现实的过程中，哲学不应失去自己的独立性、反思性和批判性，不能把自己降低为现实的附庸，或仅仅成为现实的解释者。一种仅仅适应现实的哲学是不可能高瞻远瞩的。现实创造哲学，哲学也影响现实；现实校正哲学发展的方向，哲学也引导现实的运动。哲学既要入世，又要出世；既要深入现实,又要超越并引导现实。历史已经并正在证明,哲学变革是政治变革、社会变革的先导。

这里,存在一个无法回避的问题,就是哲学与政治的关系。

哲学不等于政治,哲学家不是政治家,有的哲学家想方设法远离甚至脱离政治,但政治需要哲学。没有哲学论证其合理性的政治,缺乏理念、逻辑力量和精神支柱,缺乏说服力、凝聚力和引导力,很难得到人民大众,尤其是知识分子的拥护。所以,社会变革、政治变革之前总是理论变革、哲学变革。法国资产阶级革命之前,是法国启蒙哲学为之鸣锣开道;德国资产阶级革命之前,是德国古典哲学为之摇旗呐喊;中国新民主主义革命之前,是"五四"新文化运动、马克思主义为之扫清思想障碍。如此等等。正因为如此,马克思强调,哲学是无产阶级的"精神武器",是人类解放的"头脑"。

同时,哲学也不可能脱离政治,哲学总是以自己独特的方式蕴含着政治。正如雅斯贝尔斯所说,哲学既离不开政治,也离不开政治的后果。实际上,哲学既是知识体系,又是意识形态;追求的既是真理,又是某种信念。从根本上说,哲学是以抽象的概念体系,并透过一定的认识内容而表现出来的特定的社会关系,它总是体现着特定的阶级或社会集团的利益、愿望和要求。明快泼辣的法国启蒙哲学是如此,艰涩隐晦的德国古典哲学是这样,高深莫测的结构主义哲学也不例外。用当代解构主义大师德里达的话来说就是,解构主义通过解构既定的话语结构挑战既定的历史传统和现实的政治结构。哲学总是具有自己特定的政治背景,或多或少地蕴含着政治,具有这种或那种政治效应。

当然,哲学命题的理论意义与政治效应并非等值,但哲学具有这种或那种政治效应却是无疑的,而且同一个哲学命题在不同的历史条件下往往产生不同的政治效应。实践是检验真理的根本标准,这本是马克思主义哲学的一个常识性命题,然而,它在 1978 年的中国政治生活中转变为一个极强的政治性命题,产生了巨大的政治效应,以至于对当代中国的发展具有决定性影响。哲学不能成为某种政治的传声筒或辩护词,因为哲学有自己的相对独立性;哲学也不能远离、脱离政治,因为哲学与时代的统一性首先是通过它的政治效应来实现的。在我看来,哲学家既要有自觉的哲学意识,又要有敏锐的政治眼光,才能理解、把握和超越现实,才能反映、引导和塑造时代精神。

《东方的崛起:关于中国式现代化的哲学思考(第二版)》这部著作力图把哲学反思与政治意识结合起来,探讨"中国式的现代化"的规律,以反映时代精神,体现当代中国的民族精神。全书分为上、中、下三编:从第一章《科学社会主义的基本原则与当代中国的实践》到第三章《落后国家社会主义革命的必然性及其特征》为上编,主要从理论上阐述社会主义社会的基本规定,社会主义代替资本主义的必然性及其客观根据,以及经济较为落后国家社会主义革命必然性的形成及其特征;从第四章《世界历史中的东方社会及其命运》到第十二章《当代中国社会发展的双重动力》为中编,主要从理论、历史和实践相结合的视角阐述中国社会主义的产生及其必然性,中国社会主义现代化道路的探索及其历程,改革开放的内在矛盾、根本动力、历史作用和伟大意义;从第十三章《邓小平理论:中国特色社会主义的理论奠基》到第十八章《以实际问题为中心研究马克思主义》为下编,主要从理论和实践的结合上阐述中国特色社会主义的理论基础,尤其是哲学基础,说明邓小平是当代中国改革开放和现代化建设的开创者,邓小平理论是中国特色社会主义的理论奠基。

在这部著作中,我力图把真实的描述和深刻的反思结合起来,把哲学思维力量的穿透力和哲学批判精神的震撼力结合起来,把自觉的哲学意识和敏锐的政治眼光结合起来,从理论上再现中国特色社会主义这一"黄河之水天上来"的必然性,再现"中国式的现代化道路"探索的艰难性,从而将波澜壮阔的改革开放和现代化建设的历程,将一个古老的民族如何在世界东方崛起的"壮丽日出"展示出来。由此,我们也就不难理解这部著作的名字为何是《东方的崛起:关于中国式现代化的哲学思考(第二版)》了。

目 录

上 编

中 编

下 编

附　录

上
编

第一章

科学社会主义的基本原则与当代中国的实践

在人类历史上存在着各种各样的思潮流派或理论体系,其中,不乏思想深刻者。但是,像马克思的社会主义理论,即科学社会主义这样,以无产阶级和人类解放为宗旨,并把坚定的革命性和严格的科学性高度统一起来的理论体系,却是绝无仅有的。科学社会主义以其独特的辩证思维、精湛的经济分析和深刻的批判精神在人类思想史上充分展示了自己的理论风采,并在人类历史上产生了巨大而持久的影响。然而,科学社会主义在当代又受到种种的误解、曲解和挑战。对当代中国的马克思主义者来说,站在当代实践的基础上深刻反思、深入探讨科学社会主义,既是理论的需要,又是现实的需要。

一、科学社会主义的科学所在

在否定科学社会主义的种种观点中,有一种观点值得特别注意,这就是以否定历史规律的存在来否定科学社会主义。

按照波普尔等人的观点,科学社会主义是马克思根据历史规律对未来的历史所做的预言,问题在于,历史不可预言。因为历史规律根本不存在,历史本身是没有规律及其内在趋势的"事实"的堆积,所以,科学社会主义是一种"乌托邦"。在波普尔等人看来,科学社会主义的"大错"就是相信"历史规律";只要"清除历史规律",就能"摧毁科学社会主义"。波普尔等人的确看到了一个事实,即科学社会主义的确是以社会发展规律,包括资本主义生产方式的运动规律为其客观依据和理论前提的。所以,他们力图釜底抽薪,以此来否定科学社会主义的科学性。

可是,波普尔等人是在否定一个无法否定的客观事实,即历史运动的确有其内在规律。历史规律客观存在,不管你如何诅咒,也无法"清除",这不以任何个人或阶级的意志为转移。从历史上看,每一代封建君主都希图封建王朝万世一系,可是历史上照样发生农民起义,照样发生改朝换代,照样发生资产阶级革命。1566 年的尼德兰革命,1640 年的英国革命,1789 年的法国革命,1911 年的中国辛亥革命……这一个个不可重复的历史"事实"的出现,体现的正是资产阶级革命的历史规律。

"社会的物质生产力发展到一定阶段,便同它们一直在其中运动的现存生产关系或财产关系(这只是生产关系的法律用语)发生矛盾。于是这些关系便由生产力的发展形式变成生产力的桎梏。那时社会革命的时代就到来了。随着经济基础的变更,全部庞大的上层建筑也或慢或快地发生变革。"① 这就是规律,"以铁的必然性发生作用"的历史规律。英雄与小丑、流芳百世与遗臭万年的分界线就在于,是否把握历史规律以及如何处理人与规律的关系:凡是顺历史规律而行、推动社会发展者是英雄,流芳百世;凡是逆历史规律而动、阻碍社会发展者是小丑,遗臭万年。

正是在生产力与生产关系、经济基础与上层建筑矛盾规律的支配下,社会发展呈现为一种同自然运动"相似"的过程,人类总体历史体现为原

① 《马克思恩格斯选集》第 2 卷,人民出版社 1995 年版,第 32—33 页。

始社会、奴隶社会、封建社会、资本主义社会和社会主义社会的依次更替。"资产阶级的生产关系是社会生产过程的最后一个对抗形式,这里所说的对抗,不是指个人的对抗,而是指从个人的社会生产条件中生长出来的对抗;但是,在资产阶级社会的胎胞里发展的生产力,同时又创造着解决这种对抗的物质条件。"①因此,在历史中产生的资本主义社会也必然历史地走向灭亡,为社会主义社会所代替。

任何社会变革的终极原因都是生产方式的矛盾运动。科学社会主义不是"哲学共产主义",也不是仅仅基于历史规律的推导,而是直接建立在对资本主义生产方式经济学分析的基础之上。剩余价值理论的创立"使社会主义者早先像资产阶级经济学者一样在深沉的黑暗中摸索的经济领域,得到了明亮的阳光的照耀。科学社会主义就是从此开始,以此为中心发展起来的"②。

资本主义生产方式的内在矛盾就是生产的社会化与生产资料资本家私人占有之间的矛盾。这一矛盾实际上是生产力与生产关系的矛盾在资本主义社会的特殊表现形式,它构成了资本主义社会一切矛盾中的基本矛盾,并造就了资本主义社会的基本经济规律,即剩余价值规律。资产阶级生存与统治的根本条件就是资本的形成和增殖,而资本形成和增殖的过程实际上就是剩余价值不断生产和实现的过程。问题在于,资本的价值增殖或剩余价值的实现依赖生产过程向流通过程的转化,而资本离开生产过程重新进入流通过程时,立即受到两种限制:

一是资本作为生产出来的产品受到现有消费量或消费能力的限制。资本的生产和积累本质上是资本主义生产关系的生产和再生产,它必然造成两极对立,即一边是为数很少的人不断积累财富,一边是为数众多的人不断陷入相对贫困,从而造成生产能力与消费能力之间的巨大反差,以及资产阶级与无产阶级之间的深刻对立。

---

① 《马克思恩格斯选集》第 2 卷,第 33 页。
② 《马克思恩格斯全集》第 20 卷,人民出版社 1971 年版,第 222 页。

二是作为新的价值,资本生产出来的产品受到现有等价物的量的限制,首先是货币量的限制。剩余价值的实现需要"剩余等价物",正如产品作为使用价值受到的限制是他人的消费,产品作为价值受到的限制是他人的生产。由于资本主义的生产都是以追求剩余价值为目的的生产,表现为个别企业生产的组织性和整个社会生产无政府状态的对立,因而在交换总体上,就没有实现所有剩余价值的等价物,这必然导致使用价值的生产受交换价值的限制。所以马克思指出,资本首先受到"货币量的限制","剩余等价物现在表现为[对于资本的]第二个限制"①。

从根本上说,这两个限制就是对生产力无限发展趋势的限制,而资本总是力图在不断变革生产关系的过程中突破这些限制。问题在于,每一次的"创造性破坏"都使资本陷入一次比一次更大的危机之中。以 19 世纪 20 年代的经济危机为开端,而后反复出现的周期性经济危机,一直到 20 世纪 70 年代的石油危机,80 年代的滞胀危机、结构危机,90 年代的金融危机,21 世纪初的全球金融危机……这一系列危机体现出资本主义生产方式的内在矛盾在不断积累和加深,表明"资本主义生产的真正限制是资本自身"②。周期性的经济危机的确可以被看作资本主义必然灭亡的象征。它表明,资本主义或迟或早、或这样或那样必然要被社会主义所代替,就像白昼跟随黑夜一样,非来不可。这就是说,社会主义不仅仅是一种价值目标,更不是"道德主义",而首先具有经济的性质。

面对客观事实,波普尔不得不承认"马克思的预言可能也能实现",现代资本主义的发展"证实了马克思的预言,即贸易循环必然是造成无约束的资本主义制度崩溃的因素之一"③。但他又"自我解嘲",认为这种"证实""并不是对科学预言的证明。它或许是宗教运动的结果——信仰人道主义,以及为改造世界的目的而批判运用我们的理性的结果"④。撇开把

①《马克思恩格斯全集》第 46 卷上,人民出版社 1979 年版,第 388 页。
②《马克思恩格斯全集》第 25 卷,人民出版社 1974 年版,第 278 页。
③[英]卡尔·波普尔:《开放社会及其敌人》第二卷,郑一明等译,中国社会科学出版社 1999 年版,第 303 页。
④[英]卡尔·波普尔:《开放社会及其敌人》第二卷,第 305 页。

科学社会主义等同于"宗教运动"这一荒谬的观点不说，波普尔在这里也犯了一个认识论的错误，即混淆了预见与预报。

所谓预报，是对某一事物在确定时空范围必然或可能出现的判断，而预见则是以规律为依据的关于发展趋势的判断，或者说，是一种只涉及发展趋势的判断。自然科学既能预见，又能预报；社会科学只能预见，不能预报。社会生活的特殊性使得具体事件发生的时间、地点和人物不可能被预报。但是，在社会生活中，我们可以预见发展趋势，即可以预见某一社会现象的最终结局和社会发展的未来走向。这种预见正是以发现和把握历史规律为前提的。实际上，任何一门科学都以发现和把握某种规律为己任。任何一种学说要成为科学，就必须揭示并把握研究对象的规律性。由于科学社会主义深刻揭示并把握了资本主义社会的运动规律及其发展趋势，因而成为一门科学，并对社会发展的未来走向做出了科学的预见。

我不能同意这样一种观点，即科学社会主义是在欧洲产生的，它不适合像中国这样经济文化较为落后的亚洲国家。的确，科学社会主义的故乡是欧洲，但科学社会主义并非专属于欧洲，它是在世界历史这一宏大的历史背景中产生的世界性的学说。

这里所说的世界历史，不是通常的、历史学意义上的世界史，即整个人类历史，而是指各民族或国家进入全面相互作用、相互影响、相互渗透、相互制约使世界整体化以来的历史。从时间上看，世界历史形成于19世纪，资产阶级"首次开创了世界历史"[①]。问题在于，资产阶级开创世界历史的过程实际上造就了一个资本主义的世界体系，并迫使"农民的民族从属于资产阶级的民族"，工业不发达的国家从属于工业发达的国家。在这样一个世界体系中，发达国家的资产阶级进行着双重剥削，即不仅剥削本国的工人阶级，而且剥削"农民的民族"；不发达国家则遭受着双重苦难，

---

① 《马克思恩格斯全集》第3卷，人民出版社1960年版，第68页。

即"不仅苦于资本主义生产的发展,而且苦于资本主义生产的不发展"①。

这就是说,西方资产阶级开创世界历史的过程实际上是把资本主义生产方式及其内在矛盾世界化了,即外化为"农民的民族"与"资产阶级的民族"之间、不发达国家与发达国家之间的矛盾,并使不发达国家产生了同发达国家"类似的矛盾",即资产阶级与无产阶级的矛盾。正因为如此,马克思认为,"中国的社会主义跟欧洲的社会主义象中国哲学跟黑格尔哲学一样具有共同之点"②。

由此可见,在世界历史背景中产生的科学社会主义,诞生在欧洲但又越出欧洲,"远在德国和欧洲境界以外,在世界的一切文明语言中都找到了拥护者"③,从而能够在不同的国度生根发芽,开花结果。

二、科学社会主义的基本原则及其在当代中国的实践

科学社会主义在批判资本主义的过程中发现了未来社会主义的征兆,发现了能够消除资本主义社会弊病的新的生产方式和社会组织的要素。正是依据资本主义生产方式矛盾运动的规律及其发展趋势,科学社会主义制定了社会主义社会的基本规定。这些基本规定也就构成了科学社会主义的基本原则。

第一,尽快发展生产力,实现生产力的巨大增长和高度发展。生产力是社会发展的最终决定因素,创造出高于资本主义社会的生产力是社会主义最终战胜资本主义的物质前提。在《德意志意识形态》中,马克思、恩格斯认为,生产力的巨大增长和高度发展是社会主义社会"绝对必需的实际前提"。在《共产党宣言》中,他们又指出,无产阶级夺取政权后应"尽可能快地增加生产力的总量"④。

---

① 《马克思恩格斯全集》第 23 卷,人民出版社 1972 年版,第 10—11 页。
② 《马克思恩格斯全集》第 7 卷,人民出版社 1959 年版,第 265 页。
③ 《马克思恩格斯选集》第 4 卷,人民出版社 1995 年版,第 212 页。
④ 《马克思恩格斯选集》第 1 卷,人民出版社 1995 年版,第 293 页。

第二,建立生产资料公有制,实现共同富裕。尽管马克思、恩格斯对未来社会主义社会特征的预测非常慎重,而且其理论在不断发展,但他们对未来社会主义社会必须建立生产资料公有制这一点却非常坚定,从来没有发生任何变化,明确指出,社会主义制度与资本主义制度之间"具有决定意义的差别当然在于,在实行全部生产资料公有制(先是单个国家实行)的基础上组织生产"①。建立社会主义公有制是为了实现人民的共同富裕。如果说高度发展的生产力是共同富裕的物质前提,那么建立社会主义公有制则是共同富裕的制度基础。在《政治经济学批判大纲》中,马克思明确指出,在新的社会制度中,"生产将以所有的人富裕为目的"②。恩格斯也多次阐述了这一思想。

第三,在个人消费品分配方式上实行按劳分配。在社会主义公有制条件下,生产资料归社会占有,任何人都不能凭借对生产资料的垄断而获得特殊的经济利益,劳动成为人们占有生产资料和获得产品的根据。同时,由于还存在着社会分工,劳动主要是一种谋生手段,劳动能力是个人"天赋"的权利,具有私人性质。因此,劳动者所创造的产品在做了各项社会扣除之后,还必须以他们各自付出的劳动量为基础分配个人消费品,即在个人消费品分配中实行按劳分配原则。实现共同富裕离不开按劳分配。

第四,在政治上"使无产阶级上升为统治阶级,争得民主"③,同时实行无产阶级专政。民主是社会主义的生命,没有民主,就没有社会主义,社会主义民主是最广泛、最真实的民主。同时,在从资本主义社会到共产主义社会之间的"政治上的过渡时期",无产阶级专政是无产阶级的"政治统治"形式。无产阶级与资产阶级的斗争必然导致无产阶级专政,而无产阶级专政不过是达到消灭一切阶级和进入无阶级社会的过渡。换言之,社会主义民主和无产阶级专政是同一过程的两个方面。

---

① 《马克思恩格斯选集》第4卷,第693页。
② 《马克思恩格斯全集》第46卷下,人民出版社1980年版,第222页。
③ 《马克思恩格斯选集》第1卷,第293页。

第五，确立"有个性的个人"，实现每个人的全面而自由的发展。从《德意志意识形态》提出确立"有个性的个人"，到《共产党宣言》提出"每个人的自由发展""一切人的自由发展"，再到《资本论》重申"自由个性"，强调共产主义就是"以每个人的全面而自由发展为基本原则的社会形式"①，贯穿其中的一条红线就是人类解放和每个人的全面而自由发展。1894年，意大利社会党人卡内帕请恩格斯为《新纪元》周刊题词，用一段话来表述未来社会主义社会的根本特征。恩格斯从《共产党宣言》中找出这样一段话，即"代替那存在着阶级和阶级对立的资产阶级社会的，将是这样一个联合体，在那里，每个人的自由发展是一切人的自由发展的条件"，并认为除这一段话外，"我再也找不出合适的了"。②

可见，社会主义并不反对个人自由，相反，它的目标就是为每个人的自由发展和一切人的自由发展创造广泛而真实的基础。正如恩格斯在《共产主义信条草案》中所说，社会主义的目标就是"把社会组织成这样：使社会的每一个成员都能完全自由地发展和发挥他的全部才能和力量，并且不会因此而危及这个社会的基本条件"③。如果说无产阶级和人类解放是科学社会主义的理论主题，那么，实现人的自由而全面发展则是科学社会主义的最高命题。

社会主义社会的这些基本规定，是科学社会主义依据社会发展规律以及资本主义生产方式矛盾运动规律而制定的，是一种科学的预见。20世纪的社会主义实践从正反两个方面证明，企图在这些基本规定之外另谋"出路"是没有出路的。

按照马克思的观点，没有生产力的巨大增长和高度发展，"那就只会有贫穷的普遍化；而在极端贫困的情况下，就必须重新开始争取必需品的斗争，也就是说，全部陈腐的东西又要死灰复燃"④。社会主义实践的历史

① 《马克思恩格斯全集》第 23 卷，第 649 页。
② 《马克思恩格斯选集》第 4 卷，第 730—731 页。
③ 《马克思恩格斯全集》第 42 卷，人民出版社 1979 年版，第 373 页。
④ 《马克思恩格斯全集》第 3 卷，第 39 页。

完全证实了马克思这一观点的真理性、预见性。正是依据科学社会主义的基本原则,在总结社会主义实践经验的基础上,邓小平多次强调,社会主义社会的"首要任务""主要任务""根本任务",就是发展生产力,并明确提出:"科学技术是第一生产力。"在当代,社会主义求得发展和强盛的根本出路就在于,依靠科技创新发展生产力。

对社会主义制度来说,公有制绝不是可有可无的,它是整个社会主义制度的经济基础。否定公有制就等于否定社会主义制度存在的客观基础。我们只能根据现实的生产力选择、创造公有制的内容、范围和实现形式,而不能否定公有制。中国处在社会主义初级阶段,生产力比较落后,生产力结构比较复杂,应当允许,也必须允许多种所有制存在。但是,在这种多种所有制并存的所有制结构中,必须以公有制为主体,这是社会主义制度的现实基础,是逐步实现共同富裕的现实基础。"一个公有制占主体,一个共同富裕,这是我们所必须坚持的社会主义的根本原则。"①

我不能同意这样一种观点,即在公有制经济中,每个社会成员都是生产资料所有者的一员,因此,应把公有财产量化到每一个人,建立劳动者的私有制。这是一种无原则的糊涂观念。的确,马克思在《资本论》中说过"重建个人所有制",但这并不是重建"劳动者的私有制",而是以"对生产资料的共同占有"为基础,实现"联合起来的个人对全部生产力的占有"②。在马克思看来,随着联合起来的个人对全部生产力的占有,私有制也就"终结"了。

这就是说,马克思所说的"重建个人所有制"与建立公有制是一致的,而与建立私有制风马牛不相及。我们必须明白,在公有制经济中,虽然每个社会成员都是生产资料所有者的一员,但每个社会成员只有同其他社会成员联合成一个整体,才能获得生产资料所有者的地位。占有主体的这种整体性、社会性决定了公共所有的财产权不能在个人之间任意分割、

---

① 《邓小平文选》第三卷,人民出版社 1993 年版,第 111 页。
② 《马克思恩格斯全集》第 3 卷,第 77 页。

自由交易,任何试图把公共所有的财产权量化到个人身上的做法都必然会对社会主义公有制构成侵犯。

按劳分配原则用劳动代替资本,使劳动成为占有产品和获得收入的根据,为实现共同富裕、社会公平奠定了制度基础;用劳动的尺度代替需要的尺度,承认劳动者个人能力的差别以及与此相关的个人利益的差别,为社会主义经济提供了有效的激励和约束机制。在社会主义初级阶段,我们只能坚持而不能改变按劳分配这一基本原则。同时,随着以公有制为主体、多种所有制形式共同发展这一所有制结构的形成,在分配方式上就必然要实行以按劳分配为主体、多种分配方式并存。

更重要的是,按劳分配的实现形式应该也必须随着公有制实现形式的变化而变化。市场经济的存在必然使全社会范围内的按劳分配只能通过市场机制和价值形式,以迂回曲折的形式间接地加以完成。问题在于,我们应寻找一种现实可行的,既符合市场经济要求,又体现按劳分配本质的劳动计量方式,从而使按劳分配与市场机制有机结合起来。

人民民主专政在本质上就是无产阶级专政。在中国这样的经济文化落后的国家,在资本主义世界的包围中进行社会主义建设,没有强大的无产阶级专政是无法立足的。所以,邓小平多次强调,必须坚持无产阶级专政,并使其法制化,即依法行使无产阶级专政。人民民主是社会主义的生命,没有民主就没有社会主义;同时,只有社会主义公有制和无产阶级专政才能保障社会主义民主原则的逐步实现,无产阶级专政不过是达到消灭一切阶级和进入无阶级社会的过渡。在中国特色社会主义实践中,建设社会主义民主政治与坚持无产阶级专政是同一过程的两个方面,社会主义民主与无产阶级专政的制度化、规范化、程序化正在实现,社会主义政治文明正在不断发展。

在科学社会主义理论体系中,每个人的全面而自由发展不是指个人修养,而是指一种社会理想,即同生产力的高度发展、交往的普遍发展、物质产品的极大丰富、旧式分工的彻底消灭相联系的共产主义社会。"个人的全面发展,只有到了外部世界对个人才能的实际发展所起的推动作用为个人本身所驾驭的时候,才不再是理想、职责等等,这也正是共产主义者所向往的。"①

当代中国处在社会主义初级阶段,距离实现每个人的全面而自由发展的共产主义社会仍有漫长的历史过程。但是,实现每个人的全面而自由发展这一社会理想并非渺茫。在当代中国,无论是发展社会主义物质文明、生态文明,还是发展社会主义精神文明、政治文明,归根到底,都是为了促进人的全面发展。实现每个人的全面而自由发展是共产主义的理想,促进人的全面发展则是马克思主义关于建设社会主义新社会的本质要求。

可见,中国特色社会主义并没有违背科学社会主义的基本原则,相反,它正是以此作为自己行动的指南,即使建立社会主义市场经济体制在本质上也是同科学社会主义一致的。

按照马克思的观点,自然经济、商品经济和产品经济是社会经济发展的三大形态,前资本主义经济在总体上属于自然经济,资本主义经济是商品经济的成熟形式,而共产主义社会则是产品经济;自然经济造成人对"人的依赖性",商品经济造成了以物的依赖为基础的"人的独立性",而与产品经济相适应的则是"人的自由个性"。

商品经济是从自然经济到产品经济、从人的依赖性到自由个性的"必然过渡点",具有不可逾越性,而中国社会却没有经过成熟、完整的商品经济形态,市场经济很不发达。这种经济状况远远不能满足社会主义现代化的要求。市场经济是有效配置资源和对生产经营者提供有效激励的社会化的经济形式,而在现实的社会主义公有制经济中又存在着商品交换的内在根据,在这个意义上,市场经济是内生于现实的社会主义公有制经济的。所以,社会主义和市场经济之间不存在根本矛盾。

因此,在中国建设社会主义,要实现社会主义现代化,就必须发展商品经济,建构社会主义市场经济体制,必然要经历一个相当长的历史时期

① 《马克思恩格斯全集》第3卷,第330页。

去实现经济的市场化。这是一个不可逾越的历史阶段，是一个激动人心的社会实践，它把市场化、现代化和社会主义改革这三重重大的社会变迁浓缩在同一个时空中进行了，构成了一个极其复杂、艰难而又波澜壮阔的伟大的社会变迁。在这个过程中，市场经济、现代化和社会主义之间形成了一种相互渗透的关系，市场经济、现代化和社会主义由此都具有了新的内容。社会主义市场经济理论是对科学社会主义的重大发展。

的确，对于如何建设社会主义，科学社会主义并没有提出具体方案。有的人因此认为科学社会主义仍是"空想"。这是一种无知，一种对科学社会主义"本性"的无知。马克思、恩格斯一方面认为社会发展具有内在规律，并以此为依据制定了建设社会主义的基本原则；另一方面又意识到社会发展的复杂性、随机性和不确定性，因而拒绝对社会主义社会的具体方案进行详细论证，提供"预定看法"。正如马克思所说，"在将来某个特定的时刻应该做些什么，应该马上做什么，这当然完全取决于人们将不得不在其中活动的那个既定的历史环境。但是，现在提出这个问题是不着边际的，因而实际上是一个幻想的问题"①。这种态度本身就是科学社会主义不同于空想社会主义的一个重要标志。

马克思主义是科学，而不是启示录，它没有也不想"教条式地预料未来"，没有也不可能提供有关未来社会一切问题的答案。自诩为包含一切问题答案的学说，只能是神学，而不可能是科学。在马克思主义创立之初，马克思、恩格斯就指出，马克思主义"是从对人类历史发展的观察中抽象出来的最一般的结果的综合。这些抽象本身离开了现实的历史就没有任何价值。它们只能对整理历史资料提供某些方便，指出历史资料的各个层次的连贯性。但是这些抽象与哲学不同，它们绝不提供可以适用于各个历史时代的药方或公式。相反，只是在人们着手考察和整理资料（不管是有关过去时代的还是有关现代的）的时候，在实际阐述资料的时候，困难才开始出现。这些困难的克服受到种种前提的制约，这些前提在这

---

① 《马克思恩格斯选集》第4卷，第643页。

里是根本是不可能提供出来的,而只是从对每个时代的个人的实际生活过程和活动的研究中得出的"①。

从科学社会主义创始人那里找不到有关当代问题的现成答案,这不能责怪马克思,要责怪的只能是自己对科学社会主义"本性"的无知。科学社会主义最具生命力的不是它的具体论断,而是它对资本主义社会基本规律的揭示,对社会主义社会基本规定的预见及其科学方法论。我们只能按照科学社会主义的"本性"期待它做它能做的事,而不能要求它做它不能做的事。从根本上说,"马克思的整个世界观不是教义,而是方法。它提供的不是现成的教条,而是进一步研究的出发点和供这种研究使用的方法"②。

三、面向实践不断发展的理论体系

历史上的许多思潮流派、理论体系随着其创始人的逝世而逐步走向死亡。科学社会主义不是这样。由于它自觉地植根于实践,面向新时代,并以科学精神对待自身,因此在马克思逝世之后,涌现出一批又一批后继者,他们在不同程度上推进和发展了科学社会主义。列宁主义、毛泽东思想、邓小平理论都把科学社会主义发展到一个新的阶段。

我们不能把马克思和科学社会主义完全等同起来。从总体上看,科学社会主义是由马克思所创立,为他的后继者所发展的关于社会主义革命和建设的理论体系。离开了马克思观点和学说的科学社会主义,是打引号的科学社会主义;反过来,如果认为只有马克思的观点和学说才是科学社会主义,那么科学社会主义就必然终止于1883年。实际上,以实践为基础的理论创新性、开放性是科学社会主义的"本性",科学社会主义因此是一个不断发展的科学体系。凝固不变的科学社会主义同变动不居的现实社会的矛盾,是一些人头脑中的虚构。我断然拒绝这样一种观点,即

---

① 《马克思恩格斯全集》第3卷,第31页。
② 《马克思恩格斯选集》第4卷,第742—743页。

科学社会主义是"一种群众运动的教条",是"一种教条主义思想体系"。

从理论上看,科学社会主义之所以是一种不断发展的科学体系,就在于它把革命性和科学性高度地统一在这个理论本身之中。这种革命性和科学性集中体现为科学社会主义的彻底批判精神。科学社会主义就是"在批判旧世界中发现新世界"的。更重要的是,科学社会主义不仅以批判的态度考察资本主义,而且以批判的态度对待社会主义,它从来不把社会主义社会看成是凝固的、一成不变的,而"把它看成是经常变化和改革的社会";从来不把社会主义社会中存在的一切事物都等同于社会主义,而是认为社会主义社会"在各方面,在经济、道德和精神方面都还带着它脱胎出来的那个旧社会的痕迹"[①]。换言之,在社会主义社会仍然存在着与社会主义"本性"格格不入的社会现象。"凡是存在的都是合理的",绝不是马克思主义的思维方式。

科学社会主义不仅以批判的态度对待一切为旧制度辩护的学说,而且以批判的态度对待自己,从不故步自封,自诩为绝对真理的思想体系。历史已经证明,凡是以终极真理自诩的思想体系,如同希图万世一系的封建王朝一样,无一不走向没落。科学社会主义不会重蹈这些思想体系的覆辙。其根本保证在于,它自觉地植根于实践之中,以批判的态度对待各种社会思潮,以批判的态度对待自己,从而不断地超越和发展自身。封闭体系与科学社会主义的"本性"格格不入。从这个意义上说,科学社会主义是一部"未完成的交响乐",是一个不断发展的理论体系。

作为一个不断发展的理论体系,科学社会主义绝不能背对当代实践,而必须面向当代实践,积极回应资本主义的新变化以及经济全球化的挑战,从容地走向新世纪。

在当代,资本主义发生了许多新变化,其中一个重大变化就是国家垄断资本主义形成,国家从经济活动的"守夜人"转变为经济活动的调控者,市场经济由此从自由的市场经济转变为有调节的市场经济或有计划的市

[①]《马克思恩格斯选集》第3卷,人民出版社1995年版,第304页。

场经济。这表明,当代资本主义在一定程度上引进了计划经济,"资本主义也有计划控制"。有的人因此断言:科学社会主义"打着维多利亚时代资本主义的烙印",距今170年,已经"过时"。这是一种傲慢与偏见,一种无端的傲慢与偏见,它把真理与时间、变与不变对立起来,根本不理解科学社会主义之所以成为科学的根据。

无疑,科学社会主义创立的时代与现时代有很大的不同。但是,在资本主义社会,生产资料资本家私人占有制不可能从根本上改变,生产社会化与生产资料私有制的矛盾仍然存在,作为社会基本经济规律的剩余价值规律仍然在发挥作用,周期性的经济危机仍然在不断发生。这就是说,科学社会主义创立时所面临的资本主义的根本缺陷和致命弱点,与人们今天所面临的资本主义的根本缺陷和致命弱点在本质上是一样的。21世纪初爆发的全球金融危机以极其尖锐,甚至可以说是急风暴雨的形式,把当代资本主义生产方式及其世界体系的深层矛盾和重大动向凸显出来了。从本质上看,全球金融危机发生的根本原因没有超出马克思主义的逻辑,仍然是资本主义基本矛盾的集中体现和强制性解决。

我们不能依据某种学说创立的时间来判断它是否"过时",是否具有真理性。"新"的未必是真的,"老"的未必是假的。阿基米德原理创立的时间尽管很久远了,但今天的造船工业无论多么发达也不能违背这一原理。如果违背这一原理,造出的船无论多么"现代化",多么"人性化",都不可能航行;如航行,必沉无疑。正是由于深刻地把握了资本主义生产方式的内在矛盾及其运动规律,产生于19世纪中叶的科学社会主义又超越了19世纪这个特定的时代,依然是我们这个时代的真理和良心。

但是,我们又必须看到,资本主义在当代的确发生了一系列新变化,从而使科学社会主义面临着一系列新课题和新挑战。马克思在《共产党宣言》中就指出:"资产阶级除非对生产工具,从而对产生关系,从而对全部社会关系不断地进行革命,否则就不能生存下去。"[1]随着新科技革命的

---

① 《马克思恩格斯选集》第1卷,第275页。

发展,主要资本主义国家的经济结构以及阶级结构发生了重要变化,即经济结构后工业化,服务业成为国民经济的主体,而在阶级结构上,以知识分子为主的中间阶层不断扩大。这是其一。

其二,在经济运行机制上,把计划引进市场经济,实行市场调节和计划调节相结合,国家对经济运行过程进行干预,以维持宏观经济的平衡,甚至对国民经济发展的总体方向和重要目标做出计划,并通过各种政策来实施这些计划。换言之,在当代资本主义经济运行机制中,"看不见的手"与"看得见的手"结合起来了,而且国家用"看得见的手"引导着"看不见的手"。

其三,在社会关系方面,主要资本主义国家推行员工持股制和"工人参与管理",甚至明文规定股份公司的董事会、监事会要有一定比例的工人代表参加。同时,实行"福利国家"政策,建立了普遍的较为完善的社会保障制度,并通过税收调节收入再分配,征收累进税和遗产税,以此来抑制过高的收入与过低收入的持续继承性,缓和两极分化和阶级矛盾,等等。

可以说,在当代,资本主义通过"体制改革"缓解了"制度危机",获得了"延缓衰老之术"。

当代资本主义所产生的这些新现象,有些是资产阶级在维护私有制的前提下,自觉或不自觉地吸取、借鉴了社会主义的某些主张而产生的,如"征收高额累进税"、建立完善的社会保障制度、对生产进行计划调节,本来就是科学社会主义的主张;有些是在马克思时代初见端倪,马克思对此有所论述,但又未深入探讨、详尽论证的,如马克思指出,股份制"是资本主义生产方式在资本主义生产方式本身范围内的扬弃",因为"在股份制内,已经存在着社会生产资料借以表现为个人财产的旧形式的对立面"[①];有些是马克思生前没有出现,也不可能出现的。

对于第一类现象,我们应当看到,这类现象的产生在很大程度上是社会主义的重大影响,以及资本主义国家内工人阶级长期斗争的结果。这

---

① 《马克思恩格斯全集》第 25 卷,第 495、497 页。

表明,资本主义的发展不是使社会主义的实现更远了,而是更近了。

对于第二类现象,我们应当结合实际,深入探讨、充分论证马克思有所论述,但又未充分展开的观点,使之上升为科学社会主义的基本观点,并与其原有的基本观点融为一体。

对于第三类现象,我们应当运用马克思主义的立场、观点和方法去分析、研究,形成科学社会主义的新的基本观点。如果说社会主义市场经济理论是社会主义政治经济学的"新版本",那么,当代中国马克思主义者应当对当代资本主义的新变化进行深入而系统的研究,写出资本主义政治经济学的"新版本"。每一代马克思主义者,如果忽视对自己时代新的实践经验的总结,忽视对自己时代新的社会现象的研究,忽视对自己时代新的理论成果的批判继承,就会使科学社会主义由孤立走向枯萎。

在当代,新科技革命的发展,尤其是信息技术的迅猛发展极大地推动了经济全球化的进程。经济全球化使各国的经济联系更加紧密,并为各国的发展提供了机遇,但经济全球化在给发展中国家,包括社会主义国家带来发展机遇的同时,又使发展中国家总体上处于更为不利的地位,经济安全和经济主权正面临着空前的压力和挑战。因此,如何抓住经济全球化所带来的发展机遇,同时迎接挑战,就成为科学社会主义不可回避的问题。

经济全球化是在和平与发展成为当代世界的主题,各个国家、各个民族都在积极走向世界市场的背景下发生的,同时,也是在以信息技术为代表的新科技革命迅速发展,为各个国家、各个民族之间的普遍交往提供了极便利的条件下发生的。这是社会经济发展的必然趋势,它所导致的全球循环的物质流、技术流、资金流、信息流增强了各个国家或民族之间的共生性。这种共生性决定了任何一个国家或民族都不可能长久地孤立于世界之外,如同人的肢体不能孤立于血液循环系统之外一样。

因此,我们只能面对经济全球化的现实,在更大范围内和更深程度上参与国际经济合作与竞争。"现在世界是开放的世界"①,我们必须"从世

---

① 《邓小平文选》第三卷,第64页。

界的角度","从世界政治、世界经济的角度"来设计"中国式的现代化",设计中国特色社会主义。"社会主义要赢得与资本主义相比较的优势,就必须大胆吸收和借鉴人类社会创造的一切文明成果,吸收和借鉴当今世界各国包括资本主义发达国家的一切反映现代社会化生产规律的先进经营方式、管理方法。"[①]

但是,经济全球化的进程首先是由西方资本主义国家推动起来,并由它们主导的,而一整套国际经济"游戏规则"基本上是依照西方资本主义利益和模式制定的。当代资本主义的一个重要特征,就是技术信息化、资本金融化、经济全球化。信息化技术使资本具有了高度的流动性,为资本的金融化和全球化提供了技术基础和物质条件;经济全球化使资本摆脱了国家主权的制约,为资本运动创造了更大的社会空间;资本金融化则使资本彻底摆脱了物质形态的束缚,获得了最大限度的自主权和灵活性,充分体现出资本最大限度追求价值增殖的本性。

所以,我们必须高度重视经济全球化的负面影响,注意在经济全球化过程中,资本流遍全球,利润流向西方,发达国家享尽全球化的"红利";必须高度重视金融是当代经济的核心,注意经济全球化首先集中在金融全球化上,而几乎是完全脱离实物贸易的金融交易(年成交量达400亿~500亿美元)已使世界经济几乎成了一个"大赌场",世界金融体系正处在崩溃的过程中;必须高度重视"开放的世界"中存在着资本主义世界体系,警惕全球化过程中资本主义对社会主义国家的分化、"西化"。

因此,在对外开放的过程中,社会主义国家必须保持、弘扬本民族的优秀传统,必须坚持公有制为主体,并建立能够保障国家经济安全和经济主权的社会主义市场经济体制,必须保持和发挥社会主义的政治优势,以防止"自我"的丧失。我们只有在社会主义的基础上才能实现中华民族的伟大复兴,同时,在中华民族伟大复兴的过程中使社会主义再造辉煌。一句话,在向世界的开放中建设中国特色社会主义。

[①]《邓小平文选》第三卷,第373页。

中国特色社会主义理论第一次回答了像中国这样的经济文化较为落后的国家如何建设社会主义、如何巩固和发展社会主义的基本问题,这是对科学社会主义的重大发展。中国特色社会主义理论之所以能够引领当代中国不断发展进步,关键就在于它坚持了科学社会主义的基本原则,同时,又根据时代特征和中国实际赋予其鲜明的"中国特色"。在当代中国,坚持中国特色社会主义,就是真正坚持了科学社会主义。

第二章

社会主义代替资本主义的必然性及其历史进程

在马克思主义体系中,关于社会主义必然代替资本主义的理论集中体现了马克思主义的真理性、批判性和革命性,集中体现了马克思主义哲学、政治经济学和科学社会主义的统一。可以说,全部马克思主义都是围绕这一核心展开的。然而,这一理论在当代又受到种种的误解、曲解和挑战。在这样一个直接关系到全部马克思主义学说的真理性和当代中国改革方向性的重大问题面前,我们必须站在当代实践的高度深刻反思、认真探讨和重新认识社会主义代替资本主义的必然性及其历史进程,并以此为基础重估马克思主义的当代价值。

一、社会主义代替资本主义必然性的客观依据

资本主义制度从它确立的第一天起就受到来自不同立场、不同方面的不同批判,资本主义的发展和对资本主义的批判是形影相随的,尤其是 19 世纪初以圣西门、傅

立叶和欧文为代表的"批判的空想的社会主义"对资本主义的批判可谓淋漓尽致,"提供了启发工人觉悟的极为宝贵的材料"。然而,从总体上看,这种批判是激情多于理性,幻想压倒科学,针对的是结果而不是原因,没有解决社会主义代替资本主义的必然性及其客观依据问题。而科学社会主义之所以科学,从根本上说,就在于它以社会发展规律为基础,以对资本主义生产方式及其内在矛盾的经济学分析为依据,从结果到原因,揭示了社会主义代替资本主义的必然性及其客观依据。

社会发展有其内在规律,不以任何人的意志为转移。从历史上看,尽管每一代封建君主都被教导如何进行统治,被告诫"水能载舟亦能覆舟",甚至专门编撰了《资治通鉴》之类的书供他们阅读,以希图封建王朝万世一系,可是,历史上照样发生资产阶级革命,封建社会还是为资本主义社会所代替。"随着新生产力的获得,人们改变自己的生产方式,随着生产方式即谋生的方式的改变,人们也就会改变自己的一切社会关系。手推磨产生的是封建主的社会,蒸汽磨产生的是工业资本家的社会。"①

这表明,某种社会形态的盛衰兴亡是一个规律性的现象。从封建社会的灭亡中产生出来的资本主义社会本身就是生产方式一系列变革的产物,具有历史必然性,所以,资本主义"在历史上曾经起过非常革命的作用"。但是,任何一种社会形态都不可能永恒存在,如同希图万世一系的封建王朝最终走向崩溃一样,在历史中产生的资本主义社会也必然历史地走向灭亡,为新的社会形态所代替。社会主义代替资本主义的必然性就植根于历史过程本身,植根于资本主义生产方式内在矛盾的本性之中。

资本主义生产方式的内在矛盾就是生产的社会化与生产资料资本家私人占有之间的矛盾。这一矛盾实际上是生产力与生产关系的矛盾在资本主义社会的特殊表现形式。它构成了资本主义社会一切矛盾中的基本矛盾,并造就了资本主义社会的基本经济规律,即剩余价值规律。"资产

① 《马克思恩格斯选集》第1卷,第142页。

阶级生存和统治的根本条件，是财富在私人手里的积累，是资本的形成和增殖"①，而资本形成和增殖的过程实际上就是剩余价值的不断生产和实现的过程。对剩余价值的无止境的追逐正是资本的本性。

因此，对剩余价值的追逐和贪婪构成了资本家这一"人格化"的资本不断扩大再生产，无限发展生产力的内在动力。"劳动生产力的发展——首先是剩余劳动的创造——是资本的价值增加或资本的价值增殖的必要条件。因此，资本作为无限制地追求发财致富的欲望，力图无限制地提高劳动生产力并且使之成为现实。"②反过来说，在资本主义社会，生产力的发展要受到生产必须表现为资本的价值增殖这个规定性的限制。

"资产阶级除非对生产工具，从而对生产关系，从而对全部社会关系不断地进行革命，否则就不能生存下去。"③问题在于，每一次"创造性破坏"都使资本陷入一次比一次更大的危机之中。资产阶级不理解或者说忘记了，无论是个人消费量的限制，还是"剩余等价物"的限制，归根到底，是资本主义私有制对生产力无限发展趋势的限制。实际上，这是资产阶级无法突破，也不愿意突破的"大限"。因此，资本主义的发展总是伴随着经济危机。

以1825年的经济危机为开端，尔后反复出现的周期性经济危机及其所造成的社会危机使资产阶级意识到，不改变经济运行机制，不变革生产关系、社会关系，不建立反危机和预防经济危机的社会机制，就不能生存下去。恩格斯早就提出："由股份公司经营的资本主义生产，已经不再是私人生产，而是许多人联合负责的生产。如果我们从股份公司进而来看那支配着和垄断着整个工业生产的托拉斯，那么，那里不仅没有了私人生产，而且也没有了无计划性。"④资本主义由此进入到国家垄断资本主义阶段，其特征在于，国家对经济活动进行干预和控制，国家干预和私有企业

---

① 《马克思恩格斯选集》第1卷，第284页。
② 《马克思恩格斯全集》第46卷上，第306页。
③ 《马克思恩格斯选集》第1卷，第275页。
④ 《马克思恩格斯选集》第4卷，第408页。

并存,垄断和竞争并存,生产资料占有方式出现某种社会化趋势,资本主义生产的计划性有所增强。有的西方学者由此认为,这样一种经济制度实现了国家的权威和私有企业的策动力相互作用,既保持了自由资本主义的优点,又克服了其缺陷,体现了资本主义的永恒性。

我并不否认当代资本主义的新变化强化了资本主义的社会适应能力,并不否认资本主义生产方式的扩张能力尚未衰竭,但以此否定资本主义必然灭亡的趋势却是不能接受的。在资本主义社会,不管国家对经济是采取自由放任形式,还是采取计划干预形式,其基础都是私有企业制度,政府的经济活动主要是在私有企业活动的基础上安排的,国家干预经济是为了私有企业的经营活动能够在全社会范围内正常进行,是为了资本积累能够得到可靠的保证。无论采取什么样的垄断形式,资本主义都不可能改变资本对剩余价值的贪婪,都不可能消除生产资料资本家私人占有制及其对生产力无限发展趋势的限制。正如马克思所说,"资本是资产阶级社会的支配一切的经济权力"①。也正因为如此,"资本主义生产的真正限制是资本自身,这就是说,资本及其自行增殖,表现为生产的起点和终点,表现为生产的动机和目的;生产只是为资本而生产,而不是相反:生产资料只是不断扩大生产者社会的生活过程的手段。以广大生产者群众的被剥夺和贫困化为基础的资本价值的保存和增殖,只能在一定的限制以内运动,这些限制不断与资本为它自身的目的而必须使用的并旨在无限制地增加生产,为生产而生产,无条件地发展劳动社会生产力的生产方法相矛盾。手段——社会生产力的无条件的发展——不断地和现有资本的增殖这个有限的目的发生冲突"②。

当然,当代发达资本主义国家可以通过从发展中国家获得的高额利润来缓和社会矛盾,可以通过各种社会保障政策调节阶级关系,可以通过"体制改良和改善缓解"制度危机并获得"延缓衰老之术",但这种"缓和"

①《马克思恩格斯选集》第2卷,第25页。
②《马克思恩格斯全集》第25卷,第278—279页。

"调节""延缓"仍是在资本主义私有制的框架中进行的,仍受到"资本本身的限制",因而也就不可能根本消除资本主义生产方式的内在矛盾及其所造成的经济危机。20世纪70年代的石油危机,80年代的滞胀危机、结构危机,90年代的金融危机,21世纪初的全球金融危机……这一系列危机,一方面表明资本主义经济危机有了新的表现形式,另一方面又体现出资本主义生产方式的内在矛盾在不断积累和加深。这表明,社会主义代替资本主义的理论就是以资本主义生产方式的内在矛盾为客观依据的。当代西方著名学者海尔布隆纳公正地指出,马克思对理解资本做出了"最重要、最持久的贡献","只要资本主义存在,我认为我们就不能宣称他这一制度内在性质的认定是错误的"[①]。

的确,在资本主义国家中,至今"没有产生出任何一种可被认为是马克思的社会主义"。米尔斯由此断言,社会主义必然代替资本主义是一种"虚构",应当"修正""马克思的理论和预言的巨大历史框架"[②]。社会主义取代资本主义是一个相当长的历史过程,仅仅根据一定地区、一定时间内的资本主义状况否定社会主义必然代替资本主义,不是"近视",就是偏见。这种观点不理解社会主义必然代替资本主义理论不是发现一个历史事件,而是揭示一种历史趋势。

作为一种历史趋势,社会主义代替资本主义的必然性在实现过程中会遇到"实际的阻力"和"相反的趋势"阻碍其实现。正如马克思所说,"在整个资本主义生产中,一般规律作为一种占统治地位的趋势,始终只是以一种极其错综复杂和近似的方式,作为从不断波动中得出的、但永远不能确定的平均情况来发生作用"[③]。随着社会关系、阶级矛盾的历史变化,社会主义代替资本主义必然性的实现形式也在转换。随着西方资本主义生产方式内在矛盾对东方国家的冲击、渗透和影响,随着东方国家社

---

① [美]罗伯特·L.海尔布隆纳:《马克思主义:赞成和反对》,马林梅译,东方出版社2016年版,第65页。
② [美]米尔斯:《马克思主义者》,商务印书馆编辑部译,商务印书馆1965年版,第128页。
③ 《马克思恩格斯全集》第25卷,第181页。

会矛盾的激化,社会主义代替资本主义必然性首先在东方国家开始了其实现的历史进程。

二、社会主义代替资本主义必然性的实现进程

社会主义代替资本主义必然性首先是在西方发达国家形成的,却是在东方落后国家首先实现的。造成这一历史"倒转"现象的根源,仍然是资本主义生产方式本身,是西方资本主义生产方式的内在矛盾对东方国家冲击、渗透和影响的结果。

资本主义生产方式首先是在西方开始它的矛盾进程,但随着世界历史的形成,资本主义生产方式便以整个世界为舞台进一步展开其矛盾运动,并在这个过程中冲击、影响、渗透到东方国家。这里所说的"世界历史",不是通常的、历史学意义上的世界史,而是各民族、国家进入全面相互影响、相互制约、相互渗透、相互依存,使世界整体化以来的历史。世界历史在 20 世纪已是一个可经验到的事实了,但它却形成于 19 世纪。马克思以惊人的洞察力注意到这一历史趋势,并认为资本主义通过开拓世界市场"首次开创了世界历史,因为它使每个文明国家以及这些国家中的每一个人的需要的满足都依赖于整个世界,因为它消灭了各国以往自然形成的闭关自守的状态"①。

世界历史形成之后,"过去那种地方的和民族的自给自足和闭关自守状态,被各民族的各方面的互相往来和各方面的互相依赖所代替了"②。各民族、国家的互相依赖表现在各个方面,其中,最重要的是,生产方式的矛盾运动越出了在各个民族或国家那里"单独进行"的境地,成为民族性和世界性的辩证统一。所谓生产方式矛盾运动的民族性是指,生产方式的矛盾运动在不同民族或国家内具有不同的性质、结构和运行机制;生产

---

① 《马克思恩格斯全集》第 3 卷,第 68 页。
② 《马克思恩格斯选集》第 1 卷,第 276 页。

方式矛盾运动的世界性是指，随着世界历史的形成，各民族或国家的生产方式矛盾运动便越出其狭隘地域，在世界的宏大背景中进行相互制约、相互影响、相互作用的整体运动。

在这样一个整体运动中，生产方式矛盾运动的民族性便会在某种程度上发生"变形"，某些落后民族或国家的生产方式的内在矛盾，即生产力与生产关系的矛盾，便会较快地达到激化状态，并产生同发达国家"类似的矛盾"。马克思指出，一切历史冲突都根源于生产力与生产关系的矛盾，然而，"完全没有必要等这种矛盾在这个国家本身中发展到极端的地步。由于同工业比较发达的国家进行广泛的国际交往所引起的竞争，就足以使工业比较不发达的国家内产生类似的矛盾"①。

正是在这种"类似的矛盾"的引导下，较为落后的民族或国家能够缩短某一历史进程或跨越某种社会形态而直接走向更高级的社会形态。社会主义代替资本主义必然性之所以能在俄国、中国等东方国家首先实现，其根源正在于此。

20 世纪初，俄国面临着一个新的时代。

从世界历史的总进程看，资本主义已由自由竞争阶段发展到垄断阶段，资本主义生产方式的内在矛盾呈现出激化状态，其标志就是经济危机频繁发生。同时，资本主义在各国的发展已经呈现出不平衡状态，资本主义世界体系矛盾四起，这是商品生产在世界市场的背景中发展的必然结果。对时代的深刻分析，使列宁认识到，经济政治发展的不平衡是资本主义发展的规律，这个规律的存在，必然在资本主义链条上形成一个薄弱环节，从而使社会主义革命可能首先在少数甚至单独一个国家内获得胜利。

从国内的状况看，此时俄国已经走上了资本主义道路，但"最先进的工业资本主义"和"最落后的土地占有制"同时存在②，相对于西欧来说，俄国还是一个落后的国家，在政治范畴上属于东方国家。同时，俄国已被

①《马克思恩格斯全集》第 3 卷，第 82 页。
②《列宁全集》第 16 卷，人民出版社 1988 年版，第 400 页。

卷入到世界帝国主义战争体系,并受到西欧资本主义生产方式内在矛盾的有力冲击、广泛渗透和深刻影响。

这种国际国内条件结合在一起,使俄国产生了同西方发达资本主义国家"类似的矛盾",这就是同资产阶级与地主阶级、资产阶级与农民阶级、地主阶级与农民阶级的矛盾交织在一起的无产阶级与资产阶级的矛盾。这种种矛盾交织在一起并处于激化状态,使俄国成为当时资本主义世界体系内在矛盾的集结点,成为资本主义链条上的薄弱环节。这就为俄国未来发展提供了一种可能性,即缩短资本主义在俄国的历史进程,迈向社会主义的历史阶段。俄国无产阶级把握到了这一历史趋势,抓住了历史提供的"最好的机会",成功地进行了十月革命,从而使俄国的发展走着一条"奇特的道路",即一个经济落后的国家走到了世界历史的前列。实际上,这种"奇特的道路"的形成正是生产方式矛盾运动的民族性和世界性相互作用的结果,是资本主义生产方式的内在矛盾对俄国冲击、渗透和影响的结果。"奇特的道路"背后深藏着的,就是这一历史规律。

俄国十月革命是社会主义代替资本主义必然性实现进程的起点,开创了社会主义的新时代,然而,苏联解体、东欧剧变又使社会主义运动走入低谷。福山等人以此来否定十月革命,否定社会主义代替资本主义的必然性,认为资本主义自由民主已成为"人类意识形态进步的终点与人类统治的最后形态,也构成历史的终结"①。

这是一种历史虚无主义。我们不能以今天的失败来否定当年的成功,就像不能以某个人后天的夭折来否定他当年的出生一样。处在强大、发达的资本主义世界体系中,由落后国家开始的社会主义实践所遇到的困难是巨大的,不可能没有漩涡,没有挫折,没有反复,甚至会出现逆转和倒退。问题在于,在出现逆转、倒退的国家,随着新的资产阶级的形成,必将同时出现一个被雇佣的工人阶级;随着资产阶级重新处于统治地位,必将伴随着工人阶级处于被统治地位。已经解决了的矛盾将由此重新开

----

① [美]弗兰西斯·福山:《历史的终结》,本书翻译组译,远方出版社1998年版,第1页。

始,社会主义代替资本主义的必然性将在改变了的历史条件下重新起作用,历史没有也不可能终结。

俄国缩短了资本主义的历史进程而走向社会主义,中国则越过资本主义的历史阶段,从一个半殖民地半封建社会直接走向社会主义。造成这一更为"奇特的道路"的,同样是生产方式矛盾运动的民族性和世界性相互作用的辩证法。这是社会主义代替资本主义必然性的特殊表现形式。

20世纪上半叶,中国的社会生产力具有一个显著特征,即落后与先进并存,个体农业经济和手工业占90%,现代工业占10%。前者属于落后的生产力,"同古代相似",或者说"停留在古代";后者属于先进的生产力,而且较为集中,控制了国家的经济命脉,并造就了300万现代产业工人。这两种生产力相互作用、相互制约,形成了中国的总体生产力,并使之具有二重性。正是这种二重性的经济运动造成了"两个中国之命运",决定了中国的未来发展具有两种可能性,即发展并确立资本主义生产关系或建立社会主义生产关系。"两个中国之命运"本身是西方资本主义生产方式的内在矛盾对中国冲击、渗透和影响的结果。因此,中国未来发展的两种可能性哪一种能够成为现实,在很大程度上取决于中国与世界的关系以及世界历史的走向。

从中国历史看,中国是被西方资本主义国家用暴力强行拖入世界历史轨道的。在这个过程中,西方资本主义一方面在中国造就了"新式工业",破坏了封建经济的基础,在一定程度上不自觉地促进了中国资本主义的发展;另一方面,又勾结中国的封建势力压迫中国资本主义的发展,使中国资本主义发展处在一种畸形状态。"帝国主义列强侵入中国的目的,决不是要把封建的中国变成资本主义的中国……相反,它们是要把中国变成它们的半殖民地和殖民地。"①这就是说,西方资本主义国家也不允许中国成为一个独立的资本主义国家。这似乎是一个矛盾,然而却是一

---

① 《毛泽东选集》第二卷,人民出版社1991年版,第628页。

个事实。西方资本主义的自身利益决定了这一历史现象的产生。

从世界历史看,20世纪上半叶,资本主义生产方式的内在矛盾已处于激化状态,经济危机不断发生,战争规模越来越大,从而向不发达国家显示了资本主义"未来的景象"。同时,十月革命又改变了世界历史的走向,并启示经济较为落后的国家"走俄国人的路"。20世纪上半叶,社会主义国家、发达资本主义国家内的工人运动以及殖民地的民族解放运动遥相呼应,形成了"世界社会主义革命的时代"。当时的中国正处在这个"世界社会主义革命的时代"之中。

中国生产力的二重性、西方资本主义生产方式内在矛盾对中国的冲击、渗透和影响,以及"世界社会主义革命的时代",种种国际国内条件结合在一起,使社会主义革命在中国的产生具有了历史必然性。

历史必然性就是社会经济运动对历史进程的根本制约性。社会主义革命在中国的历史必然性决定了中国未来发展的大概趋势,它的实现表现为中国人民的实践过程,如何实现取决于中国国内阶级力量的对比。20世纪上半叶的中国既产生了同西方资本主义国家"类似的矛盾",即无产阶级与资产阶级的矛盾,又出现了西方资本主义国家所没有的特殊的"矛盾群",这就是中华民族与西方"资产阶级民族"、人民大众与封建势力、农民阶级与地主阶级、民族资产阶级与外国资产阶级以及官僚资产阶级的矛盾等等。种种矛盾同无产阶级与资产阶级的矛盾交织在一起,形成了一个巨大的社会之网。其中,西方"资产阶级民族"与中华民族、封建主义与人民大众的矛盾构成了社会的主要矛盾。这就使"两个必然"在中国的实现具有特殊的形式。也确实如此,本来意义上的社会主义革命在中国就是通过新民主主义革命这个中介实现的。

三、社会主义代替资本主义必然性的全面实现

社会主义革命在东方国家的首先实现,标志着社会主义代替资本主义必然性由一种历史趋势开始转变为社会现实。然而,这只是起点,而不是终点,资本主义生产方式本质上"具有国际的性质",因而它将有世界性的活动场所。这就是说,社会主义代替资本主义必然性可以在某一国家内首先单独实现,但它的全面实现,即社会主义最终战胜资本主义却是世界性的,是一个长期的世界历史的发展过程。

马克思指出:"资产阶级社会的真实任务是建立世界市场(至少是一个轮廓)和以这种市场为基础的生产。"[①]的确如此,生产的商品化以及对剩余价值的无限追逐,驱使资产阶级奔走于全球各地,力图建立世界市场;大工业的建立,交通工具的发达,对印度和中国的入侵以及美洲、非洲的殖民化等,使世界市场以及"生产的国际关系"得以形成。"资产阶级,由于开拓了世界市场,使一切国家的生产和消费都成为世界性的了。"[②]

正是在开拓世界市场的过程中,资产阶级力图使一切民族都"采用资产阶级的生产方式",同时又用暴力迫使"未开化和半开化的国家从属于文明的国家,使农民的民族从属于资产阶级的民族,使东方从属于西方"[③],从而创造出一个资本主义的世界体系。从本质上说,资本主义世界体系的形成和发展的过程就是世界资本主义的资本积累过程,而资本原始积累只是资本积累的开端。如同资本的原始积累一样,资本的世界积累同样是"用血和火的文字载入人类编年史的"。

从结构上看,资本主义世界体系是一个"中心—外围"或"中心—卫星"式的体系,即发达国家是"中心"国,发展中国家是"卫星"国。恩格斯曾形象地指出:"英国是农业世界的大工业中心,是工业太阳,日益增多的生产谷物和棉花的卫星都围着它运转。"[④]在这样一个"中心—卫星"式的资本主义世界体系中,发达国家通过种种手段,残酷剥削、掠夺发展中国家。其中包括:在发展中国家直接投资,利用其廉价劳动力资源;债务盘剥,造成发展中国家债务危机;依靠其先进的科学技术和雄厚的经济实

---

① 《马克思恩格斯全集》第29卷,人民出版社1972年版,第348页。
② 《马克思恩格斯选集》第1卷,第276页。
③ 《马克思恩格斯选集》第1卷,第277页。
④ 《马克思恩格斯选集》第4卷,第425页。

力,构成国际贸易中的双向垄断,即卖方垄断(垄断高价)和买方垄断(垄断低价),形成国际贸易中长期超越价值规律作用的不平等交换;等等。

在这个过程中,资本流遍全球,利润流向"中心"。发达国家的资产阶级通过双重剥削——不仅剥削本国的工人,而且剥削发展中国家的工人——得到双重好处,即既能在国外获得较高的利润率,又能在国内维持较高的剩余价值率。发达国家享尽全球化"红利"的同时,发展中国家却仍饱受贫穷落后之苦。结果是富国越来越富,穷国越来越穷;一边是发达国家财富的不断积累,一边是发展中国家贫困的不断加剧。

现代科学技术和经济全球化的发展,并没有使世界各国普遍受益,世界发展中的不平衡更趋严重。据有关资料统计,目前,全世界有 13 亿人生活在绝对贫困线以下,日平均生活费用不足 1 美元。发达国家拥有全球生产总值的 86%和出口市场额的 82%,而占世界人口绝大多数的发展中国家仅分别拥有 14%和 18%。20 年前,联合国成员国中有 20 个最不发达国家,而现在上升到 48 个;40 年前,全世界最富的人口和最穷的人口人均收入比例是 30∶1,而现在已上升到 74∶1。

日益拉大的"数字鸿沟"表明,资本主义并没有消除阶级对立、贫富差距。相反,它在发达国家内剥削工人阶级的同时,又在世界范围内剥削工人阶级,并掠夺"农民的民族";它在发达国家内不断制造贫富差距的同时,又在世界范围内不断制造贫富差距,并且日益拉大这个差距;它并没有消除第三世界国家本来意义上的落后状态,反而使经济本来就落后的第三世界国家处于一种畸形发展或"不发达的发展"状态,经济安全与经济主权正面临着空前的压力和挑战;它没有消除发达国家的经济危机,反而力图向发展中国家转嫁经济危机,并使发展中国家处在严重的经济危机、社会危机状态之中。

在当代,发达国家的发达是以不发达国家的不发达为代价的,或者说,不发达国家的"不发达"是在资本主义世界体系中被发达国家的剥削、掠夺和控制所造成的一种扭曲的发展形式。"不发达并不是由孤立于世界历史主流之外的那些地区中古老体制的存在和缺乏资本的原因造成的。恰恰相反,不论过去或现在,造成不发达状态的正是造成经济发达(资本主义本身的发展)的同一历史进程。"①一句话,资本主义世界体系造成了发达与不发达这两种对立的状态。

这种发达国家与不发达国家的矛盾又是同无产阶级与资产阶级两个阶级、社会主义与资本主义两种制度的矛盾交织在一起的。如前所述,发达国家内的资产阶级不仅剥削本国工人阶级,而且剥削发展中国家的工人阶级,所以,当代发达国家与不发达国家之间的矛盾交织着无产阶级与资产阶级的矛盾。同时,东方社会主义国家的产生是资本主义生产方式的内在矛盾对东方国家冲击、渗透和影响的结果,而且东方社会主义国家在经济发展水平上也属于发展中国家,所以,当代发达国家与发展中国家之间的矛盾又交织着资本主义制度与社会主义制度的矛盾。

总而言之,资本主义世界体系的内在矛盾表现为交织在一起的资产阶级与无产阶级、发达国家与发展中国家或"农民的民族"与"资产阶级的民族"、资本主义与社会主义的矛盾。从根本上说,这些矛盾的出现并交织在一起正是资本主义生产方式及其内在矛盾世界化的结果。

实际上,资本主义经济需要外部的非资本主义或"准资本主义"的空间和市场,并在其中扩张,不发达国家对发达国家经济"从属"或"依附"关系,即"中心——卫星"式的关系是资本主义生产方式在世界范围内得以确立和发展的必要条件。因此,不发达国家所处的这种贫困落后状态不可能通过发达国家的资本主义扩张来克服。

更重要的是,当代不发达国家的资本主义发展与发达国家历史上的资本主义发展具有不同的性质,资本主义的世界体系需要发展中国家保持其不发达地位,不允许发展中国家走上与发达国家相同的发展道路。这就是说,当代不发达国家不可能再沿着发达资本主义国家已经走过的路取得经济发展,相反,只有走社会主义道路才能摆脱对发达国家的经济

① [美]查尔斯·K.威尔伯:《发达与不发达问题的政治经济学》,高铦、徐壮飞、涂光楠等译,中国社会科学出版社1984年版,第151页。

"从属"或"依附"，才能真正实现经济和社会发展。这就是说，在当代，发达国家与不发达国家的矛盾是资本主义生产方式内在矛盾的表现形式，而且是其突出的表现形式。它表明，社会主义代替资本主义的必然性仍然具有客观依据。

从一定意义上说，当代社会主义国家的改革也是社会主义代替资本主义的必然性起作用的过程。如前所述，东方一些经济较为落后的国家走上社会主义道路就是社会主义代替资本主义必然性的一种特殊表现形式，是处在资本主义世界体系中的落后国家寻求再生之路的一种自觉选择。而当代社会主义的改革本质上是社会主义制度的自我完善，是在寻找一条在自己的国家中战胜资本主义的具体道路，从而向人类表明，社会主义是必由之路，社会主义优于资本主义。

社会主义在改革过程中的确借鉴、吸取了资本主义的一些先进的管理方法，同时，资本主义在其发展过程也借鉴、吸取了社会主义的某些主张，如建立社会保障体制和福利机制，实施"工人参与管理"、一定程度的计划化等。但是，由此否定社会主义代替资本主义的必然性，认为"社会主义和资本主义正处于趋同之中"，却是错误的。

作为两种社会形态，社会主义与资本主义具有本质的不同，不可能趋同：资本主义不可能改变生产资料私有制，这是其"神圣不可侵犯"的原则，社会主义不可能改变以生产资料公有制为主体的经济结构，其最终目的是消灭私有制；资本主义不可能消灭剥削、消除两极分化，使人民共同富裕，社会主义的本质却是解放和发展生产力，消灭剥削，消除两极化，最终达到共同富裕。社会主义之所以能够借鉴、吸取资本主义的一些管理方法，是因为社会主义与资本主义在一定时期内具有共同的物质基础，即社会化大生产；而资本主义之所以借鉴、吸取社会主义的某些主张，在很大程度上是社会主义的强大影响和资本主义国家内工人阶级长期斗争的结果，是资本主义为对抗社会主义和缓解国内阶级矛盾不得不实行的某些改良。无论是"热战""冷战"，还是并存、竞争，抑或是相互借鉴，实际上都是"两个必然"，即资本主义必然灭亡和社会主义必然胜利在不同的历史条件所产生的不同作用。

从人类总体历史看,"无论哪一个社会形态,在它所能容纳的全部生产力发挥出来之前,是决不会灭亡的;而新的更高的生产关系,在它的物质存在条件在旧社会的胎胞里成熟以前,是决不会出现的"①。这里的"两个决不会"与"两个必然"具有内在的统一性。具体地说,资本主义社会的生产力越是发挥,社会主义社会的物质存在条件就越是趋于成熟,资本主义社会所能容纳的全部生产力完全发挥出来之日,也就是社会主义社会的物质存在条件完全成熟之时。此时,社会主义代替资本主义的必然性将全面实现。换言之,资本主义的发达同它的必然灭亡并不是对立的。实际上,资本主义越发达,越是预示由整个社会共同占有生产资料和把生产成果转归整个社会共同占有,不仅是必要的,而且是可能的。

"两个决不会"与"两个必然"是一个理论整体,它体现了唯物论和辩证法的高度统一。这一唯物辩证法启示了我们,在坚信"两个必然"时,不能忽视"两个决不会";在面对"两个决不会"时,不能忘记"两个必然"。

在当代,社会主义具有旺盛的生命力,资本主义所能容纳的全部生产力也远未发挥穷尽,因而还未发展到它的极限。没有发展到极限并不等于没有极限。生产资料资本家占有制从根本上规定了资本主义发展的极限,资本主义世界体系的内在矛盾,即资产阶级与无产阶级、发达国家与发展中国家、资本主义制度与社会主义制度的矛盾,规定了资本主义发展的空间。

由于资本本身的生存和发展建筑在无限推动生产力发展和无限追逐剩余价值的矛盾之上,或者说,资本本身就是这一矛盾的生成和展开,因此,一旦生产力发展到一定阶段,一旦资本扩张在世界范围内达到"饱和"状态,资本主义的发展就到了它的极限。资本在空间扩张的极限就是作为一种"世界性的制度"的资本主义灭亡的时间。同时,社会主义要真正成为一种"世界性的制度",也只有在新的世界体系中才能确立。正如马

① 《马克思恩格斯选集》第 2 卷,第 33 页。

克思所说,"无产阶级只有在世界历史意义上才能存在,就像它的事业——共产主义一般只有作为'世界历史性的'存在才有可能实现一样"①。

　　这就是说,社会主义代替资本主义是一个世界历史进程,这一历史必然性的全面实现是世界性的。

　　资本主义的寿命还有多长,这无法预料。马克思主义者不是算命先生,社会主义必然代替资本主义的理论所揭示的是历史发展的"路线图",而不是历史进程的"时间表"。问题的关键在于,不能把资本主义看成社会发展的终极形态,变暂时的相对稳定为永恒的绝对形式;不能把社会主义暂时的挫折看成是永久的失败,变运动中的曲折为运动的终结。从人类总体历史进程看,社会主义代替资本主义的历史进程才刚刚开始,实现这一历史必然性的威武雄壮的历史剧仅仅是拉开了序幕。把起点当作终点,把序幕当作谢幕,这是历史的错觉。正如邓小平所说,"封建社会代替奴隶社会,资本主义代替封建主义,社会主义经历了一个长过程发展后必然代替资本主义。这是社会历史发展不可逆转的总趋势,但道路是曲折的。资本主义代替封建主义的几百年间,发生过多少次王朝复辟? 所以,从一定意义上说,某种暂时复辟也是难以完全避免的规律性现象"②。前途是光明的,道路是曲折的,资本主义的灭亡和社会主义的胜利同样不可避免,这仍然是我们的结论。

---

① 《马克思恩格斯全集》第3卷,第40页。
② 《邓小平文选》第三卷,第382—383页。

第三章

落后国家社会主义革命的必然性及其特征

马克思主义关于社会主义革命的理论是在西方发达的资本主义条件下形成的,然而,是在东方落后的国家实现的。这种理论与实践的关系仿佛是"错位",形成了一种巨大的反差。有人以东方落后国家的社会主义革命为依据否定马克思主义理论,也有人以"马克思主义理论"为依据否定东方落后国家社会主义革命的历史必然性。多年来,落后国家的社会主义革命是否具有历史必然性的问题成了意识形态斗争的焦点。这是一个直接关系到全部马克思主义学说的真理性和当代社会主义改革方向性的重大问题,需要我们进行深刻的反思和认真的探讨。

一、马克思对落后国家社会主义革命必然性及其特征的探讨

马克思一生的理论活动集中在英、法、德三个国家,从总体上说,马克思关于社会主义革命的理论是在发达

的资本主义条件下创立的。据此,人们通常认为,马克思只是探讨了社会主义革命的一般规律,而没有注意到落后国家的社会主义革命问题。实际上,这是一个误解。对全部马克思主义史的反思使我得知:马克思不仅探讨了发达国家社会主义革命的问题,而且探讨了落后国家社会主义革命的可能性问题;更为重要的是,马克思不仅在晚年关注落后国家的社会主义革命问题,而且在创立马克思主义之初就把落后国家的社会主义革命问题纳入到自己的视野之中。

的确,马克思非常重视发达资本主义国家社会主义革命的问题,对这一问题的探讨构成了马克思一生理论活动的主题。《共产党宣言》是以资本主义经济发展的"典型国家"英国和资本主义政治发展的"典型国家"法国为其研究对象,《资本论》关注的是资本主义生产方式的"典型地点"——英国。

马克思之所以极为重视发达资本主义国家社会主义革命的问题,是因为一般存在于个别之中,"典型"则更集中、充分、直接地显示了一般,对"典型"资本主义国家社会主义革命问题的探讨更容易把握社会主义革命的一般规律。这是其一。

其二,"工业较发达的国家向工业较不发达的国家所显示的,只是后者未来的景象"①。对"典型"资本主义国家社会主义革命的探讨,有助于对落后国家社会主义革命规律的揭示,并为理解和把握落后国家社会主义革命规律提供了钥匙。

其三,从历史认识论角度看,对现实社会的"典型"内在结构及其运动规律的把握,是把握整个历史的本质及其一般规律的前提。历史虽是"过去",但它并未消失,而是以缩影的形式平铺在一个社会截面上,通过现实社会的"典型",我们能够透视一切已经覆灭的社会形式的结构及其关系。"对人类生活形式的思索,从而对它的科学分析,总是采取同实际发展相反的道路。这种思索是从事后开始的,就是说,是从发展过程的完成的结

---

① 《马克思恩格斯全集》第23卷,第8页。

果开始的。"①"从发展的完成的结果",即从"典型"开始的反思法是历史认识的基本方法。

通过对发达资本主义国家社会主义革命问题的探讨,马克思发现了社会主义革命以及整个人类历史的一般规律,但他并没有因此忽视落后国家的社会主义革命问题。纵观马克思的一生理论活动,可以看出,马克思先后研究过两类落后国家的社会主义革命问题:一是在19世纪40年代关注着西欧的德国;二是在19世纪70年代注视着东欧的俄国。

19世纪40年代的德国,资本主义在经济政治领域都有了一定的发展,但与同时代的英国、法国相比,德国无疑是一个落后国家。尽管如此,马克思仍然关注着德国的社会主义革命问题,明确指出:"共产党人把自己的主要注意力集中在德国。"②这是因为,从世界历史的高度看,社会主义革命已经提上议事日程,在这种条件下,仅仅否定德国的封建制度,"结果依然要犯时代错误"。这是其一。

其二,从德国国内状况看,德国的资本主义有了一定程度的发展,具有一定的先进生产力,并"形成一个被彻底的锁链束缚着的阶级",即无产阶级。当德国处于资产阶级革命前夜的时候,无产阶级已经开始敲打着历史的大门。

其三,从国际国内相统一的角度看,当时世界的两大基本矛盾,即人民大众与封建主义的矛盾、无产阶级与资产阶级的矛盾在德国交织、重合,德国成了这个时代矛盾的焦点。在欧洲革命的影响下,"德国的资产阶级革命只能是无产阶级革命的直接序幕"③。

19世纪70年代,马克思又以极大的兴趣注视着俄国的社会主义革命问题。之所以如此,是因为此时的俄国处在一个历史的转折点上。从俄国国内看,农村公社——一种原始土地公有制普遍存在;同时,经过1861

---

① 《马克思恩格斯全集》第23卷,第92页。
② 《马克思恩格斯选集》第1卷,第307页。
③ 《马克思恩格斯选集》第1卷,第307页。

年的改革，这种原始土地公有制又"大遭破坏"，公社内部产生了一定的私有制因素，资本主义得到一定程度的发展。此时的俄国是一个既不同于西方，也不同于东方的"半亚细亚"或"半东方"的国家。从世界历史看，资本主义已经显示出其内在矛盾的不可调和性，社会主义革命时代正迎面而来。

因此，马克思认为，俄国未来的发展因此具有两种可能性：一是沿着西欧的道路走向资本主义；二是跨过资本主义的"卡夫丁峡谷"，直接走向社会主义。至于哪一种可能性能够成为现实，在马克思看来，关键在于条件，"一切都取决于它所处的历史环境"，尤其是对于后一种可能性来说，发达资本主义国家社会主义革命的胜利是其实现的前提条件。"假如俄国革命将成为西方无产阶级革命的信号而双方互相补充的话，那么现今的俄国土地公有制便能成为共产主义发展的起点。"[1]这就是说，落后的俄国有可能先于发达的西欧首先开创社会主义的历史行程。

19世纪70年代至20世纪初的历史双重地证实了马克思预言的正确性：一方面，俄国最终没有绕过资本主义阶段，而是以其特有的形式再现了资本主义发展的一般规律；另一方面，俄国并没有亦步亦趋地沿着西欧的道路走下去，没有经过一个完整的资本主义阶段而先于发达的西欧进入社会主义历史阶段。正如恩格斯所说，"俄国是本世纪的法国。新的社会改造的革命首倡权理所当然地和合情合理地属于俄国"[2]。

马克思对落后国家社会主义革命问题的研究，并不是像有的人所说的那样，反映了马克思"西方不亮东方亮"的心理状态，更不是马克思短暂的"主观情绪的直接产物"。相反，这里有着深刻的方法论依据，体现了马克思主义历史方法论的核心，这就是生产力与生产关系矛盾运动的民族性和世界性相互作用的辩证法。

所谓生产力与生产关系矛盾运动的民族性，是指生产力与生产关系

---

[1] 《马克思恩格斯选集》第1卷，第251页。
[2] 《马克思恩格斯全集》第21卷，人民出版社1965年版，第540页。

的矛盾在不同的民族或国家内具有不同的性质、结构和运行机制;生产力与生产关系矛盾运动的世界性是指,随着"世界市场"的开拓以及"世界历史"的形成,生产力与生产关系的矛盾运动便越出民族的狭隘地域,进入世界"运动场",具有全面相互影响、相互作用、相互渗透的性质。生产力与生产关系矛盾运动的世界性并不是对民族性的否定,相反,它以民族性为前提和基础;这种世界性又不是民族性的简单叠加,它作为一种整合质,具有相对独立性,并能使民族性在某种程度上"变形","协调"于世界性之中。

在世界历史的背景中,某些落后国家内部的生产力与生产关系的矛盾往往加速走向激化状态,并有可能成为世界矛盾的焦点。"一切历史冲突都根源于生产力和交往形式之间的矛盾。此外,对于某一国家内冲突的发生来说,完全没有必要等这种矛盾在这个国家本身中发展到极端的地步。由于同工业比较发达的国家进行广泛的国际交往所引起的竞争,就足以使工业比较不发达的国家内产生类似的矛盾(例如,英国工业的竞争使德国潜在的无产阶级显露出来了)。"[1]同时,落后国家能够在发达国家的"历史启示"下改变自己原有的生产关系,并通过一定的形式利用发达国家的先进生产力,从而缩短矛盾的解决过程,以"跳跃"式的发展进入世界历史的先进行列。正是在这个意义上,马克思指出:"不仅一个民族与其他民族的关系,而且一个民族本身的整个内部结构都取决于它的生产以及内部和外部的交往的发展程度"[2]。

马克思正是从生产力与生产关系矛盾运动的民族性和世界性相互作用的辩证法出发,去把握人类历史运动的内在逻辑,从而肯定了某些经济较为落后国家社会主义革命历史必然性的。研读马克思的著作可以看出,马克思是把德国社会主义革命问题放在"法国的年代""本世纪的历史""当代现实水平",以及同发达国家的交往"使德国潜在的无产阶级显

---

[1] 《马克思恩格斯全集》第3卷,第83页。
[2] 《马克思恩格斯全集》第3卷,第24页。

露出来"这个宏大的历史背景中来考察的;对俄国社会主义革命的探讨,马克思也是从俄国农村公社的二重性、"它所处的历史环境"、它与"现代世界"之间的联结方式,以及"当时历史所能提供给一个民族的最好的机会"这种辩证关系着眼的。

当然,我注意到,19世纪50—70年代,"半东方"、东方社会中的无产阶级与资产阶级的矛盾还未充分展开,马克思毕竟身处西欧,因而只能对东方落后国家的社会主义革命问题进行间接研究。因此,马克思关于落后国家社会主义革命的理论不可避免地带有一定程度的抽象性。在马克思看来,具体结论只有从对每个时代实际生活过程的研究中才能得出。可以说,以生产力与生产关系矛盾运动的民族性和世界性相互作用的辩证法为出发点,对于具体的国家进行具体的研究,使关于落后国家社会主义革命的理论具体化、深化和完善化,这就是马克思留给后辈马克思主义者的理论"遗训",而列宁和毛泽东正是这一理论"遗训"在不同国度的卓越执行者。

二、列宁对落后国家社会主义革命必然性及其特征的探讨

为了科学地解决俄国未来发展道路的问题,列宁不仅分析了俄国的国情,而且始终把俄国的国情以及未来发展道路置于"世界历史总进程"、"世界历史发展的总路线"这个宏大的背景中加以考察的。在列宁看来,只有了解世界历史的总进程并把握时代的基本特征,"才能在这一基础上去考虑这个国家或那个国家的更具体的特点",进而"正确地制定自己的策略"。① 这一见解是正确的,体现了马克思主义历史方法论的基本原则,即在生产力与生产关系矛盾运动的民族性和世界性的相互作用中把握历史运动的内在逻辑。

如前所述,19世纪和20世纪之交,俄国面临着一个新的时代。

---

① 《列宁全集》第26卷,人民出版社1990年版,第143页。

从世界历史总进程看,资本主义已由自由竞争阶段发展到垄断阶段,资本主义生产方式的内在矛盾呈现出激化状态,资本主义在各国的发展已经呈现出不平衡的状态,这就必然在整个资本主义链条上形成一个薄弱环节,"由此就应得出结论:社会主义可能首先在少数甚至在单独一个资本主义国家内获得胜利"①。

从国内状况看,俄国仍是一个"介于文明国家和初次被这场战争最终卷入文明之列的整个东方各国即欧洲以外各国之间的国家"②,"最落后的土地占有制"和"最先进的工业资本主义"③同时存在,同时,俄国已被卷入到帝国主义世界战争体系,受到西欧资本主义生产方式内在矛盾的有力冲击和影响。

这种国际国内条件结合在一起,使俄国出现了一系列在西欧发达国家不可能出现的特征,这就是,无产阶级与资产阶级、无产阶级与地主阶级、资产阶级与农民阶级、资产阶级与地主阶级等的矛盾交织在一起,使得俄国成为当时资本主义世界体系内在矛盾的集结点和薄弱环节。这就为俄国未来发展提供了一种可能性,即缩短资本主义在俄国的历史进程,迈向社会主义的历史阶段。

"历史走的是奇怪的道路:一个落后的国家竟有幸走在伟大的世界运动的前列。"④在我看来,这个"奇怪的道路"的形成正是生产力与生产关系的民族性和世界性相互作用的必然结果,"奇怪的道路"背后隐藏着的正是历史的必然性。而列宁之所以成为列宁,就在于他把握到了这种历史的必然性,抓住了历史提供的"最好的机会"。因此,我断然拒绝米埃拉、马尔库塞等人的观点,即列宁抛弃了马克思主义的历史必然性观点而转移到了唯意志论的立场。

如果列宁仅仅肯定俄国能够超越完整的资本主义阶段,那么,列宁的

---

① 《列宁选集》第 2 卷,人民出版社 1995 年版,第 554 页。
② 《列宁选集》第 4 卷,人民出版社 1995 年版,第 776 页。
③ 《列宁全集》第 16 卷,第 400 页。
④ 《列宁全集》第 35 卷,人民出版社 1985 年版,第 345 页。

思想只能具有民族性。问题在于，列宁在对俄国社会主义革命问题的探讨中提出了一系列具有普遍性意义的观点，体现出列宁思想的国际意义。从哲学的角度看，列宁提出的具有普遍意义的观点集中体现在以下两个论点上。

第一，"在先进国家无产阶级的帮助下，落后国家可以不经过资本主义发展阶段而过渡到苏维埃制度，然后经过一定的发展阶段过渡到共产主义。"[①]

的确如此。随着世界市场以及世界历史的形成，越来越多的落后民族或国家卷入或被"拖进"了资本主义世界体系。然而，在这个体系中，西方资本主义却"使未开化和半开化的国家从属于文明的国家，使农民的民族从属于资产阶级的民族，使东方从属于西方"[②]。这就使落后国家产生了一种奇特的现象：资本主义有了一定的发展，但又不能得到正常的发展，从而产生了许多在发达国家不可能产生的矛盾，如本民族与外来民族的矛盾、民族资本主义与外国资本主义的矛盾、无产阶级与资产阶级的矛盾、无产阶级与地主阶级的矛盾等等。这些落后的国家既苦于资本主义的不发展，又苦于资本主义的发展，处在一个历史的转折点上。

历史告诉我们，当国际社会向一个处在转折点上的民族展现出种种社会形态时，先进的社会形态对该民族来说具有更强的吸引力。俄国社会主义革命的胜利，使经济较为落后的国家或民族看到了人类历史的新曙光，它犹如一个巨大的引力场，吸引着在历史的"十字路口"徘徊的民族"走俄国人的路"。

第二，"世界历史发展的一般规律，不仅丝毫不排斥个别发展阶段在发展的形式或顺序上表现出特殊性，反而是以此为前提的"[③]。

规律就是必然性。作为一种必然性，世界历史的一般规律代表着历史发展不可避免的趋势，这种趋势只有在一定条件的作用下才能实现出

---

① 《列宁选集》第 4 卷，第 279 页。
② 《马克思恩格斯选集》第 1 卷，第 277 页。
③ 《列宁选集》第 4 卷，第 776 页。

来;而不同的历史环境又有不同的历史条件,这就规定了世界历史一般规律的实现方式具有多样性。我们既要看到世界历史的一般规律和它的实现方式的区别,又要看到二者之间的联系。否则,我们就会在世界历史一般规律的多种实现方式面前看不到贯穿于其中的必然性了,或者以世界历史的一般规律否定具体民族历史发展的特殊性。

人类历史的深入研究证实了列宁这一论点的正确性。例如,日耳曼民族没有经过奴隶制而直接建立了封建制度,斯拉夫民族也走着类似的道路。这种历史现象的产生一方面确证着具体民族的历史发展在形式上或顺序上的特殊性;另一方面又表明这些特殊的现象以其特殊的形式体现了人类历史的一般规律,尤其是生产关系一定要适合生产力状况的规律。正如马克思所说,"封建主义决不是现成地从德国搬去的;它起源于蛮人在进行侵略时军事组织中,而且这种组织只是在征服之后,由于被征服国家内遇到的生产力的影响才发展为现在的封建主义的。"①俄国的特殊发展道路也以自身的特殊形式再现了人类历史的一般规律。如前所述,十月革命之前,俄国已经走上了资本主义道路。这表明,俄国历史发展的特殊性并没有使俄国"越出世界发展的共同路线"。问题的实质在于,在20世纪世界历史的影响下,俄罗斯民族抓住了历史提供给它的"最好机会",在自己的国家内"缩短"了资本主义的历史进程。

列宁理解历史的辩证法,深知俄国十月革命体现了社会主义革命的一般规律,对西方发达国家以及东方落后国家的社会主义革命无疑具有重要的启示,但俄国的特殊国情又决定了不能把十月革命的经验绝对化,俄国革命有别于西欧革命,而且在转向东方国家时这些特殊性又会产生新的"特殊性"。因此,更为落后的东方国家能否进行社会主义革命,如何进行社会主义革命,这是一个极其重大的历史课题。毛泽东成功地解答了这一历史课题。

① 《马克思恩格斯全集》第3卷,第83页。

三、毛泽东对落后国家社会主义革命必然性及其特征的探讨

在对落后国家社会主义革命问题的探讨中,毛泽东关于落后国家社会主义革命的理论同样应该得到足够的重视。如前所述,马克思的东方社会理论具有一定程度的抽象性,而毛泽东则身处东方社会的"实际生活过程",并参加、领导了中国社会主义革命的实践活动。按照马克思的观点,中国是一块"活的化石",体现着"一切东方运动的共同特征"①,这就是说,中国是东方社会的"典型地点",以这种"典型"为蓝本的毛泽东的社会主义革命理论无疑是具体的东方社会理论,对东方国家社会主义革命来说具有直接的意义。

在对中国社会主义革命问题探讨的过程中,毛泽东自觉地运用了马克思主义的历史方法论,尤其是生产力与生产关系矛盾运动的民族性和世界性相互作用的辩证法。按照毛泽东的观点,首先必须把握中国的生产力状况并认清中国的国情,这是"在中国革命的时期内和在革命胜利以后一个相当长的时期内一切问题的基本出发点"②,是认清一切革命问题的基本的根据。同时,由于西方资本主义的侵入,中国已经被强行纳入世界历史的轨道,因此,应把中国的问题置于"国际环境",从"整个世界历史的时代"、"整个世界历史的方向"去加以考察,从而全面把握"中国革命的特点,中国革命的规律"。

20世纪上半叶的中国,个体农业经济和手工业经济占90%,这是落后的生产力,"同古代相似",或者说"停留在古代";现代工业占10%,这是先进的生产力,"和古代不同",而且它"较为集中",控制了国家的经济命脉,造就了300万现代产业工人。这两种生产力相互作用、相互影响、相互制约,形成了中国现实的总体生产力。这表明,中国的生产力具有二重

---

① 《马克思恩格斯全集》第15卷,人民出版社1965年版,第545页。
② 《毛泽东选集》第四卷,人民出版社1991年版,第1430页。

性。正是这种二重性的经济运动造成了"两个中国之命运",决定了中国的未来发展具有两种可能性,即发展并确立资本主义生产关系或建立社会主义生产关系。至于这两种可能性中的哪一种能够成为现实,毛泽东认为,这一方面取决于国内阶级力量的对比,另一方面取决于中国与世界的关系以及时代走向。

中国是被西方资产阶级强行纳入资本主义世界体系的,西方资本主义的入侵在中国造成了一种双重效应:一方面,它造就了"新式工业",破坏了中国封建社会的基础,促进了资本主义的发展;另一方面,它又勾结中国封建势力压迫中国资本主义的发展,不允许中国成为一个独立的资本主义国家,从而使中国资本主义的发展处于一种畸形状态。西方资本主义的自身利益决定了这一历史现象的产生。这是其一。

其二,此时的中国面临着一个新的时代并处在一个"新的国际环境"之中:"胜利的社会主义十月革命,改变了整个世界历史的方向,划分了整个世界历史的时代。"①这是一个资本主义没落、社会主义兴盛的时代。资本主义生产方式的内在矛盾日益激化,社会主义国家、发达资本主义国家内的无产阶级运动以及落后国家的民族解放运动遥相呼应,形成一个历史整体,猛烈冲击着世界资本主义体系,形成了"世界社会主义革命的时代"。

中国生产力的二重性、西方资本主义生产方式内在矛盾对中国的冲击、渗透,以及世界社会主义革命的新时代,这种国际国内条件结合在一起,使社会主义革命在中国的产生具有了历史必然性。

从根本上说,历史必然性就是社会经济运动对历史行程的制约性、决定性,社会主义革命在中国的历史必然性就是生产力与交往形式矛盾运动的民族性和世界性相互作用的结果。这种历史必然性决定着中国未来发展的大概趋势,并为中国无产阶级的历史活动提供了可能性前提。这是一方面。另一方面,这种历史必然性的实现表现为中华民族的实践过程,如何实现取决于中国国内阶级力量的对比。

---

① 《毛泽东选集》第二卷,第 667 页。

毛泽东理解这一点。他的可贵和独特之处就在于,不仅肯定了社会主义革命在中国的历史必然性,而且解决了如何实现这种历史必然性的问题。这一过程体现了毛泽东独特的方法论,即矛盾普遍性与特殊性的共时性结构和历时性结构的辩证法。

按照毛泽东的观点,从静态上看,矛盾的特殊性表现在空间的排列和扩展上呈现出各自特点,展现为一个"矛盾群",其中,各种矛盾具有不同的地位和作用,矛盾的普遍性就贯通其中,这是共时性结构;从动态上看,矛盾特殊性表现在时间的前后相继中呈现出各自特点,形成一个矛盾序列,其中,同一矛盾在不同时期具有不同的地位和作用,矛盾普遍性就在这个过程中显示其作用,展现出无物不摧的宏观否定性,这是历时性结构。矛盾普遍性与特殊性的共时性结构和历时性结构的辩证法是毛泽东矛盾分析法的深层结构,这一方法首先把中国与其他国家比较,从中国社会的"矛盾群"中找出主要矛盾,然后从"矛盾序列"中把握不同时期的不同的主要矛盾,及时地转变主题,从而解决如何实现社会主义革命这个普遍性的问题。

20世纪上半叶国际国内条件结合在一起,使中国出现了在西方发达国家以及"半东方"国家内不可能产生的"矛盾群",这就是中华民族与西方"资产阶级的民族"、人民大众与封建制度、无产阶级与资产阶级、无产阶级与地主阶级、资产阶级与地主阶级、民族资本主义与外国资本主义、民族资本主义与官僚资本主义的矛盾等。种种矛盾相互作用、相互影响、相互制约,交织在一起,形成了一个巨大的社会之网,其中,西方资本主义与中华民族、封建主义与人民大众的矛盾构成了中国社会的主要矛盾。正因为如此,毛泽东认为,在中国首先要完成一个无产阶级领导的反帝反封建的革命,即新民主主义革命。

新民主主义革命具有二重性:一方面,它为资本主义在中国的发展扫清道路,具有资产阶级民主主义革命的色彩;另一方面,又具有凝重的社会主义革命的色彩,这是因为新民主主义革命的目的不是建立资产阶级专政,而是建立以无产阶级为领导的联合专政,新民主主义革命反对"国际资本主义",因而成为"社会主义世界革命的一部分"。

新民主主义革命的二重性必然使其结果二重化，即"一方面有资本主义因素的发展，另一方面有社会主义因素的发展"。这种二重化的结果又必然使中国的未来发展面临着两种前途，即资本主义与社会主义，二者都是一种可能性，只不过后者"具有极大的可能性"①。

　　我不能同意这样一种观点，即新民主主义革命胜利之后，中国的发展只有一种可能——社会主义。按照毛泽东的观点，全部问题在于，中国无产阶级只有发挥自己的主体性，在有利的国际环境中，并在"一切必要条件具备的时候"，适时进行本来意义上的社会主义革命，才能"避免资本主义的前途，实现社会主义的前途"。在这个意义上，社会主义是中国的唯一出路。

　　历史告诉我们，当一种新的生产力已经形成并且控制了国家经济命脉的时候，生产关系变革的物质前提就基本具备。社会主义革命的物质前提从质的规定性看，无疑需要社会化大生产；从量的规定性看，需要这种社会化大生产掌握国家的经济命脉，但无需等到资本主义生产发展的后果到处以极端形式表现出来。20世纪50年代，通过没收官僚资本而建立起来的社会主义经济无疑是一种社会化大生产，而且它已经控制了国民经济命脉，进行本来意义上的社会主义革命的物质前提已经具备。

　　新民主主义革命胜利之后，资本主义生产关系与社会主义生产关系同在，然而二者之间又存在着矛盾，不可能互不干扰地平行发展，到了一定阶段、一定程度，二者的矛盾必然会激化，成为中国社会的主要矛盾。在这种历史条件下，如不加限制地继续发展资本主义经济就必然会削弱社会主义经济。因此，中国的社会主义革命在此时已经不是主观愿意不愿意进行的问题，而是各种客观原因，尤其是经济原因促使它非进行不可了。这是历史的必然性。中国的社会主义是"按照必然的经济发展趋势行动"的结果。

　　以上分别考察了马克思、列宁、毛泽东关于落后国家社会主义革命必

_____

① 《毛泽东选集》第二卷，第650页。

然性的理论,从中可以得出三点结论。

第一,历史在三个时期把三种类型的民族推上了为社会主义而奋斗的历史舞台,产生了三位历史巨人——马克思、列宁、毛泽东。马克思揭示了社会主义革命的一般规律,同时,探讨了落后国家社会主义革命的问题;列宁揭示了较为落后的国家——"半东方"的俄国社会主义革命的特点和规律,并在实践上开创了落后国家实现社会主义革命的先例;毛泽东揭示了更为落后的国家——东方的中国社会主义革命的特点和规律,指出了殖民地、半殖民地半封建社会走向社会主义社会的必由之路。

从认识的过程看,马克思从"典型"的个别走向一般,同时,也注意其他个别;列宁和毛泽东则从一般走向较为特殊的"个别",同时,在此过程中进一步丰富了一般。这是因为,从实践上看,在马克思的时代,落后国家社会主义革命问题还属于局部的、个别的问题,在列宁时代,尤其是毛泽东的时代,这个问题却成为全局性的、普遍性的问题。当然,在毛泽东、列宁、马克思三者之间又有继承性,而贯穿于他们关于落后国家社会主义革命理论的基本线索,就是生产力与交往形式矛盾运动的民族性和世界性相互作用的辩证法。

第二,在生产力与生产关系矛盾运动的民族性和世界性相互作用下,落后国家能够超越典型的或完整的资本主义阶段,并先于发达国家直接走向社会主义。这表明,落后国家社会主义革命的产生既是历史发展的特殊性,又是历史发展的必然性。但是,我们不能由此得出结论,认为越是落后越是能够走向社会主义。我不能同意迈耶尔、费彻尔等人的观点,即马克思主义的社会主义革命理论是以落后性为原则和出发点的。实际上,这里所说的"落后"只是相对落后,即相对于发达国家而言,而不是绝对落后。在恩格斯看来,"谁竟然肯定说在一个虽然没有无产阶级然而也没有资产阶级的国家里更容易进行这种革命,他就只不过是证明,他需要再学一学社会主义初步知识"①。列宁明确指出:"没有一定程度的资本

---

① 《马克思恩格斯全集》第18卷,人民出版社1974年版,第611页。

主义,我们是不会成功的。"①

历史发展是多样的,但本质上是一元的。经济必然性,是一条贯穿于全部人类历史发展进程,包括社会主义历史进程并唯一能够使我们理解这一发展进程的红线。当然,历史必然性的实现及其如何实现取决于人的实践活动,取决于人们实践力量的对比。因此,无产阶级的主体性不是无关紧要的。

第三,落后国家超越资本主义阶段而直接进入社会主义社会并不是对世界历史发展的顺序性的否定,不能由此认为各国的历史发展如瓶坠地,碎泛四溅,没有确定的方向。尽管不是每个国家或民族都严格地、完整地沿着五种社会形态依次演进,但它们的发展方向同人类历史总的顺序是一致的。从人类总体历史的进程看,五种社会形态的确是依次更替,资本主义制度的出现没有也不可能先于封建制度,社会主义社会的产生没有也不可能早于资本主义社会……正是在这个意义上,马克思指出:"无论哪一个社会形态,在它所能容纳的全部生产力发挥出来以前,是决不会灭亡的,而新的更高的生产关系,在它的物质存在条件在旧社会的胎胞里成熟以前,是决不会出现的。"②

实际上,无论是俄国,还是中国,都是在已经走上了资本主义道路或资本主义有了一定程度发展的基础上,在资本主义开创的世界历史的作用下进行社会主义革命的。历史发展是曲折的、多样的,但发展的进程是定向的;一个国家或民族的历史发展可以超越某一历史阶段,但它的历史运动不可能是同历史规律以及人类历史总进程相反的逆向运动。

---

① 列宁:《对布哈林〈过渡时期的经济〉一书的评论》,中共中央马克思、恩格斯、列宁、斯大林著作编译局译,人民出版社 1976 年版,第 60 页。
②《马克思恩格斯选集》第 2 卷,第 33 页。

中编

第四章

世界历史中的东方社会及其命运

　　马克思在创立唯物主义历史观的过程中,其最初的立足点无疑是西方社会。马克思力图通过解剖资本主义制度这个历史上最发达、最复杂的社会组织,来揭示人类社会发展的一般规律。但是,马克思并不是一个"西方中心论"者,其研究视野没有局限于西方社会。"人体解剖对于猴体解剖是一把钥匙。反过来说,低等动物身上表露的高等动物的征兆,只有在高等动物本身已被认识之后才能理解。"①认识社会同样如此。通过资本主义社会"能使我们透视一切已经覆灭的社会形式的结构和生产关系",而且"只有在资产阶级社会的自我批判已经开始时,才能理解封建社会的、古代的和东方的经济"②。所以,到了19世纪50年代,马克思完成了对西方资本主义社会的批判后,便把研究视野转向东方社会,开始剖析东

① 《马克思恩格斯选集》第2卷,第23页。
② 《马克思恩格斯选集》第2卷,第23、24页。

方社会的社会结构,探讨东方社会的发展道路,并在改造资产阶级"东方学"的基础上创立了自己独特的东方社会理论。马克思的东方社会理论形成于 19 世纪中叶,但在 20 世纪重新放射出迷人的光辉,并成为一个世界性的课题。

一、东方社会的社会结构

在一般意义上,东方社会有两层含义:一是地理概念,指处于东半球的亚洲国家和传统的斯拉夫国家;二是经济、政治概念,指处于前资本主义阶段的国家,以同西方资本主义国家对应。马克思通常是从经济、政治的角度来界定东方社会的。因为东方社会土地公有制的典型在亚洲的印度和中国,所以马克思又称东方社会为"亚洲式""亚细亚式"的社会,并认为中国是东方社会的"活的化石",体现着"一切东方运动的共同特征"①。因为俄国在地理上向欧洲伸展,其斯拉夫文化又具有欧洲渊源,所以马克思有时称俄国为"半东方""半亚细亚"国家②,但马克思更多的是从经济、政治发展的角度来看俄国的,认为俄国在经济、政治发展阶段上属于东方社会,所以一般将俄国归为东方社会范畴。因此,在马克思的著作中涉及"东方社会"时,大都以中国、印度、俄国为蓝本。

马克思在《不列颠在印度统治的未来结果》一文中首次提出"亚洲式的社会"的概念,后在《〈政治经济学批判〉序言》中提出"亚细亚生产方式"这一概念,在《〈政治经济学批判〉导言》中明确提出"东方社会"这一概念。马克思从唯物主义历史观出发,对古代中国、印度、埃及、巴比伦和古希腊罗马、西欧国家的各自特点和发展规律做了全面分析和比较研究,并着力研究了东方社会的土地所有制、经济结构、国家政权形式。

---

① 《马克思恩格斯全集》第 15 卷,第 545 页。
② 列宁也认为俄国是介于文明西欧与落后东方之间的国家,并指出:"一方面是最落后的土地占有制和最野蛮的乡村,另一方面又是最先进的工业资本主义和金融资本主义。"(《列宁全集》第 16 卷,第 400 页)

按照马克思的观点,在社会经济结构方面,东方社会不存在土地私有制。

在马克思研究东方社会的过程中,法国医生贝尔尼埃和英国古典经济学家琼斯对马克思产生了特殊的影响。贝尔尼埃在其名著《大莫卧儿帝国游记》中指出,土耳其、波斯和印度等东方国家不存在土地私有制;琼斯则对东方社会进行了较系统的经济分析,在确认东方社会不存在土地私有制的基础上,提出了君主或国家是东方社会唯一的土地所有者的观点。在研究了贝尔尼埃、琼斯的著作以及有关资料后,马克思在给恩格斯的信中明确指出:东方社会"一切现象的基础是不存在土地私有制。这甚至是了解东方天国的一把真正的钥匙"[1]。恩格斯在给马克思的回信中也明确指出:"不存在土地私有制,的确是了解整个东方的一把钥匙。这是东方全部政治史和宗教史的基础。"[2]

东方社会之所以没有形成土地私有制,有两点原因:

一是东方社会的地理环境所致。气候和土壤的性质,特别是大沙漠地带从撒哈拉经过阿拉伯、波斯、印度直到亚洲高原,造成东方社会生产的第一个条件就是人工灌溉。在当时,这一任务是个人、村社无法完成的,只能由国家来完成。

二是东方社会的文明程度,包括生产、交往水平过于落后所致。马克思指出:"节省用水和共同用水是基本的要求,这种要求,在西方,例如在佛兰德和意大利,曾促使私人企业结成自愿的联合;但是在东方,由于文明程度太低,幅员太大,不能产生自愿的联合,因而需要中央集权的政府进行干预。"[3]

这就是说,东方社会特殊的地理环境以及文明发展程度过于落后造成其"没有私有土地的所有权",国家成为土地的"唯一所有者"。在这种所有制形式中,土地通过公社定期分配给各个家庭使用,不得转借、出让、

---

[1]《马克思恩格斯全集》第28卷上,人民出版社1973年版,第256页。
[2]《马克思恩格斯全集》第28卷上,第260页。
[3]《马克思恩格斯选集》第1卷,第762页。

买卖或传给家人。正是在这个意义上，马克思认为，"在亚细亚的(至少是占优势的)形式中，不存在个人所有，只有个人占有"①，即不存在土地私有制。

的确如此，历史越是往前追溯，地理环境对生产方式和社会发展的影响越大，古代埃及文明、巴比伦文明、印度文明和中国文明同尼罗河流域、两河流域、印度河流域和黄河流域就存在着某种联系。所以，马克思、恩格斯在《德意志意识形态》一书中就提出，要"深入研究人们所处的各种自然条件——地质条件、山岳水文地理条件、气候条件以及其他条件"，并强调"任何历史记载都应当从这些自然基础以及它们在历史进程中由于人们的活动而发生的变更出发。"②在《资本论》中，马克思又明确指出："不同的公社在各自的自然环境中，找到不同的生产资料和不同的生活资料。因此，它们的生产方式、生活方式和产品，也就各不相同。"③

按照马克思的观点，在社会组织方面，东方社会以农村公社为社会细胞。

在东方社会，农村公社占有特殊重要的地位。这种农村公社是"独立的组织，过着闭关自守的生活"，其特点就在于，生产仅限于自给自足，农业和手工业直接结合，从而成为阻碍东方社会商品经济发展的重要障碍；古代东方的城市，只是王公贵族的政治营垒和"经济结构上赘疣"，不是像古代西方的城市那样，是经济和工商业中心。所以，东方社会的商品经济极不发达，因而无力从根本上瓦解农村公社。农村公社在东方社会的历史命运不同于西方社会，它不仅长期保存在"从印度到俄国"等东方国家不同的发展阶段，而且成为东方社会的基本单位。

按照马克思的观点，在社会政治形式方面，东方社会普遍形成了国君至上的专制主义政体，即东方专制制度。

从思想史上看，作为观念的"东方专制主义"是亚里士多德创始的，作

---

① 《马克思恩格斯全集》第46卷上，第481页。
② 《马克思恩格斯全集》第3卷，第23—24页。
③ 《马克思恩格斯全集》第23卷，第390页。

为概念的"东方专制主义"则是孟德斯鸠制定的。孟德斯鸠从其地理环境决定论出发,提出"亚细亚专制主义",这是"东方专制主义"的同义词。爱尔维修在其名著《论精神》中首次明确提出并使用了"东方专制主义"这一术语,并从文明进步论出发分析了东方专制制度的形成和特征。之后,黑格尔从哲学的角度分析了东方专制主义,认为东方社会不存在与国家对立的集体或个人的权利,这是东方专制制度的真正基础。亚当·斯密注意到东方国家干预经济的大量记述材料,并从经济学角度分析了东方专制主义,认为租税合一、土地国有和政府关心公共工程造成了东方专制制度。

马克思也使用了"东方专制制度"这一概念,并从经济学、政治学、历史学、哲学多维视野探讨了东方专制制度形成的原因。在马克思看来,东方社会之所以在政治关系上表现为东方专制制度,主要有两点原因:

一是东方社会的土地公有制或国有制。与西方社会不同,在东方社会,国家既作为土地所有者,同时又作为主权者而同生产者相对立,地租和赋税合为一体,国家因此成为"最高的地主","主权就是在全国范围内集中的土地所有权"①,农村公社不过是"世袭的占有者",土地通过公社定期分配给各个家庭使用。东方社会的土地公有制或国有制决定了其政治形式只能是以王权为中心的专制主义。恩格斯明确指出,"东方的专制制度是基于公有制"②。这就是说,东方社会的土地公有与农村公社的占有并不矛盾,相反,二者相辅相成;其经济结构上的土地公有制与政治关系上的专制主义也不矛盾,相反,前者构成了后者的基础。

二是东方社会的村社制度。如前所述,农村公社构成了东方社会的基本单位。作为一种地域性的社会组织,农村公社打破了旧日的血缘组织,人们因土地的共同占有、使用联合起来;同时,农村公社"过着闭关自守的生活",社会由此"分解为许多模样相同而互不联系的原子"。在这种形式的经济联合中产生了规模庞大的管理社会公共工程的需求,东方社

---

① 《马克思恩格斯全集》第25卷,第891页。
② 《马克思恩格斯全集》第20卷,第681页。

会的国家正是适应这种需求而产生和发展起来的。"印度人也像所有东方人一样，把他们的农业和商业所凭借的主要条件即大规模公共工程交给中央政府去管。"①而农村公社的孤立性、分散性，使得公社成员思想保守、力量分散，从而使统治者无所顾忌地实行专制统治，"总是把集权的专制制度矗立在公社上面"。"这些田园风味的农村公社，不管看起来怎样祥和无害，却始终是东方专制制度的牢固基础。"②

我不能同意这样一种观点，即东方社会的治水活动造就了东方专制制度。这种观点在看到人的治水活动时，却没有看到人们是在何种社会组织中完成治水活动的。无疑，马克思非常重视东方社会的治水活动，认为"供水的管理是国家权力对互不联系的小生产组织进行统治的物质基础之一"③。但是，马克思更为重视人们在何种社会组织中进行治水活动。按照马克思的观点，在西方，由于文明程度较高，治水"使私人企业结成自愿的联合"；在东方，由于文明程度太低和农村公社的存在及其特殊地位，治水"迫切需要中央集权的政府来干预"。实际上，治水活动只有在农村公社的参与和实施下，才对东方专制制度有意义。与其说治水活动造就了东方专制制度，不如说参与治水的农村公社培育了东方专制制度。正如恩格斯所说，"各个公社相互间这种完全隔绝的状态，在全国造成虽然相同但绝非共同的利益，这就是东方专制制度的自然基础"④。

可以看出，东方专制制度的产生与私有制没有直接的联系。这既是东方社会的特征之一，又是国家起源的另一条途径。在东方社会，国家在全社会范围内管理农村公社，组织农村公社从事跨村社的大规模的社会公共工程，国家的政治统治以执行社会职能为基础，而且这种政治统治只有执行了社会职能才能长久地保持下去。所以，"在亚细亚各民族中起过

① 《马克思恩格斯选集》第1卷，第764页。
② 《马克思恩格斯选集》第1卷，第765页。
③ 《马克思恩格斯全集》第23卷，第562页。
④ 《马克思恩格斯全集》第18卷，第618页。

非常重要作用的灌溉渠道,以及交通工具等等,就表现为更高的统一体,即高居于各小公社之上的专制政府的事业"①。换言之,执行社会职能以维持政治上的专制主义,这是东方专制制度的一个重要特征。

二、"亚细亚生产方式"之谜

马克思不仅把土地公有、农村公社和国家专制"三位一体"看作东方社会的特征,而且关注东方社会的土地公有制在社会发展总序列中可能占据的地位,力图把东方社会与社会发展的总体进程联系起来进行考察。为此,马克思提出了"亚细亚生产方式"这一概念。在《〈政治经济学批判〉序言》中,马克思首次明确提出"亚细亚生产方式"这个概念。在《资本论》中,马克思对亚细亚生产方式进行了全面而深入的剖析。"亚细亚生产方式"概念的提出标志着马克思东方社会理论的建立。能否正确理解"亚细亚生产方式"这一概念,对于能否正确把握马克思的东方社会理论至关重要。

按照马克思的观点,亚细亚生产方式、古代生产方式和日耳曼生产方式都是"原始所有制"的具体形式,其共同特征在于:劳动的客观条件主要不是劳动的产物,而是作为自然界的土地;劳动的主体从属于某一部落,依附于一定的共同体。同时,亚细亚生产方式、古代生产方式和日耳曼生产方式又有各自的特征。

从土地所有制形式来看,在亚细亚生产方式中,不存在土地私有制,个人只是一块特定土地的占有者;在古代生产方式中,已经出现了土地私有制,存在着土地私有制和土地公有制双重形式,同时,私人只有作为公社的成员才能分得一份土地;在日耳曼生产方式中,虽然也有公有地和私有地之分,但这种公有地同古代生产方式中的公有地不同,即它不是与私有地并列的国家的特殊经济成分,而是被个人所有者当作部落住地、猎场、牧场等共同使用的公共附属物。

---

① 《马克思恩格斯全集》第46卷上,第474页。

从个人对共同体(公社)的依赖情况和社会结构来看,在亚细亚生产方式中,"共同体是实体,而个人则只不过是实体的附属物,或者是实体的纯粹天然的组成部分"①,国家则凌驾于一切小的共同体之上,是土地财产的更高或唯一的所有者。在古代生产方式中,公社成员和作为共同体的公社互相保障对方的存在,公社存在以拥有小土地的农民的存在为前提,公社保障独立的农民拥有小块土地;同时,拥有小块土地的独立的农民存在,又以公社的存在为前提,农民之所以能拥有小块土地,是由于公社的保护,如果他离开公社,就会失去土地。在日耳曼生产方式中,共同体不是实体,而是存在于集会及其他共同活动之中,公社成员对共同体的依赖度很低。

亚细亚的、古代的、日耳曼的生产方式,虽然都是所有制的原始形式,但三者并不是所有制的最原始形式,而是或多或少改变了形式的原始所有制。最原始形式的所有制是什么样的,马克思在19世纪50年代并不清楚,亚细亚生产方式成了马克思当时心目中最早的所有制形式。

1877年,摩尔根出版了《古代社会》一书。正是在这部著作中,摩尔根揭示了人类历史最原始的社会组织形式——建立在血缘关系上的氏族。在研究了摩尔根的《古代社会》之后,马克思终于发现、把握并明确指出了农村公社在社会发展总序列中的位置:"农业公社既然是原生的社会形态的最后阶段,所以它同时也是向次生的形态过渡的阶段,即以公有制为基础的社会向以私有制为基础的社会的过渡。不言而喻,次生的形态包括建立在奴隶制上和农奴制上的一系列社会。"②

从静态方面来考察,马克思把亚细亚、古代和日耳曼这三种生产方式并列看待,认为三者都属于原始所有制,都是从"原生的社会形态"向"次生的社会形态"过渡的形式;从动态方面来分析,即从"原生的社会形态"向"次生的社会形态"的转变过程来分析,马克思认为亚细亚、古代和日耳

---

① 《马克思恩格斯全集》第46卷上,第474页。
② 《马克思恩格斯全集》第19卷,人民出版社1963年版,第450页。

曼这三种生产方式在时间上是依次更替的。

具体地说,亚细亚生产方式变化最小,在历史上并没有产生出以土地私有制为基础的社会,所以,马克思把它看作社会经济形态演进的第一个阶段;古代生产方式在历史上派生出了奴隶制,所以,马克思把它放在社会经济形态演进的第二个阶段;在日耳曼生产方式中,公有土地表现为对私有土地的补充,而且这种生产方式在历史上通过征服直接发展出封建社会,所以,马克思把它作为社会经济形态演进的第三个阶段。正是在这种意义上,马克思认为,"大体说来,亚细亚的、古代的、封建的和现代资产阶级的生产方式可以看作是经济的社会形态演进的几个时代"①。

如果说在 19 世纪 50 年代马克思注意的是亚细亚生产方式的地域性特点,那么在 60 年代研读了毛勒的有关著作之后,马克思强调的则是亚细亚生产方式的普遍性,即这样一种以土地公有制为基础的社会形式不仅在亚洲存在过,而且在欧洲也曾经存在过。

德国著名历史学家毛勒在 19 世纪 50—60 年代对欧洲的马尔克村社制度做了详细的考察,以丰富的历史资料证明了在欧洲也曾经存在过土地公有制,并认为欧洲的土地私有制是从土地公有制的解体中产生的。马克思对毛勒的著作给予了极高评价,认为:"他的书是非常有意义的。不仅是原始时代,就是后来的帝国自由市、享有特权的地主、国家权力以及自由农民和农奴之间的斗争的全部发展,都获得了崭新的说明。"②

在研读了毛勒的著作后,马克思认为,欧洲的马尔克村社制度就是"欧洲的亚细亚所有制形式"。这就是说,马克思把欧洲的马尔克村社与亚洲的农村公社看作本质上相同的社会形式,认为农村公社的土地公有制曾经是人类社会普遍存在的现象。

在 1868 年 3 月 14 日致恩格斯的信中,马克思明确提出"欧洲各地的亚细亚的或印度的所有制形式都是原始形式"这一命题。

---

① 《马克思恩格斯选集》第 2 卷,第 33 页。
② 《马克思恩格斯全集》第 32 卷,人民出版社 1974 年版,第 51 页。

在 1873 年 3 月 22 日致丹尼逊的信中,马克思再次指出,农村公社土地公有制"在所有其他国家是自然地产生的,是各个自由民族发展的必然阶段"①。

在《资本论》第 1 卷中,马克思再次强调了《政治经济学批判》中的一个观点,即"近来流传着一种可笑的偏见,认为原始的公社所有制是斯拉夫族特有的形式,甚至只是俄罗斯的形式。这种原始形式我们在罗马人、日耳曼人、赛尔特人那里都可以见到,直到现在我们还能在印度遇到这种形式的一整套图样,虽然其中一部分只留下残迹了。仔细研究一下亚细亚的、尤其是印度的公社所有制形式,就会得到证明,从原始的公社所有制的不同形式中,怎样产生出它的解体的各种形式。例如,罗马和日耳曼的私人所有制的各种原型,就可以从印度的公社所有制的各种形式中推出来"②。尽管《资本论》第 1 卷的不同版本有许多改动,但这一段话马克思始终未做任何改动。这说明,亚细亚生产方式具有普遍性是马克思深思熟虑的科学的观点。

由此可见,在马克思那里,"亚细亚生产方式"是一个历史概念。19世纪 50 年代,马克思把亚细亚生产方式看成一个地域性的"东方特有的形式";60—70 年代,马克思则把亚细亚生产方式看作原始公社公有制的遗存,认为这种生产方式不仅存在于亚洲,而且曾存在于欧洲,是人类社会早期发展阶段普遍存在的社会形式,它的出现和存在具有历史必然性。

三、东方社会的"停滞性"及其历史命运

在思想史上,赫尔德首先奠定了东方社会"停滞论"的基础,认为不存在土地私有制、君主专制和停滞不前是东方社会的三大特征。在赫尔德看来,在东方社会,"土地不属于人,而人却附属于土地",这种格局很容易

---

① 《马克思恩格斯全集》第 33 卷,人民出版社 1973 年版,第 577 页。
② 《马克思恩格斯全集》第 13 卷,人民出版社 1962 年版,第 22 页。

导致"可怕的专制主义",而专制主义使东方社会处于停滞状态,犹如一个木乃伊。赫尔德实际上是用政治因素来说明东方社会的停滞性。穆勒从赫尔德的观点出发,认为东方社会早已停止发展,其原因是个人相对国家而言缺少权利和财产安全。黑格尔吸取了穆勒的观点,认为东方社会不存在与国家相对立的个人权利,并用哲学的语言把东方社会的停滞状况概括为"没有历史的历史"。

赫尔德、穆勒、黑格尔等人的观点引起马克思的关注。在研究东方社会的过程中,马克思也提出了"东方社会的停滞性"这一命题,甚至认为中国像一个"保存在密闭棺木里的木乃伊",而"印度社会根本没有历史"①。但是,马克思对东方社会停滞性的分析与赫尔德、穆勒、黑格尔对东方社会停滞性的理解又有本质的不同。马克思所说的东方社会的"停滞性",主要是指东方社会的基本经济结构,而暂时舍弃了浮在经济结构表层之上的政治、文化变迁,乃至社会生产力水平某种程度的提高。这就是说,马克思强调的是东方社会经济结构的"稳定性"。

按照马克思的观点,导致东方社会经济结构的稳定性和社会发展停滞性的直接原因,是东方社会内部农业和手工业的牢固结合,即一种自给自足的自然经济。"这些自给自足的公社不断地按照同一形式把自己再生产出来,当它们偶然遭到破坏时,会在同一地点以同一名称再建立起来,这种公社的简单的生产机体,为揭示下面这个秘密提供了一把钥匙:亚洲各国不断瓦解、不断重建和经常改朝换代,与此截然相反,亚洲的社会却没有变化。这种社会的基本经济要素的结构,不为政治领域中的风暴所触动。"②

在我看来,问题的重要性并不在于肯定农业和手工业相结合的自然经济是东方社会停滞的直接原因,而是在于东方社会的农业与手工业相结合的自然经济何以如此长期地存在下来。研读马克思、恩格斯的著作

① 《马克思恩格斯选集》第 1 卷,第 692、767 页。
② 《马克思恩格斯全集》第 23 卷,第 396—397 页。

可以看出,东方社会农业和手工业相结合的自然经济之所以长期存在,根本原因就在于东方社会的不同共同体之间缺乏"外部交换""外部交往"。"古代自然形成的公社,在同外界的交往使它们内部产生财产上的差别从而开始解体以前,可以存在几千年,例如在印度人和斯拉夫人那里直到现在还是这样。"①

本来,在所有的农业民族中,农业生产都要以手工业生产作为辅助性的行业,以满足农业生产以及日常生活的需求。农业和手工业相结合的自然经济是一切民族历史发展的一个必然阶段。自然经济的瓦解,取决于为交换目的而进行的生产,即商品生产的发展。从历史上看,无论是东方,还是西方,商品生产早在奴隶制时代就已经开始,但是,这一历史进程只有在西方社会才最后完成,在东方社会则始终处于萌芽状态。造成这一状况的原因,当然有民族内部的分工问题。

马克思非常重视民族内部的分工,认为:"某一民族内部的分工,首先引起工商业劳动和农业劳动的分离,从而也引起城乡的分离和城乡利益的对立。分工的进一步发展导致商业劳动和工业劳动的分离。"②同时,马克思又高度重视民族之间的外部交换对改变自然经济的决定性作用,明确指出:"不同的公社在各自的自然环境中,找到不同的生产资料和不同的生活资料。因此,它们的生产方式、生活方式和产品也就各不相同。这种自然的差别,在公社互相接触时引起了产品的互相交换,从而使这些产品逐渐变成商品。"③

马克思的提示促使我做出这样一个判断:真正意义上的社会分工是从外部交换开始的,即从那些最初表现为以自然差异为基础的不同共同体之间的交换开始,而共同体内部的分工则以外部交换的发展为前提。正如马克思所说,"这个分离过程的主要推动力是同其他公社交换商

① 《马克思恩格斯全集》第 20 卷,第 162 页。
② 《马克思恩格斯全集》第 3 卷,第 24—25 页。
③ 《马克思恩格斯全集》第 23 卷,第 390 页。

品"①。这就是说,如果缺少外部交换作为推动力,一个社会内部就不可能改变原有的自给自足状态。在马克思看来,东方社会所缺乏的正是这种外部交换。

东方社会之所以缺少"外部交换",是因为在东方社会产生了凌驾于一切小共同体之上的"最高的统一体"或"唯一的所有者"。如前所述,东方社会的重要特征之一是把经济活动的主要条件,即大规模的公共工程交给政府统一管理,这一特征在所有制上的反映便是国家成为唯一的土地所有者,"实际的公社却只不过表现为世袭的占有者"。

在东方社会,国家组织公共工程的统一行动与农村公社的孤立性、消极性形成一种对立统一关系,国家组织公共工程并不是为了消除农村公社的孤立性和消极性,而是在维持和强化农村公社的这两大特征;同时,国家的兴衰又取决于能否组织好农村公社经济。正是在这种意义上,马克思认为,"公共工程是中央政府的事情",以及公社"有完全独立的组织,自己成为一个小天地",这是解释东方社会停滞性的"两种相互促进的情况"。②

可见,马克思是从土地公有制或国有制以及东方国家担负社会职能这一角度,来说明东方社会自然经济稳定性和社会发展停滞性的。应该说,在东方社会的一系列特征中,根本特征就是土地公有制或国有制。正是在这种意义上,马克思、恩格斯认为,"不存在土地私有制"是理解东方社会一切现象的钥匙。

由于不存在土地私有制,土地属于国家这个"最高的统一体",因此国家作为"地主"借以掠夺剩余产品的产品地租形式,成为导致东方社会停滞的又一个重要原因。在马克思看来,由于产品地租形式必须同一定种类的产品和生产本身相联系,由于对这种形式来说农业经济和家庭手工业的结合必不可少,由于产品地租是直接生产者被强制地、无偿地向土地

① 《马克思恩格斯全集》第23卷,第390页。
② 《马克思恩格斯全集》第28卷,第271页。

所有者——国家提供的全部劳动,因此,"剩余产品不言而喻地属于这个最高的统一体"①,在直接生产者手中就根本没有可供交换的剩余产品。马克思精辟地指出了产品地租形式对东方社会"停滞性"所起的作用:"产品地租所达到的程度可以严重威胁劳动条件的再生产,生产资料本身的再生产,使生产的扩大或多或少成为不可能,并且迫使直接生产者只能得到最低限度的维持生存的生活资料。"②

总之,在马克思看来,自给自足的自然经济以及它的产品地租形式"完全适合于为静止的社会状态提供基础,如像我们在亚洲看到的那样"③。

东方社会这种稳定性、停滞性在历史上保持得最持久、最顽固。但是,随着世界历史的形成,东方社会开始面临着不同的历史命运。

世界历史形成之前,社会发展中也出现过"跨越"现象,如日耳曼民族在征服罗马帝国之后,越过奴隶制,从原始社会直接走向封建社会。然而,在世界历史形成之前,社会发展中的跨越现象毕竟是一种特殊现象。世界历史形成之后,社会发展中的"跨越"现象则成为一种普遍现象。在世界历史这个整体的影响下,在北美洲、大洋洲以至东欧,有的民族从奴隶社会,有的民族甚至从原始社会直接走上了资本主义道路。马克思指出,在美国,"资产阶级社会不是在封建制度的基础上发展起来的,而是从自身开始的"。"在现实的历史上,雇佣劳动是从奴隶制和农奴制的解体中产生的,或者像在东方和斯拉夫各民族中那样是从公有制的崩溃中产生的,而在其最恰当的、划时代的、囊括了劳动的全部社会存在的形式中,雇佣劳动是从行会制度、等级制度、劳役和实物收入、作为农村副业的工业、仍为封建的小农业等等的衰亡中产生的。"④

这里,马克思实际上概括了资本主义产生的四条道路:一是从封建制度的"衰亡"中产生;二是从奴隶制或农奴制的"解体"中产生;三是从原始

---

① 《马克思恩格斯全集》第46卷上,第473页。
② 《马克思恩格斯全集》第25卷,第897页。
③ 《马克思恩格斯全集》第25卷,第897页。
④ 《马克思恩格斯全集》第46卷上,第4、14页。

公有制的"崩溃"中产生;四是"从自身开始"。其中,第一条道路是西欧资本主义产生的道路,也是资本主义产生的典型道路;第二、第三、第四条道路则是在世界历史影响下形成的。没有资产阶级开创的世界历史的存在,从奴隶制的"解体"、原始公有制的"崩溃"和"自身"中绝不可能产生资本主义制度。

同时,马克思注意到,资产阶级在开创世界历史的过程中,"使未开化和半开化的国家从属于文明的国家,使农民的民族从属于资产阶级的民族,使东方从属于西方"①,即已经注意到资产阶级开创世界历史的过程实际上是创造出一个资本主义的世界体系。在马克思看来,这是一个"中心—卫星"式的世界体系。恩格斯形象地指出:"英国是农业世界的大工业中心,是工业太阳,日益增多的生产谷物和棉花的卫星都围着它运转。"②被西方资产阶级殖民化、半殖民化的东方国家,以及像俄国这样的"半东方"国家,就属于资本主义世界体系中的"卫星"国。正因为如此,马克思提出要研究"生产的国际关系"及其对处在资本主义世界体系中的落后国家的影响。

更重要的是,马克思不仅关注着"历史向世界历史的转变",而且关注着处在世界历史中的东方社会的现实境遇和历史命运。

一是印度成为西方资本主义的"猎获物",农村公社死于西方侵略者的铁蹄之下,印度社会由此处于一种新的停滞之中。西方的侵略使印度人"失掉了他们的旧世界而没有获得一个新世界"。西方资产阶级在印度的"亚洲式专制"的基础上建立起"欧洲式专制",这两种专制结合起来,使印度社会长期处于一种新的停滞之中,出现了"没有为人所知的历史",或者说"根本没有历史③。印度被西方资本主义彻底殖民化了。

二是中国在西方资本主义的冲击下显示出强大的"生命力",同时又处于"解体的过程"。马克思极为关注古老的中国在西方资本主义冲击下

---

① 《马克思恩格斯选集》第1卷,第277页。
② 《马克思恩格斯选集》第4卷,第425页。
③ 《马克思恩格斯选集》第1卷,第767页。

所表现出来的超常的稳定性和顽强的"生命力"及其原因,明确指出:"除我们已证明与西方工业品销售成反比的鸦片贸易之外,妨碍对华出口贸易迅速扩大的主要因素,是那个依靠小农业与家庭工业相结合而存在的中国社会经济结构。"①

马克思比较了印度和中国的经济结构面对西方资本主义的冲击所表现出来的共同点与不同点,认为在印度和中国,生产方式都是小农业与家庭手工业的统一,问题在于:"在印度,英国人曾经作为统治者和地租所得者,同时使用他们的直接的政治权力和经济权力,以便摧毁这种小规模的经济公社";在中国,这种摧毁"小规模的经济公社"的过程进行得更加缓慢,"因为在这里直接的政治权力没有给予帮助。因农业和手工制造业的直接结合而造成的巨大的节约和时间的节省,在这里对大工业产品进行了最顽强的抵抗"②。中国不同于印度,它并没有完全沦为殖民地。同时,英国的大炮又"迫使天朝帝国与地上的世界接触",使中国社会处于"解体"之中。"与外界完全隔绝曾是保存旧中国的首要条件,而当这种隔绝状态通过英国而为暴力所打破的时候,接踵而来的必然是解体的过程。"③

三是俄国有可能跨越资本主义"卡夫丁峡谷",直接走上社会主义道路。按照马克思的观点,俄国的农村公社既不像印度的农村公社那样成为西方资本主义的"猎获物",也不像中国那样受到西方资本主义的强烈冲击,同时,又不像西欧的农村公社那样,其内部的"私有制因素战胜集体制因素"。俄国农村公社的二重性及其与资本主义的同时代性,使其有可能在特定的国际环境中跨越资本主义的历史阶段,直接进入社会主义社会。这就是马克思晚年提出的著名的跨越资本主义"卡夫丁峡谷"的设想。马克思晚年关于俄国跨越资本主义"卡夫丁峡谷"的设想,是其东方社会理论中的华彩乐章。如果说对东方社会"停滞性"的揭秘关注的是东方社会特征的话,那么"跨越论"关注的则是东方社会的发展道路。

---

① 《马克思恩格斯选集》第 1 卷,第 755 页。
② 《马克思恩格斯全集》第 25 卷,第 373 页。
③ 《马克思恩格斯选集》第 1 卷,第 692 页。

为了说明俄国未来的发展道路,马克思从三个方面分析了俄国所处的历史条件。

从内部条件看,俄国农村公社具有二重性:"一方面,公有制以及公有制所造成的各种社会关系,使公社基础稳固,同时,房屋的私有、耕地的小块耕种和产品的私人占有又使个人获得发展。"①这种二重性是俄国农村公社强大生命力的源泉。土地公有制构成集体生产和集体占有的基础,同时,俄国的历史传统与民族文化—心理结构说明,农民习惯于劳动组合关系,这便于他们从小土地经济过渡到集体经济。

从外部条件看,俄国并不是脱离世界而孤立存在的,它与西方资本主义处于同时代,必然要和西方资本主义发生联系。"俄国是在全国广大范围内把土地公社占有制保存下来的欧洲唯一的国家,同时,恰好又生存在现代的历史环境中,处在文化较高的时代,和资本主义生产所统治的世界市场联系在一起。"②这就是说,当时西方资本主义已经有了充分发展,而处于世界历史行列中的俄国可以借助资本主义已有的经济成就,为未来的社会主义提供物质条件。

从可能与现实的关系看,特殊的历史条件只是为俄国跨越资本主义"卡夫丁峡谷"提供了可能,要把这种可能变成现实,还需要一个重要条件,即进行社会革命。马克思当时提出需要两种革命:一是俄国革命,因为当时俄国农村公社已经受到沙皇政府的破坏,处于瓦解过程之中,所以"要挽救俄国公社,就必须有俄国革命"③;二是西欧无产阶级革命,"假如俄国革命将成为西方无产阶级革命的信号而双方互相补充的话,那么现今的俄国土地公有制便能成为共产主义发展的起点"④。实际上,俄国当时既存在超越资本主义历史阶段的可能性,同时,也存在发展资本主义的可能性。用马克思的话说,"或者是私有原则在公社中战胜集体原则,或

---

① 《马克思恩格斯全集》第19卷,第434页。
② 《马克思恩格斯全集》第19卷,第444页。
③ 《马克思恩格斯全集》第19卷,第441页。
④ 《马克思恩格斯选集》第1卷,第251页。

者是后者战胜前者。一切都取决于它所处的历史环境"①。

正是在对俄国当时所处的历史条件进行综合分析的基础上,马克思提出了跨越资本主义"卡夫丁峡谷"的设想。

当然,我注意到,这种"跨越论"只是一种假设,而不是一个肯定的科学结论;它只是指俄国在特定的历史环境中能够跨越资本主义"卡夫丁峡谷",而不是说所有东方国家都可以跨越资本主义历史阶段;它只是提出问题,而不是最后解决了问题。如果就事说事,跨越"卡夫丁峡谷"设想的意义的确非常有限,因为俄国最终没有避免资本主义的前途,而是在资本主义不甚发达的历史阶段走上了社会主义。问题的关键在于,马克思关于俄国跨越资本主义"卡夫丁峡谷"设想的意义并不在于这一设想本身,而是在于这一设想为我们提供了研究落后国家社会发展道路的科学方法论,即生产力与生产关系矛盾运动的民族性和世界性相互作用的辩证法。

四、价值尺度的取向与历史尺度的坚守:评价东方社会的两种尺度

生产力与生产关系和人及其活动密切相关。"生产力和社会关系——这二者是社会的个人发展的不同方面。"②换言之,生产力不是外在于人及其活动的纯粹的物质力量,生产关系也不是超历史的预成的实体,二者都是人的实践活动的产物,本身就体现着人的本质力量,体现着"社会的个人发展"。生产力发展的历史也就是"个人本身力量发展的历史"③,发展生产力"也就是发展人类天性的财富这种目的本身"④。因此,当马克思用生产力与生产关系的矛盾运动来研究东方社会及其发展道路时,即强调历史规律、确立历史尺度时,并没有否定价值尺度、伦理原则,而是把价值尺度、伦理原则置于历史尺度的基础之上。

---

① 《马克思恩格斯全集》第19卷,第450—451页。
② 《马克思恩格斯全集》第46卷下,第219页。
③ 《马克思恩格斯全集》第3卷,第81页。
④ 《马克思恩格斯全集》第26卷Ⅱ,人民出版社1973年版,第124页。

社会发展规律的一个重要体现，就是生产力的发展必然导致旧的社会主体的衰落和新的社会主体的崛起。新的社会主体必然与生产力的发展相一致，代表着人类整体能力的发展趋势，它不仅追求自身的利益，而且要把其他阶级的利益纳入自己的利益体系，并使之从属于自己的利益体系。如果其他阶级的利益有碍于其利益实现，那么这个新的社会主体必然要牺牲其他阶级的利益来满足自身利益。

换言之，人类整体利益的实现，不仅要以同生产力发展相一致的新的阶级利益实现为中介，而且要以牺牲同生产力发展不适应的，或者是有碍新的阶级利益实现的其他阶级利益为代价。这种历史必然性在世界范围内的表现就是：西方资产阶级必然要把经济落后并处于前资本主义阶段的民族或国家的利益纳入自己的利益体系，并使之从属于自己的利益体系。为此，西方资产阶级必然要破坏和摧毁东方社会传统的生产方式和社会秩序。西方资产阶级在造成东方社会巨大灾难的同时，又"充当了历史的不自觉的工具"，不自觉地延伸着社会的进步。

为此，马克思提出了两个相关的观点，即"从人的感情上来说"和"从历史观点来看"。这两种观点实际上就是价值观与历史观、价值尺度与历史尺度的统一。在研究东方社会的过程中，马克思始终是运用价值尺度和历史尺度的统一来评价东方社会及其历史命运的。

马克思深切地关注着东方社会所遭受的特殊的悲惨命运。"从人的感情上来说，亲眼看到这无数辛勤经营的宗法制的祥和无害的社会组织一个个土崩瓦解，被投入苦海，亲眼看到它们的每个成员既丧失自己的古老形式的文明又丧失祖传的谋生手段，是会感到难过的。"[①]马克思怀着极大的义愤，从人道主义情怀出发，痛斥西方资产阶级对东方社会海盗式的掠夺行为，揭露西方资产阶级的野蛮本性和极端虚伪性："当我们把目光从资产阶级文明的故乡转向殖民地的时候，资产阶级文明的极端伪善和它的野蛮本性就赤裸裸地呈现在我们面前，它在故乡还装出一副体面的

---

① 《马克思恩格斯选集》第1卷，第765页。

样子,而在殖民地它就丝毫不加掩饰了。"①

在马克思看来,西方资产阶级在"亚洲式的专制"基础上建立起一种"欧洲式的专制",使东方社会的"个人和整个民族遭受流血与污秽、穷苦与屈辱",过着一种"失掉尊严的、停滞的、苟安的生活"。东方社会被强行纳入到资本主义世界体系中,不啻是一场灾难,而且这场灾难同过去所遭受的所有灾难相比,"在本质上属于另一种,在程度上也不知道要深重多少倍",具有一种"特殊的悲惨的色彩"。如同19世纪之前的德国那样,东方社会"不仅苦于资本主义生产的发展,而且苦于资本主义生产的不发展";"除了现代的灾难而外",压迫东方社会的还有"许多遗留下来的灾难,这些灾难的产生,是由于古老的陈旧的生产方式以及伴随着它们的过时的社会关系和政治关系还在苟延残喘"②。

马克思在探讨东方社会发展道路时无疑抱持着深切的价值关怀。马克思深知生产力的发展必然导致旧的社会主体的衰落和新的社会主体的崛起。新的社会主体与生产力的发展相一致,它不仅追求自身的利益,而且把其他阶级的利益纳入自己的利益体系之中,并使之从属于自己的利益体系;人类整体利益的实现,不仅要以同生产力发展相一致的新的阶级利益的实现为中介,而且要以牺牲同生产力发展不一致的、有碍新的阶级利益实现的其他阶级的利益为代价。这种历史必然性不仅体现在民族或国家发展的历史进程中,而且体现在不同民族或国家交往的历史进程中,体现在资产阶级开创世界历史的进程中。这是历史进步过程中的代价,难以避免,但人们可以"缩短和减轻"这种"分娩的痛苦"。

所以,当马克思提出跨越资本主义"卡夫丁峡谷"的设想时,其出发点就是想使俄国的未来发展避免资本主义制度所造成的"波折""痛苦"和"致命危机",同时,"吸取资本主义制度所取得的一切肯定成果"。如果俄国公社"在现在的形式下事先被引导到正常状态,那它就能直接变成现代

---

① 《马克思恩格斯选集》第1卷,第772页。
② 《马克思恩格斯全集》第23卷,第11页。

社会所趋向的那种经济体系的出发点,不必自杀就能获得新的生命"①。

问题在于,马克思并没有停留在这种"道德愤怒"、伦理原则、价值尺度上。在马克思东方社会理论中,伦理原则以及人道主义的价值尺度并不是所谓的人的本质及其自我实现的要求,而是与经济条件、历史尺度密切相关,并具有内在的统一性。所以,在提出"从人的感情上来说"的同时,马克思又提出"从历史观点来看"东方社会以及西方资产阶级对东方社会的入侵。马克思清醒地意识到西方资本主义社会在当时属于先进的社会形态,东方社会则是落后的社会形态,并明确指出:"我们不应该忘记,这些田园风味的农村公社不管看起来怎样祥和无害,却始终是东方专制制度的牢固基础,它们使人的头脑局限在极小的范围内,成为迷信的驯服工具,成为传统规则的奴隶,表现不出任何伟大的作为和历史首创精神","它们使人屈服于外界环境,而不是把人提高为环境的主宰;它们把自动发展的社会状态变成了一成不变的自然命运"。②

因此,"道德义愤"只是马克思"从人的感情上"来说的,只是马克思看待西方资产阶级侵略东方社会的一个视角,另一个视角仍然是"历史观点"。

历史进步的物质基础是生产力,生产力是社会发展的最终决定力量,集中体现着社会发展,是历史进步的最高尺度。存在于某种生产关系、社会形态中的生产力如果能以其应有的速度向前发展,就表明这种社会形态存在的必要性和价值;反之,则不能继续存在。在此,任何道德的愤怒都无济于事。道德尺度应该也必须服从历史尺度。马克思多次强调"从纯经济观点来看"和"从历史观点来看"东方问题,始终坚守历史尺度,并以此为基础评价东方社会的历史与现实,以及西方资产阶级对东方社会的侵略行为。

按照马克思的观点,西方资产阶级是在"极卑鄙的利益驱使"下入侵

① 《马克思恩格斯全集》第19卷,第451页。
② 《马克思恩格斯选集》第1卷,第765、766页。

东方社会的,在主观上绝不是要使东方社会资本主义化,而是要使东方社会殖民化。但是,在殖民化的过程中,西方资产阶级给东方社会"带来"或"导入"了新式工业,打破了东方社会的自然经济结构,客观上造就了有利于东方社会发展资本主义和工业文明的条件,客观上"在亚洲造成了一场最大的,老实说也是亚洲历来仅有的一次社会革命",从而"充当了历史的不自觉的工具"。"问题在于:如果亚洲的社会状态没有一个根本的革命,人类能不能实现自己的命运?如果不能,那么,英国不管干了多少罪行,它造成这个革命毕竟是充当了历史的不自觉的工具。"①正是在这个意义上,马克思指出:"无论古老世界崩溃的情景对我们个人的感情是怎样难受,但是从历史观点来看,我们有权同歌德一起高唱:'既然痛苦是快乐的源泉,那又何必因痛苦而伤心?'"②

正是从历史观点出发,东方社会的"崩溃"没有使马克思感到惋惜;对古老帝国的"死去",马克思的态度极为冷峻。在东方社会与西方社会的冲突中,东方社会"激于道义","维护道德原则",西方社会则"以发财的原则与之对抗",以"获得贱买贵卖的特权",结果是东方社会"崩溃",古老的帝国"在这样一场殊死的决斗中死去"。伦理原则、价值尺度与历史尺度在这里处于对立和离奇的冲突之中,历史进步伴之以民族灾难为代价,古老的东方社会以其惨痛的代价换取了某种历史进步。"这的确是一种悲剧,甚至诗人的幻想也永远不敢创造出这种离奇的悲剧题材。"③

这里的"悲剧"不仅是一个美学范畴,而且是一种历史观,是对历史上的个人、民族的一种评价尺度。马克思用"悲剧"这一范畴显示了东方社会在与西方社会进行"殊死决斗"的过程中难以避免的失败及其客观原因,从而说明伦理原则、价值尺度必须以历史尺度为基础。马克思的东方社会理论的确具有价值尺度的取向,但它的理论基础是历史尺度,即建立在历史规律的基础之上。

---

① 《马克思恩格斯选集》第 1 卷,第 766 页。
② 《马克思恩格斯全集》第 9 卷,人民出版社 1961 年版,第 149—150 页。
③ 《马克思恩格斯全集》第 12 卷,人民出版社 1962 年版,第 587 页。

"英国在印度要完成双重的使命：一个是破坏的使命，即消灭旧的亚洲式的社会；另一个是重建的使命，即在亚洲为西方式的社会奠定物质基础。"①但是，马克思同时认为，这"双重的使命"都是不自觉的——西方资产阶级主观上并没有任何重建东方社会的意思，西方资产阶级在东方社会所实行的一切既不会给东方人民带来自由，也不会根本改善他们的社会状况，"因为这两者不仅仅决定于生产力的发展，而且还决定于生产力是否归人民所有"②。从本质上看，"生产力是否归人民所有"就是所有制问题，而"现存的所有制关系是一些国家剥削另一些国家的条件"③。

　　所以，马克思希望东方社会"有一个根本的革命"，并且认为："资产阶级历史时期负有为新世界创造物质基础的使命：一方面要造成以全人类互相依赖为基础的普遍交往，以及进行这种交往的工具，另一方面要发展人的生产力，把物质生产变成对自然力的科学统治。资产阶级的工业和商业正为新世界创造这些物质条件，正像地质变革创造了地球表层一样。只有在伟大的社会革命支配了资产阶级时代的成果，支配了世界市场和现代生产力，并且使这一切都服从于最先进的民族的共同监督的时候，人类的进步才会不再像可怕的异教神怪那样，只有用被杀害者的头颅做酒杯才能喝下甜美的酒浆。"④

　　无疑，这是一种历史尺度和价值尺度相统一的方法，它体现了马克思的东方社会理论是历史唯物论和历史辩证法的统一，是历史观和价值观的统一。

---

① 《马克思恩格斯选集》第 1 卷，第 768 页。
② 《马克思恩格斯选集》第 1 卷，第 771 页。
③ 《马克思恩格斯选集》第 1 卷，第 308 页。
④ 《马克思恩格斯选集》第 1 卷，第 773 页。

第五章

中国：在世界历史中走向社会主义

　　马克思的社会主义理论是以西方资本主义的"典型国家"为蓝本的，然而，中国却是从东方的半殖民地半封建社会直接走向社会主义道路的。在这种"奇特"的历史现象面前，有的人重归形而上学，或者认为中国走向社会主义是错误选择，或者认为马克思的社会主义理论是错误理论。我断然拒绝这种形而上学的观点。在我看来，中国走向社会主义的确改变了世界历史的传统走向，但它本身又是资本主义开创的世界历史对中国社会影响、冲突和渗透的结果。中国是在世界历史中走向社会主义的，同样，中国也将在世界历史中走向社会主义现代化。

一、历史向世界历史的转变

　　我在这里所说的"世界历史"，不是通常的、历史学意义上的世界史，即整个人类历史，而是指各民族、各国家进入全面相互影响、相互作用、相互渗透、相互制约,使整个世界"一体化"以来的历史。世界历史在今天已经是一个可经验的事实,但它却形成于现代,即资本主义时代。马克思以惊人的洞察力注意到这一历史趋势,他用"历史向世界历史的转变"这一命题表征了这一历史趋势,并认为"世界史不是过去一直存在的;作为世界史的历史是结果"①。这表明,"世界历史"本身就是一个历史范畴。

人类历史首先在几个古老的民族那里取得其相应的独立起源,这些古老的民族一开始是在各自的生存环境中获得各自的生存方式的。由于地理条件的限制,各民族之间的交往甚少,人类各大文明圈在相当长的时间内处于相互隔离的状态。尽管它们都处于转变与发展之中,但这些转变与发展基本上是在彼此隔离、互不干扰的情况下完成的。从总体上看,在资本主义之前,人们之间的交往还不具备普遍性,人类还处于世界历史的前史阶段。

历史向世界历史的转变是在生产力较为发展的基础上交往普遍化的产物,它伴随着资本主义大工业的确立而得以形成。生产的社会化以及需求的扩大,驱使资产阶级奔走于全球各地,力图建立世界市场;大工业的建立、美洲的发现以及东印度和中国市场的发现,使世界市场得以形成。"资产阶级,由于开拓了世界市场,使一切国家的生产和消费都成为世界性的了。"②正因为如此,马克思认为,资本主义"首次开创了世界历史,因为它使每个文明国家以及这些国家中的每一个人的需要的满足都依赖于整个世界,因为它消灭了以往自然形成的各国的闭关自守的状态"③。

在这种历史条件下,能否建立新的工业成为一切文明民族生命攸关的问题。民族的闭关自守状态再也不能从容地继续下去了,越来越多的民族,甚至最野蛮的民族都自觉或不自觉地卷入到普遍交往的行列之中。在经济交往的基础上,又形成了政治交往、文化交往,不但形成了世界市场,而且"形成了一种世界的文学"。一句话,资产阶级"按照自己的面貌为自己创造

---

① 《马克思恩格斯选集》第 2 卷,第 28 页。
② 《马克思恩格斯选集》第 1 卷,第 276 页。
③ 《马克思恩格斯全集》第 1 卷,第 68 页。

出一个世界"。在这个世界中,"过去那种地方的和民族的自给自足和闭关自守状态,被各民族的各方面的互相往来和各方面的互相依赖所代替了"①。世界由此形成为一个统一的整体,历史转变为世界历史。世界历史的形成标志着人类进入一个新的历史阶段,即各民族、各国家全面相互影响、相互作用、相互依赖、相互渗透、相互制约的历史阶段。

世界历史形成之前,人类总体历史和具体民族历史之间的关系是一般与个别、普遍与特殊的关系。在具体民族的"个别"之中存在着人类历史的"一般",不同民族的历史发展以其个别的、特殊的发展形态体现出人类历史发展的一般的、普遍的规律。世界历史形成之后,人类总体历史和具体民族历史之间不仅具有一般与个别的关系,还具有了整体与部分的关系。更重要的是,生产力与生产关系的矛盾运动越出了民族的狭隘地域,进入了世界的"运动场",成为民族性和世界性的统一。

世界历史是各个民族相互作用的总和。相互作用必然产生一种新的力量,如同马克思在《资本论》中所肯定的协作能带来新的生产力一样。因此,世界历史并不是各个民族历史的简单相加,而是民族之间相互作用的"合力",是一种"系统值"。黑格尔和马克思都肯定了这一点。列宁也曾从"器官"的意义上看待部分,并把它与整体的关系用于说明世界历史,即"世界历史是个整体,而各个民族是它的'器官'"②。

因此,世界历史形成之后,任何民族或国家的发展都不可避免地受到世界历史的影响,并在这种影响下发生某种程度的"变形"。如果无视这种整体化的趋势,继续闭关自守,那么前途只有一个,即最终被"强力"拖进世界历史的运行轨道。马克思指出,"与外界完全隔绝曾是保存旧中国的首要条件",然而,"满族王朝的声威一遇到英国的枪炮就扫地以尽,天朝帝国万世长存的迷信破了产,野蛮的、闭关自守的、与文明世界隔绝的状态被打破,开始同外界发生联系"。③

_____

① 《马克思恩格斯选集》第 1 卷,第 276 页。
② 《列宁全集》第 55 卷,人民出版社 1990 年版,第 273 页。
③ 《马克思恩格斯选集》第 1 卷,第 692、691 页。

世界历史对民族历史的影响作用突出地表现为交往行为的"相加"效应，即人们在交往中往往用自己的优势部分换取对自己不足部分的弥补，从而避免重复劳动的耗费，给自己的发展带来"爆发力"。正是这种"爆发力"使较为落后的民族不必一切"从头开始"或"重新开始"，而是以人类的最新成果为起点去创造更新的东西，从而以跳跃式的发展进入到世界历史的先进行列。正是在这个意义上，马克思认为，俄国能够享用资本主义的积极成果，同时，又能够跨越资本主义的"卡夫丁峡谷"直接走向社会主义，从而开创世界历史的新纪元。

世界历史形成之后，各民族、各国家的相互影响、相互作用、相互依赖、相互渗透、相互制约表现在各个方面，其深层结构则是，生产力与生产关系矛盾运动的民族性和世界性的辩证统一。所谓生产力与生产关系矛盾运动的民族性，是指生产力与生产关系的矛盾运动在不同民族或国家内具有不同的性质、结构和运行机制；生产力与生产关系矛盾运动的世界性是指，随着交往的普遍化、世界市场的开拓和世界历史的形成，各民族、国家的生产力与生产关系矛盾运动便越出其狭隘地域，在世界的宏大背景中进行全面相互影响、相互作用、相互制约的整体运动。

生产力与生产关系的矛盾运动的民族性和世界性之间的关系，处在一种动态的结构中。

历史越往前追溯，生产力与生产关系矛盾运动的民族性就越突出。在古代，由于交通不便和信息传递的困难，生产力与生产关系的矛盾运动一般都是在民族的狭隘地域内"单独进行"的。其显著特点是，每一种生产方式的形成在各个民族那里都必须"从头开始"或"重新开始"。

在民族间的交往有了一定发展的条件下，原来"单独进行"的生产方式矛盾运动之间便会产生相互影响、相互作用、相互制约的关系。例如，日耳曼民族征服罗马帝国之后，被征服民族的较高生产力与征服者原来的生产关系产生交互作用，结果使日耳曼民族跨越了奴隶制而直接建立封建制。正如马克思所说，"封建主义决不是现成地从德国搬去的；它起源于蛮人在进行侵略时的军事组织中，而且这种组织只是在征服之后，由于被征服国家内遇到的生产力的影响才发展为现在的封建主义的"①。这里,已经显露出生产力与生产关系矛盾运动的"世界性"的萌芽。

随着交往的普遍发展,世界交往、世界市场、世界历史的形成,尤其是"生产的国际关系、国际分工、国际交换"体系的形成,原来"单独进行"的生产力与生产关系的矛盾运动便真正越出了民族的疆域,具有了世界性。

生产力与生产关系矛盾运动的世界性以民族性为基础,但它又不是民族性的简单叠加。作为一种整合值,它具有相对独立性,能够使民族性在某种程度上发生"变形"。在世界历史的背景中,某些落后民族或国家内的生产力与生产关系的矛盾会较快地达到激化的状态,并产生同发达国家"类似的矛盾"。马克思指出,一切历史冲突都根源于生产力与生产关系之间的矛盾,然而,"对于某一国家内冲突的发生来说,完全没有必要等这种矛盾在这个国家本身中发展到极端的地步。由于同工业比较发达的国家进行广泛的国际交往所引起的竞争,就足以使工业比较不发达的国家内产生类似的矛盾"②。

在这种历史条件下,较为落后的民族就不必一切"从头开始",亦步亦趋地沿着发达国家的发展道路走下去,在发达国家的"历史启示"下,它能够缩短解决矛盾的过程,以跳跃式的发展走向世界先进行列。东方某些较为落后国家之所以能够越过完整的或典型的资本主义阶段而直接走向社会主义,其根源就在于此。正是在这个意义上,马克思指出:"一个民族本身的整个内部结构都取决于它的生产以及内部和外部的交往的发展程度"③。

二、在世界历史中走向社会主义

中国是在 20 世纪中叶跨越了资本主义的"卡夫丁峡谷"而直接走向

---

① 《马克思恩格斯全集》第 3 卷,第 83 页。
② 《马克思恩格斯全集》第 3 卷,第 83 页。
③ 《马克思恩格斯全集》第 3 卷,第 24 页。

社会主义的。为了真正理解这一"奇特"的历史现象的产生，我们必须首先了解20世纪上半叶中国的国内状况，尤其是生产力的状况。同时，由于中国是被西方资本主义强行纳入世界历史轨道的，因此，应把这一"奇特"的历史现象置于"国际环境"中，从20世纪中叶世界历史的走向中来加以考察。正如列宁所说，只有把握世界历史的总进程及其时代的基本特征，才能以此为根据来估计这国或那国更详细的特点。

鲁迅曾对20世纪中叶的中国社会状况有一个经典概括："中国社会上的状态，简直是将几十世纪缩在一时：自油松片以至电灯，自独轮车以至飞机，自镖枪以至机关炮，自不许'妄谈法理'以至护法，自'食肉寝皮'的吃人思想以至人道主义，自迎尸拜蛇以至美育代宗教，都摩肩挨背的存在。"的确如此。就社会生产力而言，落后的生产力与先进的生产力也是"摩肩挨背"的存在，个体农业经济和手工业经济占90%，现代工业占10%。前者属于落后的生产力，"同古代相似"，或者说"停留在古代"；后者属于先进的生产力，而且较为集中，控制了国家的经济命脉，既为在中国发展资本主义生产关系奠定了物质基础，又为在中国建立社会主义生产关系提供了物质前提。这两种生产力相互影响、相互制约，形成了中国现实的总体生产力。

这表明，中国的生产力具有二重性。正是这种二重性的经济运动造成了"两个中国之命运"，决定了中国的未来发展具有两种可能性，即发展资本主义生产关系或建立社会主义生产关系。中国国内的这种状况，本身就是资本主义开创的世界历史以及资本主义生产方式内在矛盾对中国冲击、影响和渗透的结果。因此，中国未来发展的两种可能性中的哪一种能够成为现实，在很大程度上取决于中国与世界的关系以及世界历史的走向。

中国是被西方资本主义国家强行拖入世界历史运行轨道的。西方资本主义的入侵在中国造成了双重效应：一方面，它造就了"新式工业"，破坏了封建社会的基础，促进了资本主义的发展，就这一点而言，它"充当了历史的不自觉的工具"；另一方面，它又勾结中国的封建势力压迫中国资本主义的发展,使中国资本主义的发展处于一种畸形状态。"帝国主义列强侵入中国的目的,决不是要把封建的中国变成资本主义的中国……相反,它们是要把中国变成它们的半殖民地和殖民地。"①这就是说,西方资本主义国家也不允许中国成为一个独立的资本主义国家。这似乎是一个矛盾,然而,却是一个事实。西方资本主义的自身利益决定了这一历史现象的产生。

20世纪中叶,西方资本主义生产方式的内在矛盾日益激化,经济危机不断发生。这些"工业较发达的国家向工业较不发达的国家所显示的,只是后者未来的景象"②。同时,俄国十月社会主义革命又改变了世界历史的走向。在这种历史条件下,殖民地半殖民地的民族解放运动都自觉或不自觉地与无产阶级革命相呼应,从而使社会主义国家,发达资本主义国家内的无产阶级运动,以及殖民地半殖民地的民族解放运动形成为一个历史整体,猛烈冲击着资本主义体系,形成了"世界社会主义革命的时代"。20世纪中叶的中国革命正属于这个"历史整体",并处在这个"世界社会主义革命的时代"之中。

中国生产力的二重性、西方资本主义生产方式内在矛盾对中国的冲击、影响和渗透,以及世界社会主义革命的新时代,这种国际国内条件结合在一起,使处在世界历史中的中国形成了社会主义革命的历史必然性。

历史必然性就是经济运动对历史行程的制约性、决定性,社会主义革命在中国的历史必然性就是生产力与生产关系矛盾运动的民族性和世界性相互作用的结果。这种历史必然性决定了中国未来发展的大概趋势,并为中国无产阶级的历史活动提供了可能性前提。但是,这种历史必然性的实现表现为中国人民的实践过程,如何实现取决于中国国内阶级力量的对比。

20世纪中叶的中国,出现了在西方发达国家不可能出现的"矛盾

<hr>

① 《毛泽东选集》第二卷,第628页。
② 《马克思恩格斯全集》第23卷,第8页。

群"，这就是中华民族与西方资产阶级民族、人民大众与封建制度、无产阶级与资产阶级、无产阶级与地主阶级、资产阶级与地主阶级、农民阶级与地主阶级、民族资本主义与外国资本主义、民族资本主义与官僚资本主义的矛盾等等。这种种矛盾相互影响、相互作用、相互制约，交织在一起，形成了一个巨大的社会之网，其中，西方资本主义与中华民族、封建主义与人民大众的矛盾构成了中国社会的主要矛盾。正因为如此，在中国既要进行社会主义革命，又不能立即直接进行社会主义革命，而要首先完成一个无产阶级领导的反帝反封建的革命，即新民主主义革命。

本来意义上的社会主义革命要通过新民主主义革命这个中介才能实现，这就使社会主义革命在中国具有必然性的同时又具备了特殊性。这是因为，新民主主义革命本身具有二重性：一方面，它为资本主义在中国的发展扫清道路，具有资产阶级民主革命的色彩；另一方面，它又反对"国际资本主义"，其目的是建立无产阶级领导的联合专政，因而又具有凝重的社会主义革命色彩。

新民主主义革命的二重性必然使其结果二重化，即"一方面有资本主义因素的发展，又一方面有社会主义因素的发展"[①]。这种二重化的结果又必然使中国的未来发展再次面临着两种前途，即资本主义与社会主义，二者在当时都是一种可能性，只不过后者"具有极大的可能性"。全部问题在于，中国的无产阶级只有发挥自己的历史主动性，在"一切必要条件具备的时候"，适时进行本来意义上的社会主义革命，才能避免资本主义的前途，实现社会主义的前途。

历史告诉我们，当一种新的生产力已经形成并且控制了国家经济命脉的时候，生产关系变革的物质前提就基本具备。社会主义革命的物质前提从质的规定性上看，无疑需要社会化大生产；从量的规定性看，需要这种社会化大生产掌握国家的经济命脉，但无须等到资本主义生产发展的后果到处以极端的形式表现出来。在 20 世纪 50 年代，通过没收官僚资

---

① 《毛泽东选集》第二卷，第650页。

本而建立起来的社会主义经济无疑是一种社会化大生产,而且它已经控制了国民经济的命脉。这就是说,进行本来意义上的社会主义革命的物质前提已经具备。这是历史的必然性。

中国的历史发展似乎在走着一条"奇怪的道路",即从封建社会演变成半殖民地半封建社会,继而又越过了资本主义历史阶段而直接走向社会主义。实际上,这条"奇怪的道路"的形成本身就体现着历史的必然性,它是生产力与生产关系矛盾运动的民族性和世界性相互作用的必然结果。半殖民地半封建社会的形成是西方资本主义入侵并把中国强行纳入世界历史的结果;越过资本主义历史阶段而直接走向社会主义,同样是资本主义开创的世界历史对中国社会冲击、渗透和影响的结果,是中国的无产阶级"按照必然的经济发展趋势行动"的结果。"中国的社会主义跟欧洲的社会主义象中国哲学跟黑格尔哲学一样具有共同之点"①,即都具有历史必然性。

这表明,中国社会发展的"奇怪的道路"并不是对人类总体历史发展顺序的否定,不能由此认为人类社会发展如瓶坠地,碎泛四溅,没有确定的方向。从人类总体历史看,"五种社会形态"的确是依次更替的,社会主义的产生没有也不可能先于资本主义,资本主义制度的建立没有也不可能先于封建制度,封建社会的产生没有也不可能先于奴隶社会,而所有民族在"人猿相揖别"之后,进入的都是原始社会,原始社会是人类社会的"原生态"。正是在这个意义上,马克思指出:"无论哪一个社会形态,在它们所能容纳的全部生产力发挥出来以前,是决不会灭亡的;而新的更高的生产关系,在它的物质存在条件在旧社会的胎胞里成熟以前,是决不会出现的。"②

实际上,中国并没有完全超越资本主义阶段,而只是超越了一个典型的资本主义阶段,或者说缩短了资本主义在中国的历史进程。"一个社会即使探索到了本身运动的自然规律……它还是既不能跳过也不能用法令取消自

---

① 《马克思恩格斯全集》第 7 卷,第 265 页。
② 《马克思恩格斯选集》第 2 卷,第 33 页。

然的发展阶段。但是它能缩短和减轻分娩的痛苦。"①中国社会发展的道路是"奇怪"的,但它的发展方向同人类总体历史的方向却是一致的。

中国是在经济较为落后的状况中走向社会主义的,但不能由此认为落后才是社会主义革命的原则和出发点。我不能同意这样一种观点,即中国正是因为落后才走向社会主义。实际上,我们所说的"落后"只是相对落后,即相对发达国家而言,而不是绝对落后。没有一定的资本主义大生产,社会主义革命的任务既不可能提出,也不可能成功。"任务本身,只有在解决它的物质条件已经存在或者至少是在生成过程中的时候,才会产生。"②社会发展是多种因素共同作用的结果,但本质上是一元的。经济必然性,这是一条贯穿于包括社会主义进程在内的全部人类历史进程,并唯一能够使我们理解这个进程的红线。在世界历史中,中国走向社会主义既有特殊性,又有必然性。

在研究中国历史时,有的人总是不顾及历史必然性而沉湎于"如果……就……"的假言判断中。在他们看来,如果戊戌变法成功了,中国就不会如此落后;如果在20世纪50年代中国选择资本主义,今天就如何如何。可是,历史运动有其内在逻辑,它并不以"如果……就……"的公式为转移。实际上,对于历史研究来说,"如果……就……"的论断是永远不能被验证的,因而是没有科学意义的。沉湎在这种研究方式中,我们得到的就不是真实的历史,而是思辨的历史。这绝不是误认风车为妖魔的堂·吉诃德式的战斗,而是实实在在的两种历史观,即唯心主义历史观与唯物主义历史观的对立。

三、在世界历史中走向社会主义现代化

一定的社会化大生产是社会主义革命的物质前提,但是,要彻底战胜

①《马克思恩格斯全集》第23卷,第11页。
②《马克思恩格斯选集》第2卷,第33页。

资本主义,社会主义必须创造出高于资本主义的生产力,建立牢固的物质基础。马克思早就提出,没有生产力的高度发展,"那就只会有贫穷的普遍化;而在极端贫困的情况下,就必须重新开始争取必需品的斗争,也就是说,全部陈腐的东西又要死灰复燃"①。

然而,在经济较为落后的国家,要想创造出高于资本主义的生产力,仅仅"单独进行","一切从头开始"是不行的。如此下去,只能等距离地追赶资本主义的生产力,实际上仍处于历史落伍者的地位。同时,衡量一个国家是否实现了现代化,不是拿本国现在的水平同过去的水平相比,而是同世界的先进水平相比。这就是说,现代化的概念不是一个民族性的概念,也不是一个纯粹的时间性的概念,而是一个世界历史的概念。因此,在一个经济落后的国家建设社会主义必须向世界开放,在世界历史中走向社会主义现代化。

人类交往发展的历史是文明和进步的历史,它展现为原始群的扩大、部落的形成、图腾的综合,以及区域性发展、世界整体发展的"交往圈"不断扩大的过程。西方历史表明,只有善于开放和交往的民族,才能走在世界的前列。古希腊民族只是一个沿海小民族,它之所以能在人类历史上留下不朽的足迹,就在于它善于开放与交往,形成了自己开拓性的思维方式和善于吸收外来文化的优良传统。据此,西方把古希腊民族称为"旅游民族",把希腊文化称为"百衲衣文化"。在古代,"旅游民族"是罕见的,在当代,绝大多数民族都卷入普遍交往的序列之中,几乎都成了"旅游民族"。这一变化具有历史性意义,它使一些落后民族能够以跳跃式的发展进入到世界历史的先进行列之中。

西方的历史是这样,中国的历史也是如此。同欧洲中世纪社会相比,中国封建社会之所以在唐宋繁荣兴旺,一个重要原因,就是在这一时期,中国社会有一定的开放性。然而,从明朝中叶迟至康熙起,中国开始了大约200年闭关自守的历史。恰恰在此前后,西方资本主义开始了急速生

①《马克思恩格斯全集》第3卷,第39页。

长的大变革时期。由于失去与之交往的机会,中国不可避免地落后了,产生了李约瑟所说的"历史倒转"的现象,即原来走在前面的现在却落到后面了。新中国成立后,由于历史的原因,我们"只不过是对苏联东欧开放。以后关起门来,没有什么发展"①。到了"文化大革命",由于片面理解以至严重曲解"自力更生",导致了"非开放",成为一个封闭型社会。然而,就是在这一时期,资本主义又开始了一个经济繁荣期。由于再次失去与之交往的机会,中国与发达国家的差距又被拉大了。

马克思在分析印度的历史时曾指出:"孤立状态是它过去处于停滞状态的主要原因。"②中国的历史再次证明了这一点。正如邓小平所说:"中国长期处于停滞和落后状态的一个重要因素是闭关自守。"③闭关自守之所以导致停滞、落后,是因为在人类社会中存在着封闭行为的重复效应和衰减规律,即处在封闭行为中的民族"处于一切都必须从头开始的境地",往往重复其他民族已经做过的事情,其"创新"也往往是把别人走过的艰辛之路重走一遍,实际上仍是历史的落伍者。

"各个相互影响的活动范围在这个发展进程中愈来愈扩大,各民族的原始闭关自守状态则由于日益完善的生产方式、交往以及因此自发地发展起来的各民族之间的分工消灭得愈来愈彻底,历史就在愈来愈大的程度上成为全世界的历史。"④当代实践充分证实了马克思这一论断的真理性。随着生产力的当代发展,各民族、国家的交往日益增多,其层次在不断扩大,节奏在不断加快,从远古时代的战争交往、契约交往和血缘交往一直发展到当今的物质交往、精神交往、政治交往、科学交往等,形成了交往的"系统值",并产生了规模更为宏大的世界市场、国际联合体以及全球循环的物质流、资金流、技术流、信息流。世界整体化达到了前所未有的高度,成为"地球村"。"现在的世界是开放的世界。"⑤

---

① 邓小平:《建设有中国特色的社会主义》增订本,人民出版社 1987 年版,第 77 页。
② 《马克思恩格斯选集》第 1 卷,第 768—769 页。
③ 邓小平:《建设有中国特色的社会主义》增订本,第 67 页。
④ 《马克思恩格斯全集》第 3 卷,第 51 页。
⑤ 《邓小平文选》第三卷,第 64 页。

当代世界的开放性增强了各个民族、国家之间的共生性。这种共生性决定了任何一个民族、国家都不可能长久地孤立于世界历史的进程之外,如同人的肢体不能孤立于血液循环系统之外一样。在世界历史的进程中,原来孤立存在的民族或国家只有摆脱其民族局限和地域局限,同整个世界的生产发生实际的联系,并尽可能利用这种全面的生产来发展自己,才能获得生存资格。能否吸取人类的最新成果,并以此为起点不断创造更新的东西,成为当代民族生命攸关的问题。

对经济仍然落后的中国社会主义来说,这一问题显得尤为重要,具有迫切性。历史已经并正在证明,没有一个国家能够在孤立的状态下实现现代化。"中国的发展离不开世界。"①只有自觉地走进世界历史的序列,做"世界公民",才能实现社会主义的现代化。从本质上看,向世界开放就是自觉投身于各民族的交往进程中。这种横向的网络交叉过程,不仅会打破中国长期闭关自守的局面,而且将使中国的发展获得一种"爆发力"。

世界历史形成之后,民族闭关自守的状况再也不能存在下去了,但这并不意味着具体民族的个体特色也不存在了。当代交往与开放,一方面更加突出世界的整体性,对每一重大历史事件的产生必须从整个世界的相互作用中加以考察,而不能把它看作孤立的事件;另一方面,当代交往越来越突出了系统中各个部分的个体特色,它是同当代交往的整体性同步发展的。在当代,每个民族都是带着其个体的目的和需要,以不同的价值观念和标准卷入世界历史中的,从而使当代交往与开放呈现出多样性、丰富性和个体化的特色。

当代交往与开放的整体性和个体性表面看来是相反的,实质上是相反相成的。在当代,不实行对外开放,不走进世界历史的民族,是没有希望的民族;不保持和弘扬本民族优秀传统,对本民族的历史采取虚无主义态度的民族,同样是没有希望的民族。有个性的"世界公民"才是"合格的世界公民"。否则,仍然亦步亦趋地走在别人的后面,至多是"模仿",而不

---

① 《邓小平文选》第三卷,第78页。

是创造。因此,在对世界的开放中,我们必须走社会主义道路,必须保持和弘扬中华民族的优秀文化,并在实践中将二者融为一体。一句话,在世界历史中建设中国特色社会主义。

在世界历史中,或者说,在"开放的世界"中建设中国特色社会主义,这一命题的深刻含义在于:一方面,必须在对外开放和国际交往中建设中国的社会主义;另一方面,必须把具有世界普遍意义的东西变为自己自主活动的条件,变成创造自己"特色"的基础。马克思早就指出:"资产阶级历史时期负有为新世界创造物质基础的使命:一方面要造成以全人类互相依赖为基础的世界交往,以及进行这种交往的工具,另一方面要发展人的生产力,把物质生产变成对自然力的科学统治。"然而,"只有在伟大的社会革命支配了资产阶级时代的成果,支配了世界市场和现代生产力,并且使这一切都服从于最先进的民族的共同监督的时候,人类的进步才会不再像可怕的异教神怪那样,只有用被杀害者的头颅做酒杯才能喝下甜美的酒浆"[1]。

正是由于深刻地洞察到世界历史对不同民族,以至整个人类发展的重要意义,马克思对交往与开放的世界性发展寄予巨大的希望,并认为随着交往的普遍发展,生产力的普遍增长能够获得真正的保证,而生产力的普遍增长和交往的普遍发展是实现共产主义的两大前提。"无产阶级只有在世界历史意义上才能存在,就像它的事业——共产主义一般只有作为'世界历史性的'存在才有可能实现一样。"[2]中国是在世界历史中走向社会主义的,同样,中国也只能在世界历史中走向社会主义现代化,走向共产主义。中国的未来发展与世界历史息息相关,只有在世界历史中发展起来并且具有中国特色的社会主义才能代表中国的未来。

四、社会发展的决定性与人的活动的选择性

中国在世界历史中走向社会主义,在世界历史中走向社会主义现代

[1]《马克思恩格斯选集》第1卷,第773页。
[2]《马克思恩格斯全集》第3卷,第40页。

化,既是历史的必然,又是中国人民的自觉选择,集中体现了社会发展是规律的决定性和人的活动的选择性的统一。

社会发展的决定性是指,社会运动的每一个结果以及实际发生的历史事件都有其内在的原因,社会运动中的主要因果关系构成历史规律;历史的规律性就是经济运动对人类历史行程的根本制约性,正是在历史规律的制约下,历史过程呈现出一定的轨迹和趋势。

在研究社会发展时,只要把社会关系归结于生产关系,把生产关系归结于生产力,就可以看出历史规律及其重复性和常规性,就能把握社会发展的决定性。例如,尽管大洋彼岸的美国、欧洲的法国以及亚洲的日本各具特色,但具有本质上的共同性,即同属于资本主义社会,而且这些不同的国家是在不同的地区、不同的时期走上共同的发展道路,即资本主义道路的,究其根本原因,都是生产力与生产关系矛盾运动的结果,体现着生产关系一定要符合生产力状况的规律。正是以此为前提,马克思制定了"五种社会形态"理论,认为在不同的时期、不同的地区、不同的民族那里,可以产生本质上相同的社会形态。社会发展具有决定性。

现代西方历史哲学极力否定历史过程的规律性和社会发展的决定性,并用历史事件的不可重复性来否定历史过程的规律性和社会发展的决定性。的确,历史事件都是独一无二的,法国大革命、明治维新、戊戌变法、西安事变等都是非重复性的存在,是"一",但由此否定历史过程的规律性和社会发展的决定性却是错误的。戊戌变法是"一",但改良、改革作为历史现象在古今中外并不罕见,是"多";法国大革命是"一",但资产阶级革命作为历史现象在近现代历史上却重复可见,是"多"。在这多种多样的历史现象背后,存在着只要具备一定条件就会重复起作用的历史规律。1640 年的英国革命,1755 年的美国革命战争,1789 年的法国革命,1911 年的中国辛亥革命……这一个个不可重复的历史事件,体现的正是资产阶级革命的规律性。

就人类总体历史而言,五种社会形态的依次更替体现了历史的规律性,表现为一个决定过程;就具体民族历史而言,社会发展并不是严格地按照五种社会形态的序列演进的。这里,人的活动选择性表现出重要作用。所谓历史选择性,实际上就是指人的活动具有选择性,即具体的历史主体以一定的方式在特定的可能性空间中有意识、有目的地指向确定对象的活动。当一个民族处在一个历史转折点时,社会发展往往显示出多种可能的途径。在这多种可能性中,哪一种可能性能够实现,则取决于这个民族的自觉选择,取决于这个民族内部不同阶级或集团实践力量的对比。历史选择可以使一个民族跨越一种甚至几种社会形态,通过不同的道路向着较高级的社会形态迈进。

一个民族之所以做出这种或那种选择,有其特定的原因。

第一,取决于民族利益。不管人们是否意识到,其选择活动的思想动机都根植于利益,一切思想、观念、意识和目的,归根到底,都反映了一定的利益,尤其是物质利益。物质利益是推动不同民族进行不同选择活动的根本原因,是社会发展的真正动因。"'思想'一旦离开'利益',就一定会使自己出丑……资产阶级在1789年革命中的利益决不是'不成功的',它'压倒了'一切,并获得了'实际成效'……这种利益是如此强大有力,以至顺利地征服了马拉的笔、恐怖党的断头台、拿破仑的剑,以及教会的十字架和波旁王朝的纯血统。"①"人们奋斗所争取的一切,都同他们的利益有关。"②不同的民族有不同的利益。民族的利益是一个民族进行历史选择的动因,规定着这个民族历史选择的方向。

第二,取决于交往状况。一个民族的发展根源于这个民族内部的生产力与生产关系的矛盾运动。但是,任何一个民族总是直接或间接地处于交往中。交往使一个民族内部的矛盾运动与外部的各种因素交织在一起,相互作用、相互影响。正是这种相互作用、相互影响为该民族的发展提供了由多种可能性构成的"可能性空间"。同时,当国际上有多种社会形态并存时,先进的社会形态对处在历史转折点上的民族或国家具有较强的吸引力,并为它提供了"历史的启示"。

---

① 《马克思恩格斯全集》第2卷,人民出版社1957年版,第103页。
② 《马克思恩格斯全集》第1卷,人民出版社1956年版,第82页。

第三,取决于对历史规律以及本民族特点把握的程度。历史的选择性并不是对社会发展决定性的否定,相反,选择的对象只能存在于"可能性空间"中,而这个"可能性空间"却是由人们不能自由选择的生产力所决定的。人们的选择活动有着既定的前提并受历史规律的制约。一般说来,一个民族对历史规律以及本民族特点把握的程度,直接制约着其历史选择活动的内容和方向。中华民族选择了社会主义而超越了资本主义历史阶段,与中华民族对历史规律以及本民族特点的把握有着直接联系。这是在社会发展的多种可能性中所做的最佳选择,是一次伟大的历史性的选择。

社会发展的决定性和人的活动的选择性使社会发展呈现出统一性和多样性。

从纵向上看,社会发展的统一性就在于,在人类总体历史上,社会发展表现为原始社会、奴隶社会、封建社会、资本主义社会、社会主义社会这五种社会形态的依次更替;在具体民族的历史上,表现为在没有外来的影响、干涉的情况下,民族的发展也将依次经历上述五种社会形态。西欧绝大多数民族走的就是这样一条典型的发展道路,已经依次经历了原始社会、奴隶社会、封建社会和资本主义社会。正因为如此,马克思认为,五种社会形态的依次更替是社会的"自然的发展阶段"。社会发展的多样性表现为,不同的民族在特定历史条件下可以跨越一种甚至几种社会形态,直接走向更高级的社会形态。

问题在于,某一民族可以跨越一定的社会形态,但它的历史运行路线是不可能是同人类总体历史进程逆向的,其跨越的方向同人类总体历史进程是一致的。更重要的是,现实的生产力状况规定着这种跨越的限度。在分析日耳曼民族跨越了奴隶社会而直接建立封建制度这一现象时,马克思明确指出:"封建主义决不是现成地从德国搬去的;它起源于蛮人在进行侵略时的军事组织中,而且这种组织只是在征服之后,由于被征服国家内遇到的生产力的影响才发展为现在的封建主义的。"[1]

---

① 《马克思恩格斯全集》第3卷,第83页。

从横向上看,社会发展的统一性表现为,同类社会形态在不同的民族或国家中有共同的本质;社会形态的多样性表现为,同类社会形态在不同的民族或国家中有特殊的表现形式。例如,任何一个封建社会都是以地主阶级占有生产资料和不完全占有劳动者为基础的,其上层建筑都包括世袭制、等级制、天命论、血统论以及宗教神权与世俗君权的结合等等。但是,同类封建社会在不同的民族或国家中又有特殊的表现形式,如中国的封建制度在经济方面主要采取土地国家所有制,西欧的封建制度则主要实行"采邑"制;在意识形态方面,中国的封建社会不像西欧的封建社会那样由宗教统治一切。实际上,每一种社会形态在不同的民族或国家中都有特殊的表现形式。

在人类总体历史上,社会形态的更替体现了人类解决自身矛盾的能力及其创造性;同类社会形态在不同的民族那里具有不同的特点,则体现了不同的民族解决其内在矛盾的能力及其独特的创造性。一般说来,不同的民族总是自觉或不自觉地依据本民族特点、历史传统以及"从外部发生作用的历史影响"来设计、创造自己的社会存在形式,从而使同类社会形态呈现出不同的特点。从当代中国实际和时代特征出发,建设中国特色社会主义,既是历史的必然,又是中国共产党人的伟大觉醒,是中国人民的自觉选择。

第六章

从"中国工业化道路"到"中国式现代化道路"

现代化是人类文明的一次巨大嬗变,标志着农业文明向工业文明的转变。实现现代化,重构中华民族的生存方式和活动方式,构成了鸦片战争以来中国历史进程的悲壮主题,凝聚着几代中国人的思索与奋斗、光荣与梦想。新民主主义革命开辟了通向现代化的现实道路,对"中国工业化的道路"的探索开启了中国社会主义现代化的先河,中国特色社会主义的实践终于"走出一条中国式的现代化道路"。毛泽东、邓小平是中国现代化历程中的两位巨人、两座里程碑。

一、中国现代化道路的寻觅

现代化的根本内容就是由农业社会向工业社会转轨,范围涉及经济、政治、文化等社会生活的基本领域,"是一个多方面的变化过程,它涉及人类思想和活动的一切领域"①。从时间上看,现代化运动始于 18 世纪西欧的工业革命,尔后逐渐扩及全世界,形成一条绝大多数民族、国家卷入其中的世界历史变革之链。

从发展类型看,现代化可分为"内发"和"外发"两种类型。所谓"内发型"现代化,是指某一民族或国家的现代化是其内部因素促成的自然发生过程;"外发型"现代化则是指某一民族或国家的现代化是由外部刺激引发的,或者是由外部力量直接促成的。西欧、北美的现代化属于"内发型",中国的现代化无疑属于"外发型"。

19 世纪中叶,西方资本主义的入侵"给中国资本主义生产的发展造成了某些客观的条件和可能",同时,它又"把一个独立的中国变成了一个半殖民地和殖民地的中国"。② 由此,中国开始了现代化运动。这就是说,中国的现代化运动起于对西方资本主义刺激和挑战的回应,而且是伴随着救亡图存的民族复兴运动起步的。"师夷之长技以制夷",中国的现代化一开始就具有被动抉择的特征。

"外发型"现代化,包括中国的现代化首先碰到的难题,就是如何处理外国现代技术与本国传统制度的关系。

"洋务运动"的破产,使康有为意识到必须"改制",戊戌变法标志着中国现代化开始从技术层面向制度层面推进;戊戌变法的夭折,使孙中山意识到必须彻底变革封建制度,辛亥革命就是制度层面现代化的一次尝试;辛亥革命的失败,促使孙中山再次反思中国现代化的道路,意识到应"按照自己的社会情形",寻找一条"驾欧美之上"的现代化道路。然而,孙中山并没有找到这样一条道路。

十月革命的炮响使中国的先进分子意识到,"俄国式的革命,是无可如何的山穷水尽诸路皆走不通了的一个变计"③。"走俄国人的路",实际上就是中国先进分子重觅中国现代化道路的时代结论。然而,在中国的

---

① [美]亨廷顿:《变革社会中的政治秩序》,李盛平等译,华夏出版社 1988 年版,第 32 页。
② 《毛泽东选集》第二卷,第 626、630 页。
③ 《毛泽东书信选集》,人民出版社 1983 年版,第 5—6 页。

土地上"走俄国人的路",并非易事,它必然会遇到一系列特殊的问题。作为一代辩证法大师,毛泽东高出一筹的地方就在于,他自觉地意识到"马克思主义必须和我国的具体特点相结合并通过一定的民族形式才能实现"①,深刻地把握了"俄式革命"和"中国国情"之间的辩证关系,从而在历史必然性与民族价值目标之间的张力中探寻到通向现代化的现实道路——新民主主义革命。

按照毛泽东的观点,中国是被西方资本主义强行纳入到资本主义世界体系中的,西方资本主义和中国封建主义的结合,把中国变成了半殖民地半封建社会,西方"资产阶级民族"与中华民族的矛盾、封建制度与人民大众的矛盾因此构成了鸦片战争后中国社会的主要矛盾。在20世纪上半叶的中国,任何一种社会运动要想获得成功,必须首先解决这种矛盾。

正因为如此,毛泽东认为,社会主义革命必然性在中国的实现,必须经过新民主主义革命这个"不可移易的必要的形式"。同时,由帝国主义入侵而引发的中国现代化运动,其价值目标就是使中国摆脱半殖民地半封建社会的地位,恢复民族赖以发展的自主独立,因此,当新民主主义革命完成反帝反封建的任务时,它就不仅为社会主义创造了前提,而且为中国走向现代化开辟了现实的道路。

"外发型"现代化遇到的又一难题,是如何对待外来文化与本土文化即本国传统文化之间的关系。中国的现代化尤为如此。

作为世界上最老到圆熟的农业文化,中国传统文化具有强大的抗拒现代工业文明的文化惰性;同时,中国的现代化运动起于对西方资本主义入侵导致的民族危机的反应,它又需要从传统文化中获取民族精神。如何对待中西文化,怎样才能既变革传统文化又凭借传统文化内蕴的精神动力来完成社会变迁,的确是中国现代化运动面临的令人困惑的文化难题。"中体西用"是中国人对西方现代文明挑战的最初回应,它一开始就歪打正着触及中西文化的关系问题。然而,无论是以"中国文化中心论"

①《毛泽东选集》第二卷,第534页。

为逻辑前提的"中体西用"说，还是以"欧洲中心论"为蓝本的"全盘西化"论，以至孙中山的"中国国粹+西方科学"的文化嫁接方案，都没有解决这一文化难题。

实际上，任何"外发型"现代化的成功，不仅需要把外来的文化因素转化为民族文化更新的内在力量，而且需要通过文化涵化的过程把外来文化与本土文化整合成一种新的文化形态。毛泽东深深地理解这一点，并科学地解答了中国现代化的文化难题。

按照毛泽东的观点，新的文化形态，即"民族的科学的大众的文化"的形成，既不可能像西方文化那样"推陈出新"地自然演化，也不可能离开中国传统文化"无中生有"，而是一个将中、西、俄文化综合创新的过程。这个过程同时是一个分析、批判、融合本土文化和外来文化的过程。"中国的长期封建社会中，创造了灿烂的古代文化。清理古代文化的发展过程，剔除其封建性的糟粕，吸收其民主性的精华，是发展民族新文化提高民族自信心的必要条件。"①

同时，"中国应该大量吸收外国的进步文化，作为自己文化食粮的原料"②，对其进行去芜取菁的文化批判和文化选择。现代化的实现离不开民族文化的自我创造，在走向"世界新文化"的过程中，中国文化不应失去"民族的特性"，"中国文化应有自己的形式，这就是民族形式"，即使马克思主义，也只有"和民族的特点相结合，经过一定的民族形式，才有用处"。③ 毛泽东的文化观的真谛就在于，在吸收外来文化的过程中对其进行民族化的再创造，使其植根于本土文化并成为契合民族特点和具备民族形式的中国新文化要素。

就这样，毛泽东为中国走向现代化探寻到一条历史必由之路，并科学地解答了其中的文化难题。中国现代化运动由此奇迹般地走出了历史的沼泽地。

---

① 《毛泽东选集》第二卷，第707—708页。
② 《毛泽东选集》第二卷，第706页。
③ 《毛泽东选集》第二卷，第707页。

二、"中国工业化道路"的探索

新民主主义革命开辟了通向现代化的道路,但它本身并没有实现中国的现代化。因此,在新民主主义革命胜利之际,毛泽东明确提出了"使中国稳步地由农业国转变为工业国"的任务;在社会主义改造即将完成之际,又提出并探讨了"中国工业化的道路"问题。工业化是现代化的根本内容,毛泽东对中国工业化道路的探讨实际上是对中国社会主义现代化道路的探讨。

在毛泽东的社会主义现代化理论中,首先是国家工业化,使中国"由农业国转变为工业国"。

从历史上看,工业化有两条基本道路:一是以血腥的资本原始积累为起点的西欧道路;二是通过农副产品价格的剪刀差实现高积累的东欧(包括苏联)道路。毛泽东认为,中国的工业化既不能走西欧道路,也不能走东欧道路,而应走一条既不同于西欧又不同于东欧的第三条道路,这就是"发展工业必须和发展农业同时并举"。在提出国家工业化的同时,毛泽东就提出了农业现代化的问题。

从世界现代化的进程看,工业革命一开始就是与科学技术革命结合在一起的。在现代,科学技术革命甚至走到工业革命的前面,形成了科学——技术——生产这样一条发展链。毛泽东意识到这一点,所以,他在提出现代工业、现代农业的同时,又提出了"现代科学文化"的问题,并认为中国工业化应采用现代科学技术,"学习资本主义国家的先进的科学技术和企业管理方法中合乎科学的方面"[1],从而以"跳跃"的发展形式步入工业化国家的行列。

其次是政治民主化,使"人民主权"由概念转化为实际生活。

与国家工业化相适应的是政治民主化。在《新民主主义论》中,毛泽

---

[1]《毛泽东著作选读》下册,人民出版社1986年版,第742、751页。

东就指出,中国应成为一个"政治上自由"的"联合专政的民主共和国"①。既有集中又有民主,既有纪律又有自由,这是毛泽东所追求的政治目标。1950年访问苏联时,毛泽东对南斯拉夫著名理论家卡德尔说:"现在的主要问题是辩证法在社会主义社会如何自由运用的问题。社会主义不是平静的河流,应当有领导指引方向。但是,人民应当有对社会上发生的一切事情直接作出反应的直接可能性。"②此时,毛泽东已经意识到"人民主权"应从概念转化为实际生活。正因为如此,毛泽东多次提出"阶级的监督、群众的监督、人民团体的监督"问题。可以说,社会主义国家的人民主体以及主体真实性问题,一直是毛泽东政治哲学的聚焦点。

我不能同意这样一种轻率的观点,即毛泽东从根本上无视民主。恰恰相反,在毛泽东看来,民主是社会主义的题中应有之义。在起草《中华人民共和国宪法》时,毛泽东就指出,"民主原则和社会主义原则"应是宪法的基本原则。在总结"斯大林现象"的经验教训时,毛泽东认为,"斯大林现象"在英、法、美这样的西方国家不可能发生。③ 这就是说,毛泽东已经意识到民主的制度化问题。当然,我注意到,毛泽东的社会主义民主观念在总体上仍停留在原则阶段,没有切实建设民主政治,从而在客观上延滞了政治民主化的进程。

再次是建设现代文化,"创造出中国自己的、有独特民族风格"的社会主义文化。

按照毛泽东的观点,建设现代文化,"创造出中国自己的、有独特民族风格"的社会主义文化,需要把握中国文化发展的规律,而要把握中国文化发展规律应该采取"倒行法",即首先学习西方近代文化,然后反过来研究中国文化及其发展规律,因为"近代文化,外国比我们高,要承认这一点",而"马克思讲过,首先研究近代社会,就容易理解古代社会。这是倒

<hr>

① 《毛泽东选集》第二卷,第675页。
② [南斯拉夫]卡德尔:《苏南会议·莫斯科宣言·会见毛泽东》,载《世界历史动态》,1980年第12期。
③ 参见《邓小平文选》第二卷,北京:人民出版社,1994年,第333页。

行的,却要快些"①。

毛泽东的这一见解体现出一种高超的思维艺术。"人体解剖对于猴体解剖是一把钥匙。反过来说,低等动物身上表露的高等动物的征兆,只有在高等动物本身已被认识之后才能理解。"②在人类历史以及文化史上存在着和古生物学一样的情形。因此,马克思指出:"对人类生活形式的思索,从而对它的科学分析,总是采取同实际发展相反的道路。这种思索是从事后开始的,就是说,是从发展过程的完成的结果开始的。"③

建设现代文化,"创造出中国自己的、有独特民族风格"的社会主义文化,还需要"百花齐放、百家争鸣"。"百花齐放、百家争鸣"原本是针对苏联的文化专制主义提出来的,本身就具有民主和科学的双重性质。毛泽东之所以把"百花齐放、百家争鸣"与现代文化联系起来,是因为"百花齐放、百家争鸣"是"精神世界"以及"真理发展的规律",因而构成了建设现代文化的"必由之路"。这表明,毛泽东不仅把"百花齐放、百家争鸣"作为一种文艺方针,更重要的,是把它看作建设现代文化,"创造中国自己的、有独特民族风格"的社会主义文化的规律、途径和内在机制。这是毛泽东的"百花齐放、百家争鸣"理论的深刻内涵。

由此可见,毛泽东在探寻一条社会主义现代化的中国式道路,即寻找"一条适合中国的路线"。尽管这条路线不是那么明晰,但毛泽东对"中国工业化道路"的探讨毕竟开启了中国社会主义现代化的先河,并为实现这一目标提供了一条富有原创性和启示性的思路。

我注意到,"毛泽东同志到了晚年,确实是思想不那么一贯了,有些话是相互矛盾的"④。换言之,晚年毛泽东的思想二重化了。在社会主义现代化问题上,这种二重化集中体现在社会经济运行机制和社会结构现代化两个问题上。

---

① 《毛泽东著作选读》下册,第 748 页。
② 《马克思恩格斯选集》第 2 卷,第 23 页。
③ 《马克思恩格斯全集》第 23 卷,第 92 页。
④ 《邓小平文选》第二卷,第 301 页。

在社会经济运行机制问题上,毛泽东一方面肯定了价值规律的作用,认为中国需要一个发展商品生产的阶段,甚至提出"社会主义商品经济"概念,以及"社会主义商品生产和资本主义商品生产的本质差别"问题;另一方面又认为,商品生产会出现"资本主义的鬼",社会主义经济的主要依据只能是"计划第一,价格第二"。毛泽东不理解现代化既是工业文明代替农业文明的过程,同时又是商品经济取代自然经济的过程,而市场经济则是配置资源和提供激励的现代形式。

在社会结构现代化问题上,毛泽东先是看中了"一大二公"、政社合一的人民公社模式,后又提出"五·七指示"公式,即"以……为主,兼学别样",力图通过社会角色的功能互换,用"同构群体"取代既定的社会结构,以实现"六亿神州尽舜尧"。从人民公社模式到"五·七指示"公式,一方面体现出毛泽东对共产主义的执著追求,另一方面又说明,毛泽东早年接受过西方空想社会主义和中国传统的大同思想在他那里已积淀为一种"文化无意识"。

1948 年,毛泽东曾批判过"主张绝对平均主义"的农业社会主义,并认为这种"农业社会主义"的实质,就是"企图用小农经济的标准,来认识和改造全世界","把整个社会经济都改造为划一的'平均的'小农经济"。[①] 这无疑正确而深刻。可是,到了 1958 年,在谈到人民公社时,毛泽东提出,"空想社会主义的一些理想,我们要实行","现在的人民公社运动,是有我国的历史来源的"。[②] 这表明,"在酝酿思考人民公社的有关问题时,毛主席的头脑里是浮现过西方空想社会主义者曾经宣扬过的'新村'模式和中国史籍中描述过的'大同'思想的,他的思想已经有些偏离历史唯物论了"[③]。

毛泽东的悲剧是巨大的历史悲剧。我们不能把毛泽东晚年的理论二

[①] 薄一波:《若干重大决策与事件的回顾》上卷,中共中央党校出版社 1991 年版,第208 页。
[②] 薄一波:《若干重大决策与事件的回顾》下卷,中共中央党校出版社 1993 年版,第 774、775 页。
[③] 薄一波:《若干重大决策与事件的回顾》下卷,第 774 页。

重化及其失误简单地归结于毛泽东个人。从根本上说，任何一种理论的形成都是特定时代的产物，毛泽东对中国社会主义现代化的理论思考实际上是那个特定历史阶段的投影。从这个意义上说，我们应把毛泽东视为时代和民族的人格化身。无论是成功，还是失误，毛泽东留给我们的，都是一笔巨大的历史遗产。

三、"中国式现代化道路"的拓展及其时代特征

1954—1976年，中国的现代化运动勾画了这样一条起与落的曲线：1954年，第一届全国人民代表大会提出"四个现代化"的构想，但1958年的"大跃进"使之由喜剧转为悲剧；1964年，第三届全国人民代表大会提出在20世纪实现"四个现代化"，但1966年开始的"文化大革命"使之夭折；1975年，第四届全国人民代表大会再次提出20世纪末实现"四个现代化"，但1976年的"批邓反击右倾翻案风"又使之化为乌有。中国社会主义现代化运动的"三起三落"表征着这样一个事实，即对现代化的内涵有待全面而深入地理解，"中国式的现代化道路"有待开拓。担当起这一历史使命的，是邓小平。

对中国以及世界现代化历程的深刻反思使邓小平明确意识到："要适合中国情况，走出一条中国式的现代化道路。"[1]不仅如此，邓小平还对"中国式的现代化道路"做了具体的"构想"：关于科学技术是"第一"生产力的构想，关于"经济民主"以及社会主义市场经济体制的构想，关于"政治生活民主化"以及民主法律化、制度化的构想，关于在向世界开放中走向现代化的构想，等等。我不能同意这样一种观点，即邓小平的现代化观点"没有独立的变量以形成一个紧凑的思想流派"。实际上，这种种具体"构想"具有内在的联系，它们相互依存，构成了关于"中国式的现代化道路"的"总体构想"。

---

[1] 《邓小平文选》第二卷，第163页。

现代化意味着社会活动方式的根本转变,其实质就是用社会化的生产方式代替自然经济的生产方式,所以,邓小平指出:"要搞四个现代化,把社会主义经济全面地转到大生产的技术基础上来。"①为此,必须把科学技术作为"第一"生产力。邓小平的这一见解无疑是正确而深刻的。在生产力的运动过程中,其各个要素呈现出一定程度的不平衡性;同时,某一要素的重大变革必然迅速波及、影响到其他要素,从而形成了一种新质生产力,这就是生产力发展的生长点或突破口,即"第一"生产力。

不同的时代,生产力的发展具有不同的生长点。近代生产力的变革以劳动资料为起点,而在现代,科学技术则决定了生产的方式、节奏和发展方向,成为"第一"生产力。现代化本质上就是在科技革命的激荡下由农业社会向工业社会转型的过程。邓小平敏锐地抓住了这一点,明确指出:"四个现代化,关键是科学技术的现代化。"②这样,在对现代化的思考中,邓小平就站到了时代的制高点上。

现代化是一场社会运动,它不可能脱离社会制度而单独进行,相反,它要求改变传统的以自然经济为基础的社会经济体制,从而获得一个广阔的社会空间。邓小平深悟这一点。1978 年,邓小平就明确指出:"如果现在再不实行改革,我们的现代化事业和社会主义事业就会被葬送。"③在改革刚刚拉开序幕之际,邓小平就对改革与现代化、社会主义之间的关系做了前瞻性的分析,并具有了在改革中实现现代化的思想。

按照邓小平的观点,当代中国的改革应从根本上改变原有的经济体制,即计划经济体制,建立社会主义市场经济体制,实现"经济民主"。这就是说,改革既关系到中国的经济性质,即从所谓的产品经济转向商品经济,又关系到经济运行机制,即从计划经济转向市场经济。邓小平的这一观点无疑突破了马克思、恩格斯关于社会主义社会的某些设想,但它并没有违背唯物主义历史观的基本原理。

———————————

① 《邓小平文选》第二卷,第 150 页。
② 《邓小平文选》第二卷,第 86 页。
③ 《邓小平文选》第二卷,第 150 页。

按照唯物主义历史观，自然经济、商品经济和产品经济是社会经济发展的三大形态，前资本主义社会在总体上属于自然经济，资本主义社会是商品经济的成熟形态，而共产主义社会则属于产品经济。从历史上看，商品经济达到成熟形态与现代社会的形成具有同步性，它造成了"以物的依赖性为基础的人的独立性"，同时，又"形成普遍的社会物质变换，全面的关系，多方面的需求以及全面的能力的体系"①，是从自然经济到产品经济"必然的过渡点"。在走向现代化的过程中，中国面临的问题首先就是分工不发达和"二元经济结构"，而二者又是与商品经济的不发达联系在一起的。因此，中国要实现现代化，必须发展商品经济，建立社会主义市场经济体制。以科学技术为"第一"生产力和建立社会主义市场经济体制，这是中国实现现代化的"必由之路"。

民主及其法律化、制度化是现代化在政治上的特征。在邓小平理论中，现代化是与"政治生活民主化"联系在一起的。按照邓小平的观点，"旧中国留给我们的，封建专制传统比较多，民主法制传统很少。解放以后，我们也没有自觉地、系统地建立保障人民民主权利的各项制度，法制很不完备，也很不受重视"②。因此，必须进行政治体制改革，使"政治生活民主化"，即"发展社会主义民主政治"，通过各种有效形式，保证全体人民真正享有管理国家的权力；更重要的是，"必须使民主制度化、法律化，使这种制度和法律不因领导人的改变而改变，不因领导人的看法和注意力的改变而改变"③。

邓小平的这一观点是对中国社会主义实践的深刻总结。美国著名毛泽东研究专家斯图尔特·施拉姆指出，"毛泽东晚年很少考虑任何正式的和制度化的民主程序"，而邓小平则把从制度上保证政治生活民主化"作为他的目标"。④ 由伦理型社会转向法理型社会，由人治走向法治，标志着

---

① 《马克思恩格斯全集》第46卷上，第104页。
② 《邓小平文选》第二卷，第332页。
③ 《邓小平文选》第二卷，第146页。
④ ［美］施拉姆：《毛泽东的思想》，中共中央文献研究室《国外研究毛泽东思想资料选辑》编辑组编译，中央文献出版社1990年版，第261、262页。

传统社会向现代社会的转变。从这个意义说,邓小平的政治体制改革理论就是当代中国的政治现代化理论,当代中国的政治体制改革就是政治现代化的实践。

在设计中国现代化的道路时,邓小平多次强调,中国的现代化必须从中国的实际出发,同时他又深知,现代化是一个世界历史过程,没有一个国家能够在孤立的状态下实现现代化,"中国的发展离不开世界"①。在当代,全球循环的物质流、技术流、资金流、信息流增强了各个民族或国家之间的共生性,这种共生性决定了任何一个民族或国家都不可能长久地孤立于世界之外,如同人的肢体不能孤立于血液循环系统之外一样。同时,在交往活动中存在着交往相加效应规律,即进入交往行列中的民族一般是用自己的优势部分换取自己短缺的东西,这就避免了一切"从头开始""重新开始"的时间耗费,从而能够以其他民族的先进成果为起点去创造更新的东西。正因为如此,对外开放,进行国际交往能使中国以"跳跃"式的发展实现现代化。

我断然拒绝这样一种观点,即现代化就是"西化",向世界开放只能是重归资本主义。这一错误认识使极右与"极左"思潮两极相通:极右把现代化等同于"西化",本质上是要引导中国走资本主义道路;"极左"把现代化看作"西化",把社会主义与现代化对立起来,以此认定现代化实现之日便是资本主义复辟之时。二者的共同点就在于,都否定中国应以社会主义方式实现现代化。

无疑,西方国家是现代化的先行者,"西化"在现代化的历程中也的确获得过成功。换言之,现代化与"西化"有一定的历史重合。但是,现代化不等于"西化"。实际上,社会主义在东方社会实现之后,现代化运动就出现了历史的分叉,形成了实现现代化的资本主义方式和社会主义方式,即"资产阶级干的现代化"和"无产阶级干的现代化"。邓小平指出:"明治

---

① 《邓小平文选》第三卷,第78页。

维新是新兴资产阶级干的现代化,我们是无产阶级,应该也可能干得比他们好。"①邓小平的这一论述具有深刻的内涵,即社会主义和资本主义都否定农业文明,在工业化、生产社会化方面是一致的,但社会主义是比资本主义更快、更好、更合理地实现现代化的方式。

当然,在现代化的西方模式中存在着普遍的现代性内容,但它确实又具有源于西方传统的特殊形式,并存在着自身难以解决的内在矛盾。现代化问题专家布莱克认为,现代化"落脚于不同的土地,就结出许多不同的果实。唯一可确定的是,现代化后发社会中没有一个会再造出与现代化早发社会相同的现代制度模式"②。另一位现代化问题专家艾森斯塔德指出:"西化与现代化之间的关系也是一个至关重要的问题,这个问题是指,尽管西方国家率先实现了现代化,但非西方国家无需在文化意义上西化,以及接受从西方国家中发展出来的现代性的具体文化形式的组织形式,也能发展出具有一切现代性特征的社会来。"③

对非西方的民族来说,无论从历史的可能性来说,还是就价值的可欲性而言,现代化都不可能,也不应当等同于"西化"。中国的历史条件和文化特点决定了中国的现代化必须走自己的路,拓展一条异于西方又超越西方的独特道路。因此,必须从中国的实际出发,"走出一条中国式的现代化道路"。"中国式的现代化",就是从中国实际出发,用社会主义方式来实现现代化一般要求的现代化。邓小平的历史功绩之一,就是把现代化、社会主义和中国特色统一起来并融为一体,把现代化作为一个社会发展问题凸显出来了。

就这样,邓小平拓展出一条"中国式的现代化道路",为"九死一生"的中国现代化开辟了新的天和地。

历史把中华民族推上了为社会主义现代化而奋斗的舞台,产生了两

①《邓小平文选》第二卷,第40页。
②［美］布莱克:《现代化的动力》,景跃进等译,浙江人民出版社1989年版,第50页。
③［以］艾森斯塔德:《现代化:抗拒变迁》,张旅平等译,中国人民大学出版社1988年版,第57页。

位历史巨人——毛泽东和邓小平。毛泽东科学地回答了像中国这样的经济文化较为落后的国家如何走向现代化的问题,并初步探讨了中国社会主义现代化的道路;邓小平则科学地解答了像中国这样的经济文化较为落后的国家如何实现现代化的问题,并真正开启了一条"中国式的现代化道路",即具有中国特色的社会主义现代化道路。从毛泽东到邓小平,标志着中国现代化历程的整整一个历史阶段,即中国的现代化进入到自觉、主动、创造性"回应"的时空境界。正是在毛泽东—邓小平的现代化理论中,我透视出历经磨难的中华民族如何从东南西北悲壮奋起的宏大历史场面,领悟到一个古老的民族何以会复兴于当代的全部秘密。

第七章

当代中国的三大历史转折

历史是人民群众创造的,但伟大人物的作用绝不是可有可无的。作为历史任务的发起者、历史活动的组织者和历史事件的当事人,伟大人物往往对历史的进程产生重大的甚至具有决定意义的影响。在这种情况下,伟大人物既是他自己,又不仅仅属于他自己,实际上,他是时代和民族的人格化身。邓小平就是这样一位伟大人物,他领导当代中国实现了三大历史转折,即从以阶级斗争为纲转向以经济建设为中心,从传统的计划经济体制转向社会主义市场经济体制,从封闭半封闭型社会转向开放型社会,从而深刻地改变了中国的历史进程。仅凭这三大历史转折,邓小平就足以在当代中国史以至整个社会主义建设史上彪炳千秋,遑论其他。

一、从"以阶级斗争为纲"转向以经济建设为中心

1956 年,随着社会主义改造的基本完成,中国社会的

主要矛盾再次发生历史性转换,即从无产阶级与资产阶级、社会主义道路与资本主义道路的矛盾转换为人民日益增长的物质文化需要与落后的社会生产之间的矛盾。按照唯物辩证法,随着主要矛盾的转换,事物原有的发展进程便会结束,新的发展进程就会由此开始。这样,经过1949年至1956年这一特殊的过渡阶段,中国历史便由现代进入当代。这就是说,当代中国的主要矛盾是人民日益增长的物质文化需要与落后的社会生产之间的矛盾。

在当代中国,人民日益增长的物质文化需要和落后的社会生产这一矛盾的实质,就是社会主义制度和落后的社会生产之间的矛盾。这是因为,"社会主义制度优越性的根本表现,就是能够允许社会生产力以旧社会所没有的速度迅速发展,使人民不断增长的物质文化生活需要能够逐步得到满足"[1]。然而,中国是在世界历史的背景下,在半殖民地半封建社会这个特殊的国度中走向社会主义的,换言之,中国的社会主义制度是在特定的历史条件下建立在落后的社会生产这一基础上的。然而,社会主义制度不可能长久地建立在落后的社会生产这一基础之上。因而在一定时期难以满足人民日益增长的物质文化需要。

于是,一个历史性的课题就摆在中国共产党人的面前:在中国这样一个经济文化较为落后的国家如何建设社会主义,以充分体现社会主义制度的优越性。实际上,这就是当代中国面临的根本问题,是一个关系到社会主义在中国的命运和中华民族兴衰的重大的历史课题。

毛泽东已经意识到当代中国面临的这一根本问题。在社会主义改造刚刚完成之际,毛泽东就开始探索"中国工业化道路",探讨如何"正确处理人民内部矛盾的问题",并告诫全党:"特别值得注意的是,最近苏联方面暴露了他们在建设社会主义过程中的一些缺点和错误,他们走过的弯路,你还想走?"[2]这表明,毛泽东已经意识到苏联模式的社会主义和当代

---

[1]《邓小平文选》第二卷,第128页。
[2]《毛泽东著作选读》下册,第720—721页。

中国实际之间的矛盾,已经开始探讨在当代中国如何建设社会主义这一问题。

问题在于,毛泽东提出了在当代中国如何建设社会主义的问题,但他并没有解决这一问题。其中,根本的失误就在于,在一定程度上误读了马克思主义的阶级斗争理论,并对当代中国社会的主要矛盾做出了错误判断,认为无产阶级与资产阶级、社会主义道路与资本主义道路的矛盾仍然是当代中国社会的主要矛盾。正如《中共中央关于党的百年奋斗重大成就和历史经验的决议》所指出的那样,"毛泽东同志对当时我国阶级形势以及党和国家政治状况作出完全错误的估计","在关于社会主义社会阶级斗争的理论和实践上的错误发展得越来越严重"①,并由此形成一条"以阶级斗争为纲"的错误路线。

正是由于坚持"以阶级斗争为纲",毛泽东力图通过"无产阶级专政下继续革命"的形式来解决巩固社会主义的问题,通过"抓革命、促生产"的形式来解决建设社会主义的问题。然而,事与愿违,中国的社会主义由此在政治上处于动荡状态,在经济上到了崩溃边缘。"中国社会从一九五八年到一九七八年二十年时间,实际上处于停滞和徘徊的状态,国家的经济和人民的生活没有得到多大的发展和提高。"②

这是一个历史的悲剧。我们不能把这场悲剧简单地归结于毛泽东个人。从根本上说,任何理论的形成都是特定时代的产物,毛泽东对如何巩固、建设社会主义问题的思考实际上是那个特定历史阶段的投影。毛泽东一生力图进行两大创造:一是在经济文化较为落后的国家如何进行社会主义革命;二是在经济文化较为落后的国家如何建设社会主义。第一次创造极为成功,第二次创造却发生重大的失误。

实际上,对任何一个伟大人物来说,第二次创造比第一次创造更难,因为这里存在一个超越自我,即超越自己先前创造并习以为常的理论范

---

① 《中共中央关于党的百年奋斗重大成就和历史经验的决议》,人民出版社 2021 年版,第 13 页。
② 《邓小平文选》第三卷,第 237 页。

式问题。从认识论看,毛泽东之所以在第二次创造,即如何建设社会主义的过程中发生重大失误,是因为他的思路在总体上没有超出他在第一次创造,即新民主主义革命过程中确立的理论范式。"以阶级斗争为纲",毛泽东领导中国人民取得了新民主主义革命的胜利。然而,在社会主义改造基本完成、社会主义制度基本确立之后,当毛泽东仍然固守"以阶级斗争为纲"这种范式时,问题就产生了,并由此造成了灾难性的后果。

对当代中国国情、唯物主义历史观和社会主义建设实践的重新认识和深刻反思,使邓小平明确意识到,当代中国社会的主要矛盾仍然是人民不断增长的物质文化需要同落后的社会生产之间的矛盾。"我们的生产力发展水平很低,远远不能满足人民和国家的需要,这就是我们目前时期的主要矛盾,解决这个主要矛盾就是我们的中心任务。"①这是其一。

其二,解决这一主要矛盾的前提就是发展生产力。"多少年来我们吃了一个大亏,社会主义改造基本完成了,还是'以阶级斗争为纲',忽视发展生产力。"②实际上,马克思主义最注重发展生产力。"按照历史唯物主义的观点来讲,正确的政治领导的成果,归根结底要表现在社会生产力的发展上,人民物质文化生活的改善上。"③

其三,"社会主义的优越性归根到底要体现在它的生产力比资本主义发展得更快一些、更高一些,并且在发展生产力的基础上不断改善人民的物质文化生活。"④所以,社会主义社会的"首要任务""主要任务"甚至"根本任务"就是发展生产力。正是在这个意义上,邓小平把中国特色社会主义称为"不断发展社会生产力的社会主义"⑤。

邓小平的见解既符合当代中国国情,又同唯物史观相一致。按照唯物主义历史观,社会主义制度建立之后,应"尽可能快地增加生产力的总量",没有生产力的巨大增长和高度发展,"那就只会有贫穷的普遍化;而

---

① 《邓小平文选》第二卷,第 182 页。
② 《邓小平文选》第三卷,第 141 页。
③ 《邓小平文选》第二卷,第 128 页。
④ 《邓小平文选》第三卷,第 63 页。
⑤ 《邓小平文选》第三卷,第 328 页。

在极端贫困的情况下，就必须重新开始争取必需品的斗争，也就是说，全部陈腐的东西又要死灰复燃"①。改革之前的中国社会主义实践完全证实了这一观点的真理性、预见性。正因为如此，邓小平及时而果断地提出，从"以阶级斗争为纲"转向以经济建设为中心。

如果说破除"两个凡是"的迷信是为了走出思想路线的误区，那么批判"以阶级斗争为纲"的观念乃是为了走出政治路线的误区。同思想路线的转变相比，政治路线的转变更为深刻，更为艰难，因为它直接关系到人们的现实生活。正是在这个意义上，邓小平认为，从"以阶级斗争为纲"转向以经济建设为中心，"集中力量发展社会生产力。这是最根本的拨乱反正"②。

就这样，邓小平领导当代中国实现了从"以阶级斗争为纲"转向以经济建设为中心这一重大的历史转折。

邓小平不仅提出了当代中国的主要任务是发展生产力，而且提出了在当代中国如何发展生产力的问题。这就是以科学技术为"第一"生产力。以科学技术为"第一"生产力，使以经济建设为中心具有了新的内涵和时代特征。

在生产力的运动过程中，其各个要素呈现出一定程度的不平衡性；同时，某一要素的重大变革必然迅速波及、影响到其他要素，从而形成一种新质的生产力。在一定历史阶段，生产力的发展往往主要依靠其中的某一要素，这个相对突出的要素就是这一时期生产力发展的突破口或生长点，即"第一"生产力。

不同的时代，生产力具有不同的生长点。近代生产力的变革以劳动资料为起点，工作机、动力机先后成为"第一"生产力，而在现代、当代，科学技术决定了生产发展的方向、规模和速度，社会活动结构由此从生产——技术——科学转化为科学——技术——生产，科学技术因此成为

---

① 《马克思恩格斯全集》第 3 卷，第 39 页。
② 《邓小平文选》第三卷，第 141 页。

"第一"生产力。邓小平以其敏锐的观察力注意到这一历史性变化,明确指出:"马克思讲过科学技术是生产力,这是非常正确的,现在看来这样说可能不够,恐怕是第一生产力。"①"科学技术是第一生产力。"②这样,在对如何发展生产力的思考中,邓小平站到了时代的制高点上。

邓小平关于科学技术是"第一"生产力这一论断的真理性已为正在兴起的知识经济所印证。从根本上说,知识经济就是以现代科学技术为核心,以知识为主要内驱力的经济形式。同以往的经济形式相比,知识经济的特点就在于,它的繁荣不是直接取决于资源、资本以及硬件技术的数量,而是直接依赖于知识或有效信息的积累和利用;它将改变过去那种资源、资本总量或增量的决定模式,以知识创新的优势弥补资源、资本的劣势,知识积累将成为改变经济发展的显著变量。作为一种影响当今世界发展的趋势,知识经济的兴起充分显示了科学技术是"第一"生产力观点的深远的预见性,即人类必将走向以科技发展或知识发展为动力的新的社会,从而向我们指明,在当代,任何一个民族或国家求得发展和强盛的根本出路就在于,依靠科技进步和提高劳动者素质。

二、从传统的计划经济转向社会主义市场经济

物质生产总是在一定的社会形式中并借助于这种社会形式进行的。从"以阶级斗争为纲"转向以经济建设为中心,并以科学技术为"第一"生产力,必然要求改变原有的经济体制,从而为生产力的发展开辟广阔的社会空间。邓小平深深地理解这一点,明确指出:"要发展生产力,靠过去的经济体制不能解决问题。"③为了发展生产力,必须对经济体制进行改革,必须进行制度创新,即从传统的计划经济体制转向社会主义市场经济体制。如果说以科学技术为"第一"生产力是从生产力的内部构成上指明了

---

① 《邓小平文选》第三卷,第 275 页。
② 《邓小平文选》第三卷,第 274 页。
③ 《邓小平文选》第三卷,第 149 页。

当代中国发展生产力的必由之路,那么建构社会主义市场经济体制则是从生产力的社会形式上指明了当代中国发展生产力的必由之路。正如邓小平所说,"搞计划经济和市场经济相结合,进行一系列的体制改革,这个路子是对的","只有这条路才是通往富裕和繁荣之路"。①

按照邓小平的观点,中国的经济体制"是学苏联的",它曾发挥过积极作用,但又有致命的缺陷,即从根本上排斥市场,没有正确解决计划与市场的关系;计划经济不等于社会主义,市场经济不等于资本主义,"计划和市场都是方法","两者都是手段","它为社会主义服务,就是社会主义的;为资本主义服务,就是资本主义的"②,"必须从理论上搞懂,资本主义与社会主义的区分不在于是计划还是市场这样的问题"③,"社会主义和市场经济之间不存在根本矛盾"④;社会主义市场经济和资本主义市场经济"在方法上基本相似",但在所有制基础上不同,即前者以公有制为主体,后者以私有制为前提。

从表面上看,邓小平的社会主义市场经济思想与马克思的社会主义计划经济理论似乎是对立的,但从本质上看,二者却是一致的。邓小平的社会主义市场经济思想并没有违背马克思主义的理论和方法,相反,它是马克思主义的理论和方法在当代中国的活生生的运用,是对科学社会主义的重大发展,标志着中国共产党人对社会主义的科学认识达到了新的水平。

按照马克思的观点,自然经济、商品经济和产品经济是社会经济发展的三大形态,前资本主义社会在总体上属于自然经济,资本主义社会是商品经济的成熟形态,而共产主义社会则是产品经济;自然经济造就的是人对人的依赖性,商品经济造成了"以物的依赖性为基础的人的独立性","形成普遍的社会物质变换,全面的关系,多方面的需求以及全面的能力

---

① 《邓小平文选》第三卷,第149、150页。
② 《邓小平文选》第三卷,第203页。
③ 《邓小平文选》第三卷,第364页。
④ 《邓小平文选》第三卷,第148页。

的体系"①,而与产品经济相适应的则是个人的自由个性。在马克思看来,商品经济是从自然经济到产品经济、从人的依赖性到人的自由个性的"必然的过渡点",具有不可逾越性。

中国是从半殖民地半封建社会经过新民主主义革命走向社会主义的,就生产力发展水平来说,远远落后于发达国家,同时,中国也没有经历过一个商品经济形态,市场经济极不发达,这种经济状况远远不能满足工业化和经济社会化、现代化的需要,而市场经济恰恰是能够有效地配置各种资源和对生产经营者提供有效激励的现代经济形式。因此,我们必须发展商品经济,建立市场经济体制,必须在社会主义条件下经历一个相当长的初级阶段,去实现工业化和经济的社会化、市场化、现代化。这是一个不可逾越的历史阶段。

从中国社会主义建设史来看,毛泽东曾注意到发展商品生产的问题,认为中国需要一个发展商品生产的阶段,甚至提出了"社会主义商品生产"概念,以及"社会主义商品生产和资本主义商品生产的本质区别"这一重要问题。按照毛泽东的观点,商品生产和资本主义相联系,是资本主义商品生产;商品生产和社会主义相联系,是社会主义商品生产。应该说,这是真知灼见,显示出毛泽东对如何建设社会主义的深刻认识。但是,毛泽东同时又认为,社会主义的商品交换应有计划进行,"应纳入计划的轨道",商品生产最终会产生资本主义,所以,社会主义经济主要依据只能是"计划第一,价格第二"。

毛泽东陷入矛盾之中。尽管毛泽东力图走出一条中国式的社会主义建设道路,但最终还是造就了一个和苏联模式基本相同、高度集中的计划经济体制。从认识论看,造成这一状况的根本原因就在于,毛泽东不理解商品生产和市场经济的关系,不理解工业化、现代化和市场化之间的内在联系。

对工业化、现代化和市场化之间关系的深刻反思,使邓小平提出了社

---

① 《马克思恩格斯全集》第46卷上,104页。

会主义市场经济的思想,提出当代中国经济体制改革的目标就是建立社会主义市场经济体制。在经历了"计划经济为主,市场经济为辅""有计划的商品经济"这两个阶段的改革之后,当代中国开始了从传统的计划经济体制转向社会主义市场经济体制的历史进程。

从历史上看,市场经济有四种类型:(1)自由的市场经济。在这种形式的市场经济中,经济运行完全靠市场价格来调节,国家的作用仅限于维护法律和秩序。(2)有调节的市场经济。在这种形式的市场经济中,政府对经济运行过程进行干预,以维持宏观经济的平衡。(3)有计划的市场经济,在这种形式的市场经济中,政府不仅控制总需求以维持宏观经济的平衡,而且对国民经济发展的总体方向和重要目标做出计划,并通过各种政策来实施这些计划。(4)政府主导的市场经济。在这种形式的市场经济中,政府是市场化的发动者和组织者,深入到经济社会生活的内部,并在这个过程中起着主导作用。

在这四种形式的市场经济中,自由的市场经济是市场经济的最初形式或古典形式;有调节的市场经济和有计划的市场经济属于现代发达的资本主义市场经济,前者的典型是英国和美国,后者的代表是日本和法国;政府主导的市场经济则是一些"后发"国家向现代发达资本主义过渡中实行的一种经济形式。这就是说,在现代资本主义社会中,计划与市场同时存在。制度经济学的集大成者、新制度经济学的创始人加尔布雷思认为,现代工业社会中存在两个经济体系,即"计划体系"和"市场体系",现代资本主义经济就是两种体系并存的"二元经济",而在美国,"计划体系"的地位甚至高于"市场体系"。加尔布雷思的观点是符合事实的,它从一个侧面印证了邓小平的"计划经济不等于社会主义,资本主义也有计划"这一观点的真理性。

现实的资本主义有计划控制,现实的社会主义也需要市场经济,实践证明,"只搞计划经济会束缚生产力的发展"①。这是因为,传统的计划经济体制忽视了个人正当的经济利益,经济运行过程缺乏个人经济利益这

①《邓小平文选》第三卷,第148页。

一经济发展的主要动力;在信息收集和传递上存在着内在缺陷,难以充分、及时地反映复杂多变的供求关系,造成了经济结构的严重扭曲,无法有效地进行资源配置。计划经济这一短处正是市场经济的长处,所以邓小平指出:"不搞市场,连世界上的信息都不知道,是自甘落后。"①在当代,市场经济集中反映了商品交换的本质要求和交换当事人的基本关系,它的确具有一种催人奋进的机制,更有利于资源的合理配置和经济的迅速发展。因此,在社会主义社会中引入市场经济是必要的。

在社会主义社会中引入市场经济不仅具有必要性,而且具有可能性。在现实的社会主义中,旧式分工仍然存在,劳动仍是谋生手段,所以,劳动者之间还存在着经济利益上的差别和矛盾,社会产品在做了各项扣除之后,必须实行等量劳动相交换的按劳分配原则。这个原则就是"调节商品交换(就它是等价的交换而言)的同一原则"②。由于劳动者之间在经济利益上是相互独立的,因而企业之间的产品交换必须采取等价的商品交换形式,企业之间必须自主经营、独立核算、按劳分配,并具有相对独立的财产权和明确的利益边界。这种等量劳动相交换的关系构成了社会主义商品经济的基础,并决定了社会主义条件下市场化改革的方向和界限。这就是说,在社会主义公有制经济中存在着进行商品交换的内在根据,商品关系是内生于社会主义公有制的,因而公有制与市场经济具有兼容性,公有制与市场经济的结合因此成为一种可能。

市场经济与社会主义的价值目标——社会公平之间也具有兼容性。作为现代经济运作模式,市场经济是通过竞争来实现其资源配置,促使资源配置优化功能的,它与社会公平的关系并非如同冰炭,始终处在绝对对立之中。相反,市场经济本身需要相应的社会公平:首先是参与竞争活动的公平,即每一个人都有自主选择参与竞争活动的权利,都有同等的机会支配社会资源;其次是竞争规则面前人人平等,即规则对所有参与竞争的

---

① 《邓小平文选》第三卷,第364页。
② 《马克思恩格斯选集》第3卷,第304页。

主体具有同等效力;再次是竞争结果面前人人平等,即参加竞争活动的主体必须接受竞争的结局,不允许任何人凭借社会特权取得收益"附加权"和亏损"豁免权"。

社会主义制度的建立从根本上消除了由生产资料占有上的不平等所导致的收入和财富两极分化的现象,以此为前提,它要求机会均等、竞争公平、按劳分配。这是社会主义市场经济的基本原则,也是社会主义初级阶段首要的和根本的公平,全部社会公平的重建,都应以此为中轴和基础。从根本上说,社会公平永远不能超出社会的经济结构。

可见,无论是从效率的角度,还是从制度和价值的角度看,现实社会主义的生存与发展都需要市场经济的充分发展,社会主义和市场经济之间的确不存在根本矛盾。

社会主义与市场经济之间不存在根本矛盾,并不是说社会主义和市场经济之间没有矛盾;现实社会主义的生存和发展不能脱离市场经济,但又不能完全依赖市场经济。马克思早已敏锐而深刻地认识到市场经济的缺陷,他对资本主义市场经济的批判至今仍发人深省,并启示我们,任何一种市场经济都有自己特殊的制度环境,不存在一个脱离了一定制度环境的抽象的市场经济。社会主义市场经济与资本主义市场经济当然有共同之处,但社会主义市场经济毕竟建立在新的制度环境基础之上,因而必然具有自己特殊的运行规律。

这是一个极其复杂的社会运动。当代著名经济学家、诺贝尔经济学奖获得者科斯指出:"如果你不能在社会组织上提供可行的办法,那么提出引进市场经济亦不过是侈谈而已。""人们不可以把一国的社会结构强制移植到另一个国家去。究其量,人们只可以基于本国的社会结构对它们加以改造。这就是中国展示出的特点。"①具体地说,当代中国的经济市场化是与现代化、社会主义改革联系在一起的,或者说,当代中国的经济

---

① 《诺贝尔经济学奖得主专访录——评说中国经济与经济学发展》,中国计划出版社1995年版,第29页。

市场化是在现代化和社会主义改革双重目标的约束下进行的。可以说，在经济市场化的过程中实现社会现代化，是当代中国社会发展的根本任务；同时，当代中国的经济市场化又是以社会主义制度为基础，并与这种制度的改革联系在一起的。这就从根本上决定了中国市场化的道路和模式，规定了中国市场化的可能边界和基本的约束条件。

对此，邓小平有着极为清醒的认识，在他提出从计划经济转向市场经济的同时，又提出要正确处理现代化、市场化和社会主义制度的关系，并强调我们所建立的市场经济"归根到底是社会主义的，是社会主义社会的"。反过来，经济的市场化又会促进社会的现代化，并引起社会主义公有制实现形式的变化。这就是说，当代中国经济的市场化不仅仅是一种资源配置方式的变化，而且是一次重大的社会转型。当代中国社会转型的最重要特征和最深刻意义就在于：它把市场化、现代化和社会主义改革这三重重大的社会变革浓缩在同一个时空中进行了，从而构成了一个极其复杂、艰难而又波澜壮阔的伟大的社会变迁。在这个过程中，市场经济、现代化和社会主义之间形成了一种相互制约、相互渗透的关系，市场经济、现代化和社会主义由此都具有了新的内容。这的确是一个激动人心的年代。

三、从封闭半封闭型社会转向开放型社会

改革和开放，这是现代化，尤其是"后现代化"进程中的"双生子"。历史已经并正在证明，没有一个国家能够在孤立的状态下实现现代化，封闭只能导致落后。所以，邓小平在提出从"以阶级斗争为纲"转向以经济建设为中心的同时，就提出从封闭转向开放。"一九七八年我们党的十一届三中全会对过去作了系统的总结，提出了一系列新的方针政策。中心点是从以阶级斗争为纲转到以发展生产力为中心，从封闭转到开放，从固守成规转到各方面的改革。"[1]正是在邓小平对外开放理论的指引下，当代中

---

① 《邓小平文选》第三卷，第269页。

国实现了又一重大的历史转折,即从封闭半封闭型社会转向开放型社会。

邓小平的对外开放思想有着广阔的时代背景和深刻的理论依据。具体地说,"开放的世界"的形成构成了邓小平对外开放思想的时代背景,马克思的世界历史理论构成了邓小平对外开放思想的理论依据。

所谓开放的世界,是指各民族、国家全面地相互作用、相互影响、相互渗透,世界已经"一体化"。这里,地理环境已不再是交往的界限,信息手段的发展和知识经济的兴起为不同的民族、国家创造了一个"复制"整个世界的间接环境。今天,人们可以通过一台小小的"电脑"把各种信息收集起来,在几平方米的房间里展开世界交往。世界的整体化由此达到了前所未有的高度,犹如一个"地球村"。邓小平以其政治家的敏锐,准确而又深刻地指出:"现在的世界是开放的世界。"①

"开放的世界"所导致的全球循环的物质流、技术流、信息流、资金流增强了各民族或国家之间的共生性,这种共生性决定了任何一个民族或国家都不可能长久地孤立于世界之外,如同人的肢体不能孤立于血液循环系统之外一样。因此,邓小平多次强调,中国要得到发展,必须对内改革、对外开放,"从世界的角度","从世界政治、世界经济的角度"来设计"中国式的现代化",从而把具有世界普遍意义的东西变为自己自主活动的条件,变成创造自己"特色"的现实基础。

从概念的内涵看,邓小平的"开放的世界"与马克思的"世界历史"具有一致性。

按照马克思的观点,"历史向世界历史的转变"是以生产力的较大发展和交往的普遍发展为基础的。随着商品经济和交通工具的发展以及国际交往不断扩大,世界市场得以形成。"过去那种地方的和民族的自给自足和闭关自守状态,被各民族的各方面的互相往来和各方面的互相依赖所代替了"②,世界由此成为一个统一的整体,历史转变为世界历史。

---

① 《邓小平文选》第三卷,第64页。
② 《马克思恩格斯选集》第1卷,第276页。

世界历史的形成,把一切古老而缓慢发展的民族都推上了世界竞争的舞台,使每一个民族的发展同其他民族的发展具有了依存的关系。马克思在分析印度的历史时曾指出:"孤立状态是它过去处于停滞状态的主要原因。"①中国的历史也证明了这一点。"中国长期处于停滞和落后状态的一个重要原因是闭关自守"②,"长期闭关自守,把中国搞得贫穷落后,愚昧无知"③。所以邓小平提出,中国要实现现代化,必须对外开放,走进"开放的世界"。

开放格局是面向世界的全方位的开放。按照邓小平的观点,中国的对外开放应包括三个方面,即对西方发达国家的开放,对苏联和东欧国家的开放和对第三世界发展中国家的开放。一句话,"开放是对世界所有国家开放,对各种类型的国家开放"④。这是因为,每个民族或国家都有自己的特长,它们或者在技术方面,或者在资源方面,或者在市场方面,或者在资金方面占据一定的优势;而当代国际分工体系使各个国家的生产开始趋向专业化,所有类型的国家都被经济的纽带密切地联系在一起了,并在这个过程中形成或不断增强着各自的特点和长处。只有全方位的开放才能博采众长而创新。

开放是面向各个领域的多层次的开放。按照邓小平的观点,在当代,科学技术已经成为"第一"生产力,因此,要实现现代化,首先就要在科学技术领域向世界开放,学习、引进、吸收国外的先进科学技术,从而实现技术发展的跨越。其次,对外贸易是经济领域开放的先导,一个国家由封闭自觉地走向开放,往往是因为发展了对外贸易;一个国家由封闭被迫走向开放,也往往是由于先进国家的对外贸易。对外贸易是经济开放,以至整个对外开放的重要形式,它在很大程度上决定着对外开放的程度和范围。再次,经济领域开放必然导致文化领域开放。建设社会主义精神文明,既

---

① 《马克思恩格斯选集》第1卷,第768—769页。
② 《邓小平文选》第三卷,第78页。
③ 《邓小平文选》第三卷,第90页。
④ 《邓小平文选》第三卷,第237页。

要善于批判继承中国传统文化,又要善于批判继承西方当代文化,一个封闭的文化体系是不可能适应开放的经济体系的。

在提出对外开放,走进"开放的世界"的同时,邓小平又提出,必须建构能够适应对外开放的内部结构。对外开放能否真正推动,或者说能在多大程度上推动中国现代化的进程,取决于中国社会的内部结构,取决于这种内部结构能否吸收、融合对外开放所获得的先进成果。邓小平的这一见解是深刻的。一个社会内部流动的外部化,就是对外开放;内部结构的开放是对外开放的基础,内部结构开放的程度决定着对外开放的程度。

1979 年,在中国政局刚刚廓清雾瘴、完成指导思想的大转移时,邓小平就提出了试办沿海经济特区,创建"开放的基地"的构想。按照邓小平对外开放的战略设计,当代中国形成了"经济特区——沿海开放城市——沿海经济开放区——内地"这样一个地域上的开放格局。

地域开放格局的形成以及全方位、多层次的开放标志着当代中国开放的总体格局已经形成。中国,这个曾经拥有雄汉盛唐,名扬四海的东方文明古国,在饱尝了闭关自守的苦难之后,终于以其睿智的目光和坚定的信念再度推开了尘封网结的窗门,以自觉的开放姿态,去延揽八面来风。从中,我们深刻地领略到了邓小平恢宏的"世界观"和开放性的思维方式。

世界历史,尤其是"开放的世界"形成之后,对一个民族、国家发展的影响突出地表现为交往行为的"相加效应",即人们在普遍交往中往往用自己的优势部分或富余部分换取对自己不足部分的弥补,从而避免"从头开始"或"重新开始"所造成的重复劳动的耗费,给自己的发展带来"爆发力"。正是这种发展的"爆发力"使落后的民族能够以人类的新成果为起点,去创造更新的东西,从而以"跳跃"式的发展进入世界历史的先进行列。

相反,闭关自守则导致停滞、落后和愚昧。这是因为,在人类社会中存在着封闭行为的重复效应和衰减规律,即处于闭关自守状态的民族、国家一切都是"单独进行"的,每一种发明都是"从头开始"或"重新开始",其"创新"也往往是把别人走过的艰辛之路重走一遍,实际上并未改变其历史落伍者的地位。邓小平之所以领导中国从封闭转向开放,走进"开放的世界",就是要使中国的发展避免一切"从头开始"或"重新开始",就是要通过世界交往使中国获得一种发展的"爆发力",从而以"跳跃"式的发展实现现代化。

社会主义制度"将一天天完善起来,它将吸收我们可以从世界各国吸收的进步因素,成为世界上最好的制度"①。邓小平的这一论述包含着一个重要思想,即社会主义制度是开放的制度,开放性是社会主义制度的内在本性。换言之,坚持社会主义就要坚持对外开放,对于社会主义国家来说,坚持对外开放是由社会主义制度的内在本性所决定的。中国是在世界历史的背景中走向社会主义的,同样,中国也只能在"开放的世界"中走向社会主义现代化。"中国的发展离不开世界。"②只有走进世界历史,在"开放的世界"中发展起来并具有中国特色的社会主义,才能代表中国的未来。

就这样,邓小平领导当代中国实现了三大历史转折,从而使社会主义在中华民族的伟大复兴中再造辉煌,同时,又使中华民族在社会主义改革的基础上实现伟大复兴。历史已经为邓小平建造了丰碑,那就是他"完成了本世纪最巨大的经济变革"③,深刻地改变了当代中国的历史进程;历史将继续为邓小平建造丰碑,那就是他的理论改变了中国,并对世界发生深远的影响。"邓小平的影响力,不仅超越他生活的时代,而且超越了他生活的国度。"④历史越向前发展,就越会显示出邓小平理论的重要性。

---

① 《邓小平文选》第二卷,第 337 页。
② 《邓小平文选》第三卷,第 78 页。
③ 《举世悼念敬爱的邓小平同志》,新华出版社 1997 年版,第 191 页。
④ 《举世悼念敬爱的邓小平同志》,第 192 页。

第八章

当代中国的改革:"第二次革命"

鸦片战争以后,为了实现中华民族的伟大复兴,中国在孙中山、毛泽东、邓小平的领导下先后发生三次革命:第一次革命是孙中山领导的辛亥革命,推翻了统治中国几千年的君主专制制度,为中国的进步打开了闸门;第二次革命是毛泽东领导的新民主主义革命以及社会主义革命,推翻了帝国主义、封建主义、官僚资本主义在中国的统治,建立了新中国,确立了社会主义制度,为当代中国一切发展进步奠定了政治前提和制度基础;第三次革命是邓小平开创的改革开放这场新的伟大革命,引领中国人民走上了中国特色社会主义道路,迎来中华民族伟大复兴的光明前景。如果说新民主主义革命以及社会主义革命是中国共产党领导的第一次革命,那么改革开放则是中国共产党领导的第二次革命。正是在这个意义上,邓小平指出:"改革是中国的第二次革命。"①

---

① 《邓小平文选》第三卷,第113页。

一、"第二次革命"的基本内涵

马克思主义不仅以批判的精神考察资本主义制度,而且以批判的态度思考社会主义的问题,它从来不把社会主义社会中存在的一切都看作社会主义性质的,也从来不把社会主义社会看成凝固不变的。相反,马克思主义认为,社会主义社会是一个需要不断改革的社会。"所谓'社会主义社会'不是一种一成不变的东西,而应当和任何其他社会制度一样,把它看成是经常变化和改革的社会。"①当代中国正处在社会主义改革的进程之中。

从哲学的视角看,改革和革命是表征社会发展同一系列、但又程度不同的两个概念。改革同样具有社会变革的性质,但又以从根本上维护特定的社会制度为前提和目标,是统治阶级为了巩固自己建立的社会制度而采取的新的政策和措施。革命则是指社会形态的根本变革,是一种社会制度代替另一种社会制度。革命是实现社会形态变更的决定性环节,当旧的生产关系严重阻碍生产力发展,旧的上层建筑又极力维护旧的生产关系时,只能通过革命来摧毁社会发展的障碍,从而促进社会进步和人的发展。正是在这个意义上,马克思主义认为,"革命是历史的火车头","是被压迫者和被剥削者的盛大节日"。

改革和革命又有内在的联系和转化的趋势。改革也是社会基本矛盾运动的必然产物。当生产力与生产关系、经济基础与上层建筑之间的矛盾发展到一定程度,但又未激化到引起革命的程度时,就需要通过改革来改变同生产力的发展不相适应的生产关系,以及同生产关系变化不相适应的上层建筑。革命是为了解放生产力,改革也是为了解放生产力。解放生产力把改革和革命联系起来了,是改革与革命联系和转化的根据。

---

① 《马克思恩格斯全集》第37卷,人民出版社1971年版,第443页。

列宁指出:"改革的概念,无疑是同革命的概念相对立的;忘记这种对立,忘记划分两种概念的界线,就会经常导致在一切历史问题的论述上犯最严重的错误。但是,这种对立不是绝对的,这条界线不是死的,而是活的、可变的,要善于在每一个具体场合确定这条界线。"①善于"照辩证法办事"的邓小平深深地理解列宁这一观点以及当代中国改革的深度和广度,因而提出改革是中国的第二次革命这一重要命题。

我断然拒绝这样一种观点,即"改革是中国的第二次革命"是邓小平"主观情绪的产物"。实际上,"改革是中国的第二次革命"是邓小平深思熟虑的观点和反复申述的命题。

1978年,邓小平就指出,为了实现四个现代化而提出的一系列政策和组织措施,实际上是"一场根本改变我国经济和技术落后面貌,进一步巩固无产阶级专政的伟大革命。这场革命既要大幅度改变目前落后的生产力,就必然多方面地改变生产关系,改变上层建筑,改变工农业企业的管理方式和国家对工农业企业的管理方式,使之适应于现代化大经济的需要"。② 这就是说,在改革刚刚拉开序幕之际,邓小平就对改革和革命的关系做了前瞻性的分析,初步具有了改革是一场革命的思想。

1979年,邓小平指出,改革"确实是一场新的大革命,我们革命的目的就是解放生产力,发展生产力"③。这一论述明确地把改革同解放和发展生产力联系起来,从而把改革同革命联系起来了。

1982年,邓小平指出:"精简机构是一场革命。"④"精简机构"之所以成为一场革命,是因为当时组织机构臃肿重叠、职责不清,"确实到了不能容忍的地步",甚至"涉及到亡党亡国的问题"。因此,"精简机构"是一场革命,"是对体制的革命"⑤。"对体制的革命"表明了改革的指向。

1984年,邓小平指出,"改革是一场革命","当前的改革是一场革命

---

① 《列宁全集》第20卷,人民出版社1989年版,第168—169页。
② 《邓小平文选》第二卷,第135—136页。
③ 《邓小平文选》第二卷,第231页。
④ 《邓小平文选》第二卷,第396页。
⑤ 《邓小平文选》第二卷,第397页。

性变革","我们把改革当作一种革命"①。这一命题则是就整个改革的性质和作用提出来的。此时,正值党的十二届三中全会即将讨论《中共中央关于经济体制改革的决定》的前夕。在这一时刻提出这一命题,可以说,是对改革的作用和地位提出了总体判断,是郑重提醒人们,要充分认识到当代中国改革的深度、广度和难度。

1985 年,邓小平明确指出:"改革是中国的第二次革命。"②邓小平把当代中国的改革同"过去的革命",即新民主主义革命进行比较,发现二者之间有一个共同的性质,即都是为了解放生产力。由此,邓小平进一步说明改革为什么是"第二次革命":"改革的性质同过去的革命一样,也是为了扫除发展社会生产力的障碍,使中国摆脱贫穷落后的状态。从这个意义上说,改革也可以叫革命性的变革。"③

1992 年,邓小平再一次从解放生产力的视角分析了改革和革命的关系,即"革命是解放生产力,改革也是解放生产力":"革命是解放生产力,改革也是解放生产力。推翻帝国主义、封建主义、官僚资本主义的反动统治,使中国人民的生产力获得解放,这是革命,所以革命是解放生产力。社会主义基本制度确立以后,还要从根本上改变束缚生产力发展的经济体制,建立起充满生机和活力的社会主义经济体制,促进生产力的发展,这是改革,所以,改革也是解放生产力。"④

"改革是中国的第二次革命",是邓小平对当代中国改革的基本内涵和历史方位所做出的科学的总体判断。

第一,就改革是解放生产力而言,改革是一种革命。

马克思早就指出:"社会的物质生产力发展到一定阶段,便同它们一直在其中活动的现存生产关系或财产关系(这只是生产关系的法律用语)发生矛盾。于是这些关系便由生产力的发展形式变成生产力的桎梏。那

---

① 《邓小平文选》第三卷,第82页。
② 《邓小平文选》第三卷,第113页。
③ 《邓小平文选》第三卷,第135页。
④ 《邓小平文选》第三卷,第370页。

时社会革命的时代就到来了。"①革命就是要打破生产力发展的桎梏,即解放生产力。中国的新民主主义革命以及社会主义革命都使中国的生产力获得了解放。

社会主义制度在中国确立之后,其经济体制(生产关系的具体形式)曾是生产力的"发展形式",但随着生产力的发展,这种排斥市场的经济体制又逐步成为生产力的"桎梏"。改革就是要打破这种"桎梏",从根本上改变束缚生产力发展的传统的计划经济体制,建立起社会主义市场经济体制,促进生产力的发展。从打破生产力的"桎梏"、解放生产力的角度来看,当代中国的改革的确是一种革命。

第二,就改革的深度而言,改革是一场革命。

当代中国的改革不是对原有经济体制枝节的、细微的、日常性质的变革,而是从根本上改变原有的经济体制,既关系到中国的经济性质,即从所谓的产品经济转向商品经济,又关系到中国经济的运行机制,即从计划经济转向市场经济。市场经济是合理配置资源和有效提供激励的现代形式,从计划经济转向市场经济必然在生产的组织形式、活动方式、管理方式、分配方式等方面引起重大变化,必然使中国经济的性质和运行机制发生实质性转变。可见,改革的指向性是经济体制的深层结构,是"对体制的革命"。

更重要的是,从计划经济转向市场经济意味着人的生存方式的变化。市场经济不仅仅是一种资源配置方式,而且是一种人的生存方式,它"形成普遍的社会物质变换,全面关系,多方面的需求以及全面的能力的体系"②,形成了"以物的依赖性为基础的人的独立性",是从"人的依赖性"到人的"自由个性"的"必然过渡点"。换言之,从计划经济转向市场经济,建立社会主义市场经济体制,必然使中国人的生存方式发生了根本变化。

第三,就改革的广度而言,改革是一场革命。

---

① 《马克思恩格斯选集》第 2 卷,第 32—33 页。
② 《马克思恩格斯全集》第 46 卷上,第 104 页。

当代中国的改革不是仅仅对某一领域、某一方面的改革,而是全方位、多层次的改革,即"改变同生产力发展不相适应的生产关系和上层建筑",以及"管理方式、活动方式和思想方式",并"引起了经济生活、社会生活、工作方式和精神状态的一系列深刻变化"。① 从建立以家庭承包经营为基础、统分结合的农村双层经营体制,到形成国家宏观调控下市场对资源配置发挥基础性作用的经济管理制度;从建构以公有制为主体、多种所有制经济共同发展的基本经济制度,到形成以按劳分配为主体、多种分配方式并存的分配制度;从经济体制改革,到政治体制、文化体制改革,从物质文明、精神文明建设到政治文明建设,再到物质文明、精神文明、政治文明、社会文明和生态文明五位一体建设……全方位、多层次改革已辐射到社会的一切领域,使社会生活发生整体转型,因而是一种"革命性变革"。

　　第四,就当代中国改革的历史地位而言,改革是一场革命。

　　是否进行改革涉及中国社会主义生死存亡的问题。邓小平以其政治家的高度敏感,自觉地意识到:"如果现在再不实行改革,我们的现代化事业和社会主义事业就会被葬送。"②改革使中国的社会主义走出了历史的"误区",并从实践上回答了像中国这样的经济文化比较落后的国家如何建设社会主义、如何巩固和发展社会主义的问题。新民主主义革命以及社会主义革命把半殖民地半封建的旧中国变成了独立的社会主义的新中国,改革使中国由不发达的社会主义国家变成现代化的社会主义国家。

　　改革是决定当代中国命运的关键抉择,是实现中华民族伟大复兴的关键抉择,也是发展中国社会主义的必由之路,它使中国的面貌发生了历史性的变化,一个面向现代化、面向世界、面向未来的社会主义中国巍然屹立在世界东方;它使中国人民稳定地走上了富裕安康的广阔道路,并为世界经济发展和人类文明进步做出了重大贡献。历史已经并正在证明,只有社会主义才能救中国,只有改革才能发展中国、发展社会主义。当代

---

①　邓小平:《建设有中国特色的社会主义》增订本,第121页。
②《邓小平文选》第二卷,第150页。

中国改革最显著的特征和最重要的意义就在于,它把现代化、市场化和社会主义改革这三重重大的社会变革浓缩在同一时空中进行了,因而构成了一场前无古人、史无前例、极其特殊而又深刻的革命,是中国共产党在新的历史条件下带领人民进行的"新的伟大革命"。

二、"第二次革命"的性质和根本任务

当代中国改革的对象是从"苏联模式"演变而来的社会主义体制,其实质和目标就是使社会主义制度逐步获得有效实现形式的新体制。因此,"改革是社会主义制度的自我完善"①。如果说"改革是一场革命"这个命题规定了当代中国改革的作用和地位,那么"改革是社会主义制度的自我完善"这一命题则规定了当代中国改革的性质和方向,即规定了"第二次革命"的性质和方向。

从历史上看,任何一个新兴的社会制度建立之后,都有一个不断完善的过程,而要完善自己,就要改革自己。马克思指出,社会主义社会"不是在它自身基础上已经发展了的,恰好相反,是刚刚从资本主义社会中产生出来的,因此它在各方面,在经济、道德和精神方面都还带着它脱胎出来的那个旧社会的痕迹"②。列宁认为,"我们在剥夺了地主和资本家以后,只获得了建立社会主义那些最初形式的可能"③,只有从"初级形式的社会主义"出发,才能逐步走向"发达的社会主义",再达到"完全的社会主义"。从"初级形式的社会主义"到"发达的社会主义",再到"完全的社会主义"的历史过程,就是社会主义社会不断清除旧社会的"痕迹",不断改革和完善自己的过程。

中国的社会主义脱胎于半殖民地半封建社会,带有更多的旧社会"痕迹";改革前的中国社会主义经济体制基本上是从"苏联模式"演化而来,

---

① 邓小平:《建设有中国特色的社会主义》增订本,第 121 页。
② 《马克思恩格斯选集》第 3 卷,第 304 页。
③ 《列宁选集》第 4 卷,第 92 页。

它曾发挥过积极作用,但本身又有许多弊端,实际上是社会主义经济制度还没有获得有效实现形式的体制。为了消除旧社会的"痕迹",革除原有体制的弊端,逐步获得社会主义制度有效实现自身的形式,必由之路只能是改革。改革是社会主义制度的自我完善。

从社会主义的本质看,改革只能是社会主义制度的自我完善。

"社会主义的本质,是解放生产力,发展生产力,消灭剥削,消除两极分化,最终达到共同富裕"①,并不断促进人的全面发展。促进人的全面发展是马克思主义关于建设社会主义新社会的本质要求。改革正是为了解放和发展生产力,并以此为基础,逐步达到共同富裕,促进人的全面发展。邓小平明确指出:"社会主义制度优越性的根本表现,就是能够允许社会生产力以旧社会所没有的速度迅速发展,使人民不断增长的物质文化生活需要能够逐步得到满足。"②

高度发达的生产力是社会主义社会的根本特征。如果社会主义不能创造出比资本主义更高的生产力,更好、更合理地满足人们的需要,那么社会主义既不可能出现,也没有存在的必要。没有生产力的高度发展,就没有共同富裕,就不可能造就全面发展的社会主义新人。在邓小平看来,"贫穷不是社会主义",没有高度发展的生产力,就是"不够格"的社会主义。"现在虽说我们也在搞社会主义,但事实上不够格。只有到了下世纪中叶,达到了中等发达国家的水平,才能说真的搞了社会主义,才能理直气壮地说社会主义优于资本主义。现在我们正在向这个路上走。"③当代中国的改革就是为了解放和发展生产力,就是为了不断促进人民共同富裕,促进人的全面发展,就是为了"要赶上时代"④,因而是社会主义制度的自我完善。

从社会主义制度在中国建立的必然性以及社会发展的总趋势看,改

①《邓小平文选》第三卷,第373页。
②《邓小平文选》第二卷,第128页。
③《邓小平文选》第三卷,第225页。
④《邓小平文选》第三卷,第242页。

革只能是社会主义制度的自我完善。

如前所述,中国生产力的二重性,西方资本主义生产方式内在矛盾的激化及其对中国的冲击、影响和渗透,以及世界社会主义革命的新时代,这些国际国内条件结合在一起,使中国走向社会主义具有了历史的必然性。中国历史发展的道路是特殊的,但它的发展方向同人类总体历史的进程是一致的,同 20 世纪世界历史的走向是一致的。

当然,社会发展道路是曲折的,在资本主义代替封建主义的过程中曾发生过多次王朝复辟,社会主义的发展过程也出现了严重挫折,"从一定意义上说,某种暂时复辟也是难以完全避免的规律性现象"。但是,社会发展有其总趋势。正如邓小平所说,"封建社会代替奴隶社会,资本主义代替封建主义,社会主义经历一个长过程发展后必然代替资本主义。这是社会历史发展不可逆转的总趋势"[1]。因此,当代中国改革的性质和方向只能是社会主义制度的自我完善。

社会主义制度自我完善的前提,是发展生产力。生产力的状况从根本上决定着社会状况。社会主义社会的产生是生产力发展的必然结果,社会主义制度的巩固与完善必须以生产力的高度发展为实际前提。"生产力的这种发展……之所以是绝对必需的实际前提,还因为如果没有这种发展……那就只会有贫穷的普遍化;而在极端贫困的情况下,就必须重新开始争取必需品的斗争,也就是说,全部陈腐的东西又要死灰复燃。"[2]对马克思主义和社会主义实践的深刻反思,使邓小平认识到,发展生产力是巩固、完善社会主义制度的前提和基础。"马克思主义最注重发展生产力","马克思主义的基本原则就是要发展生产力"[3],"社会主义的任务很多,但根本一条就是发展生产力"[4]。

"为了发展生产力,必须对我国的经济体制进行改革"[5],建立一种使

---

① 《邓小平文选》第三卷,第 382—383 页。
② 《马克思恩格斯全集》第 3 卷,第 39 页。
③ 《邓小平文选》第三卷,第 116 页。
④ 邓小平:《建设有中国特色的社会主义》增订本,第 116 页。
⑤ 邓小平:《建设有中国特色的社会主义》增订本,第 116 页。

社会主义制度本身获得有效实现形式的机制。在当代中国，只有在解放生产力的过程中才能发展生产力，发展生产力与解放生产力具有内在的相关性。这是因为，发展生产力需要有一个合理的经济体制作为其社会空间，否则，发展生产力无从谈起；而改革正是为了建立一个合理的经济体制，为发展生产力开辟一个广阔的社会空间。"所以改革也是解放生产力。过去，只讲社会主义条件下发展生产力，没有讲还要通过改革解放生产力，不完全，应该把解放生产力和发展生产力两个讲全了。"①正是在这种意义上，邓小平认为，改革是中国发展生产力的必由之路，"第二次革命"的根本任务就是解放生产力和发展生产力。

三、"第二次革命"得失成败的根本标准

由于科学地揭示了"第二次革命"的根本任务——解放和发展生产力，邓小平得出一个重要结论：是否有利于发展生产力是判断改革得失成败的根本标准。"改革开放迈不开步子，不敢闯，说来说去就是怕资本主义的东西多了，走了资本主义道路。要害是姓'资'还是姓'社'的问题。判断的标准，应该主要看是否有利于发展社会主义社会的生产力，是否有利于增强社会主义国家的综合国力，是否有利于提高人民的生活水平。"②在这三个"有利于"中，"生产力标准"是根本标准，因为综合国力的增强和人民生活水平的提高，都依赖于生产力的发展。

邓小平的这一观点和马克思主义是完全一致的。按照马克思主义的观点，生产力的发展是"整个社会发展的主要标准"③，"是社会进步的最高标准"④。

生产力的发展之所以能够成为"社会发展的主要标准"和"社会进步

①《邓小平文选》第三卷，第 370 页。
②《邓小平文选》第三卷，第 372 页。
③《列宁全集》第 41 卷，人民出版社 1986 年版，第 72 页。
④《列宁全集》第 16 卷，第 209 页。

的最高标准",成为判断改革得失成败的根本标准,是因为生产力的发展是实现社会发展多种目标的根本条件。任何一个社会的发展都具有多种目标,如生活水平的不断提高,政治制度的不断完善,思想文化的不断进步,人的主体能力的不断发展,等等。问题在于,这多种目标的实现,归根到底,取决于生产力的发展。生产力标志着人与自然之间相互作用的现实关系。在人类历史中,人与自然的相互作用是根本的相互作用,全部社会关系和社会现象不仅起源于这一相互作用,随着这一相互作用的发展而发展,而且只有通过这一相互作用才能得到正确的说明。这是其一。

其二,生产力的发展是社会发展的集中体现。社会发展体现在经济、政治、文化等多方面的发展中,集中地体现在生产力的发展上。在一个社会中,生产力能以它应有的速度向前发展,并超过其他社会的发展速度,实际上就体现了该社会的社会结构更为合理,社会关系更为先进。"所谓社会主义生产关系比较旧时代生产关系更能够适合生产力发展的性质。就是指能够容许生产力以旧社会所没有的速度迅速发展,因而生产不断扩大,因而使人民不断增长的需要能够逐步得到满足的这样一种情况。"[1]

其三,生产力的发展是社会发展的客观标志。判断一个人不能以他对自己的看法为根据,同样,判断一个社会发展与否也不能以它的意识形态为根据。相反,只能从这个社会的物质生产中,从那些既集中体现了社会发展,又具有可测性的领域来寻找判断的根据。生产力就是这样一种根据。生产力是一种客观的物质力量,是"生产的经济条件方面所发生的物质的、可以用自然科学的精确性指明的变革"[2]。

确认是否有利于生产力的发展是判断改革得失成败的根本标准,为人们正确认识当代中国的改革提供了可靠的依据。但是,对"生产力标准"必须准确全面地理解,不能把它简单化、绝对化。

"生产力标准"是根本标准,而不是唯一标准。当我们把社会作为一

---

① 《毛泽东文集》第七卷,人民出版社 1999 年版,第 214 页。
② 《马克思恩格斯选集》第 2 卷,第 33 页。

个整体来看待时,衡量社会发展与否的根本尺度是生产力,因为生产力的发展状况从根本上决定着经济形态、政治形态、意识形态以至整个社会形态的状况。然而,社会发展毕竟是多维的,生产力并不直接决定所有的社会生活领域。生产力的发展与社会生活具体领域的发展并不是同步的,政治、文化等领域都有自身发展的相对独立性和特殊的运行规律,因而都有其各自特殊的衡量尺度。"生产力标准"从根本上制约着这些具体标准,但又不能取消或代替这些具体标准。生产力只是在"归根到底"的意义上是评价社会发展的标准。

"生产力标准"是"物"的不断丰富与人的不断发展的统一。马克思主义在确认社会发展的生产力标准时,始终是从物的丰富和人的发展两个方面展开的。历史活动的主体是人,生产力的发展不仅表现在物的不断丰富上,而且体现在历史主体——人的不断发展上。"工业的历史和工业的已经产生的对象性的存在,是一本打开了的关于人的本质力量的书。"①在这个意义上,发展生产力也就是发展人的本质力量。发展生产力,创造物质财富,只是社会发展总目标的一部分。以发展生产力为前提,逐步达到人的自由而全面发展,才是马克思主义所追求的社会发展的最高目标。"真正的财富就是所有个人的发达的生产力。"②

"生产力标准"是生产力的现实水平和发展速度的统一。任何事物都处在绝对运动和相对静止的过程之中。生产力作为一种最活跃的社会要素,其运动也有相对静止的时期,表现为一定的性质和水平。这种静态事实表明了人们征服自然的实际能力,同时,又表明了社会发展的现实水平。任何一个民族或国家生产力的现实水平,都有其特定的历史起点;不同的民族或国家生产力达到相同的水平,时间有长有短,速度有快有慢。所以,我们不能仅仅以生产力的现实水平来判断某一民族、国家发展的水平,而要从生产力的现实水平和发展速度的统一中考察某一民族、国家发

① 《马克思恩格斯全集》第 42 卷,第 127 页。
② 《马克思恩格斯全集》第 46 卷下,第 222 页。

展的水平,即从是解放、促进生产力的发展,还是束缚、阻碍生产力的发展这个视角来判断社会发展与否。换言之,应当从静态事实和动态发展的统一中把握社会发展的"生产力标准"。

把是否有利于生产力的发展作为判断当代中国改革——"第二次革命"得失成败的根本标准,使社会评价的标准达到了价值尺度和科学尺度的统一。

"生产力标准"是一种价值标准,它从主体的需要、利益能否得到满足以及满足的程度来评价客体,即某种社会体制、社会制度,检验这种社会体制、社会制度能否满足以及在多大程度上满足主体的需要、利益,从而确定它是否值得肯定和保留。

"生产力标准"同时又是一种科学标准,因为生产力是社会发展的最终决定力量,生产力的发展从根本上决定了人类社会的发展,要求人们依据生产力的发展不断变革原有的社会体制、社会制度。"随着新生产力的获得,人们改变自己的生产方式,随着生产方式即谋生的方式的改变,人们也就会改变自己的一切社会关系。"[1]这就是说,"生产力标准"是建立在对社会发展规律科学认识的基础上的,不仅是价值尺度,而且是科学尺度,体现了价值尺度和科学尺度的统一。

把是否有利于生产力的发展作为判断改革得失成败的根本标准,从根本上划清了科学社会主义同空想社会主义的界限。当代空想社会主义的根本缺陷,就是以抽象的社会主义原则来衡量现实的社会主义;科学社会主义则认为,建构社会主义制度的具体形式必须以具体民族或国家的生产力的现实状况为依据。只有在承认生产力的决定作用、承认生产力是社会发展的主要标准和社会进步的最高标准的基础上,才能正确处理生产关系与生产力、上层建筑与经济基础的矛盾,而不至于使改革陷入主观随意性。以生产力为根本标准的是彻底的唯物主义,为当代中国的社会发展展现了一个新的地平线。

---

[1]《马克思恩格斯选集》第1卷,第142页。

第九章

当代中国的开放：时代背景与思维坐标

人类交往发展的历史就是文明和进步的历史，它展现为原始群的扩大、部落的形成、图腾的综合以及区域性发展、世界整体性发展。历史表明，只有善于交往和开放的民族才能走在世界的前列；一个民族本身的结构和状态不仅取决于它的内部交往，而且取决于外部交往的广度和深度。邓小平深深地理解这一点，因而他在设计改革蓝图的同时，又制定了对外开放的战略。在邓小平看来，中国要实现社会主义现代化，必须走进"开放的世界"，进行世界交往，做"世界公民"。

一、现在的世界是开放的世界

列宁说过，只有了解世界历史的总进程并把握时代的基本特征，才能以此为根据来估计这国或那国更详细的特点，进而正确地制定自己的策略。

"现在的世界是开放的世界。"①。所谓开放的世界,是指各民族、各国家之间的交往已经世界化,各民族、各国家处于相互作用、相互制约、相互依存、相互渗透的历史阶段,世界已经"一体化"。在开放的世界中,每一个民族或国家都同整个世界发生了实际联系,并通过一定的形式来利用全球的生产经验和生产成果,利用全人类创造的一切,从而增强自身的发展活力。正因为如此,邓小平始终是"从世界的角度","从世界的政治、世界经济的角度"来设计"中国式的现代化"的。

开放的世界在今天已经是一个可以经验到的事实了,但它却形成于现代,即资本主义时代。资本主义生产方式的兴起,世界市场的形成,使世界趋向开放的时代。马克思以其惊人的洞察力注意到这一历史趋势,并用"历史向世界历史的转变"这一命题表征了这一历史趋势:"资产阶级,由于开拓了世界市场,使一切国家的生产和消费都成为世界性的了",从而使"过去那种地方的和民族的自给自足和闭关自守状态,被各民族的各方面的互相往来和各方面的互相依赖所代替了"。②

资本主义"首次开创了世界历史,因为它使每个文明国家以及这些国家中的每一个人的需要的满足都依赖于整个世界,因为它消灭了以往自然形成的各国的孤立状态"③。

"世界史不是过去一直存在的;作为世界史的历史是结果。"④作为"结果"的世界历史一旦形成,又成为原因,使生产力和交往的发展全球化、普遍化,从而把一切民族或国家都推上了世界竞争的舞台,使其发展在世界交往和竞争中实现,并使每一民族的变革都依赖于其他民族的变革。

"各个相互影响的活动范围在这个发展进程中愈来愈扩大,各民族的原始闭关自守状态则由于日益完善的生产方式、交往以及因此自发地发

---

① 《邓小平文选》第三卷,第64页。
② 《马克思恩格斯选集》第1卷,第276页。
③ 《马克思恩格斯全集》第3卷,第68页。
④ 《马克思恩格斯全集》第46卷上册,第48页。

展起来的各民族之间的分工而消灭得愈来愈彻底,历史也就在愈来愈大的程度上成为全世界的历史。"①

"无产阶级只有在世界历史意义上才能存在,就像它的事业——共产主义只有作为'世界历史性的'存在才有可能实现一样。"②

我们不能不佩服马克思如此惊人的洞察力及超前意识。当代世界的发展愈来愈证实了马克思世界历史理论的真理性。随着当代生产力的发展,各民族、各国家之间的交往日益增多,其层次在不断扩大,节奏在不断加快,从古代的血缘交往、战争交往一直发展到当代的经济、政治、文化、科学等的全面交往,形成了规模更宏大的世界市场、世界银行、国际联合体,以及全球循环的物质流、信息流、技术流、资金流。在当代世界,由于交通工具和信息手段的发达,身处不同地理环境的民族、国家都可以进行交往,地理环境和种族差异再也不是交往的界限,人们不再为这些产生"望洋兴叹""远隔重山""天涯海角"之感了。信息技术的发展为不同的民族、国家创造了一个"复制"整个世界的间接环境,人们可以通过一台小小的"电脑"把全部交往信息收集起来,在几平方米的小屋子里展开世界交往。现在的世界的确是一个开放的世界。开放的世界是当代世界的基本特征之一。

现在的世界是开放的世界,开放世界中的物质流、信息流、技术流、资金流的全球循环,增强了各个国家之间的共生性。这种共生性决定了一个国家不可能长久地孤立于世界的进程之外,如同人的肢体不能孤立于血液循环系统之外一样。在当代世界,孤立的民族或国家为数极少,而且没有一个不在加速走向衰败。马克思早就说过,在世界市场已经形成的条件下,能否建立新的工业已经成为一切文明民族的生命攸关的问题。邓小平理解这一点,因而多次强调,不要给自己设置障碍,不要置身于世界之外。

---

① 《马克思恩格斯全集》第 3 卷,第 51 页。
② 《马克思恩格斯全集》第 3 卷,第 40 页。

在邓小平的视野中，聚焦点是世界经济的相互依存性，他反复强调要"从世界经济的角度"看问题。相互依存的世界经济既是开放世界的基础，又是开放世界的集中体现。这种相互依存的世界经济本身体现在三个方面：

首先是贸易方面的相互依存空前加强。第二次世界大战之前，世界出口年均年增长率仅为 0.7%，而战后平均年增长率高达 6.7%，世界贸易获得了空前发展，而且从发达国家出口贸易额和国内生产总值的增长速度看，前者大大快于后者；贸易方面相互依存的加强，还表现在世界商品贸易结构的变化中，大量中间产品、零部件投入世界性商品流通，深化和拓展了国际分工，从而加深了各个国家在再生产过程中的相互依存关系，贸易全球化。正是循着这一思路，邓小平指出："逐年减少外贸逆差是个战略性问题。否则，总有一天经济要萎缩下去。"①

其次是金融方面的相互依存空前提高。20 世纪 70 年代之后，资本金融化的趋势日益凸显，金融资本对产业资本的支配性日益显著，金融全球化。随着经济生活各个领域的国际化，货币资本的国际流动空前提高，信贷关系、金融和交易以及单纯的货币资本业务规模越来越大，形成了全球循环的资金流。目前，国际货币资本流通额每年 20 多万亿美元，国际清算银行的统计资料表明，仅 1986 年未收回的国际银行债权总额就达 3 万亿美元。正是由于看到了货币资本超国界地、大规模地、频繁地在国家间往返流动，邓小平在 1978 年就提出了引进外资、合资经营的问题，之后又多次指出"吸收外国的资金"问题。

再次是跨国公司的空前发展。第二次世界大战之后，跨国公司发展迅速，至 1980 年，跨国公司共有海外分支机构 10400 家。跨国公司使得各个国家的生产连为一体，大大加强了国与国之间在生产领域的相互依存，跨国经营已经成为世界经济发展的大趋势。邓小平注意到这一趋势，因而提出了外向型经济以及利用两种资源——国内资源和国际资源，建立

---

① 邓小平：《建设有中国特色的社会主义》增订本，第 133 页。

中国式的跨国公司的设想。

从历史上看,任何一个民族、国家的对外开放能否实现以及如何实现,不仅取决于这个民族、国家的内在结构,还取决于当时的世界格局。中国在20世纪50年代之所以未能实现全方位的开放,一个重要原因就在于当时资本主义与社会主义两大阵营处于"冷战"时期。20世纪80年代以来,世界格局出现了新的变化,即"和平和发展是当代世界的两大主题"。和平与发展是当代世界的两大主题,这是当代世界的又一基本特征。

邓小平首次明确提出这一命题是在1984年。1984年,邓小平指出:"现在世界上问题很多,有两个问题比较突出。一是和平问题。现在有核武器,一旦发生战争,核武器就会给人类带来巨大的损失。要争取和平就必须反对霸权主义,反对强权政治。二是南北问题。这个问题在目前十分突出。发达国家越来越富,相对的是发展中国家越来越穷。南北问题不解决,就会对世界经济的恢复和发展带来障碍。"[1]

在邓小平看来,要解决和平问题,就必须反对霸权主义,反对强权政治;要解决发展问题,就要实行"南北对话"和"南南合作",即第三世界国家之间的合作。"发达国家应该清楚地看到,第三世界国家经济不发展,发达国家的经济也不可能得到较大的发展。"[2]所以,和平和发展问题是"带有全球性、战略性和关系全局的意义"[3]。

1985年,邓小平从"政治角度"和"经济角度"这两个角度分析当代世界格局,极为明确地指出:"和平和发展是当代世界的两大问题。"[4]

正是因为当代世界是开放的世界,和平与发展又成为当代世界的主题,我们必须对外开放,抓住时机,发展自己。在当代世界,任何一个国家要发展,孤立起来是不可能的,闭关自守是不可能的,"中国要得到发展,

---

① 邓小平:《建设有中国特色的社会主义》增订本,第43—44页。
② 邓小平:《建设有中国特色的社会主义》增订本,第44页。
③ 邓小平:《建设有中国特色的社会主义》增订本,第83页。
④ 邓小平:《建设有中国特色的社会主义》增订本,第94页。

必须坚持对外开放、对内改革"①。

二、中国的发展离不开世界

从一定意义上说,一部人类发展史就是交往不断扩大的历史。人类历史表明,只有善于交往、开放的民族,才能走在历史的前列。古希腊民族之所以能走在当时世界的前列,之所以能在人类历史上留下不朽的足迹,就在于他们善于开放、交往,形成了开拓性的思维方式和善于吸收外来文化的优良传统,从而创造出自己灿烂的古代文明。据此,西方把古希腊民族称为"旅游民族",把古希腊文化称为"百衲衣文化"。在古代,"旅游民族"是罕见的。在当代,由于交往打破了区域性的限制,世界绝大多数民族都卷入到世界交往的序列中,几乎都成了"旅游民族"。这一变化具有历史意义,它使一些落后民族能够以"跳跃"式的发展进入到世界先进行列之中。

交往之所以能使一些民族实现"跳跃"式发展,是因为在人类社会中存在着交往行为的相加效应规律,即在交往过程中,不同的民族或国家都是用自己的最新成果,用自己富余的东西或优势部分去交换自己短缺的、不足的东西,这就等于自己增长了一种新的优势,获得一种发展的"爆发力"。这样,进入到交往之中的民族、国家就可以与全人类共享最新成果,避免了"一切从头开始"、重复劳动的时间耗费以及失败的消极后果,从而以人类已经取得的成果为其发展起点,不断创造更新的东西,实现"跳跃"式的发展。这是规律,社会发展的规律。正如邓小平所说,实行对外开放,进行世界交往,就是"尊重社会发展规律"。

的确如此。在世界历史形成之后,任何国家都可以在开放和交往中最大限度地利用世界上的先进成果实现自身的超常规发展;反之,没有任何一个国家可以在孤立的状态下,完全依靠自身的力量走向现代化,达到

---

① 邓小平:《建设有中国特色的社会主义》增订本,第 160 页。

或超过当时的先进水平,封闭只会使差距越来越大。在现代化的历史上,无论是先行者英国,还是后来居上者美国,无论是日本,还是新加坡、韩国等,都是在对外开放中实现现代化的。后来者总是以先行者已经取得的成就为跳板,迎头赶上,甚至后来居上。

走马观花那样看看这些国家走向现代化的途径吧。

英国的现代化是在对外开放中进行和完成的。蒸汽机的制成和运用本身就是德国、法国和英国"合作"的结果;英国当时就是一个"世界工场",其产品输往世界各地;英国古典经济学家李斯特早就指出,英国从落后的国家跃为先进国家的奥秘之一,就是善于吸引外国技术,每一个欧洲大陆国家都是这个岛国的老师。

美国的崛起更好地说明了在开放中才能走向现代化的道理。引进先进技术是美国成为现代化的后起之秀的优越条件,大量移民是美国经济增长的外部因素,大量吸收外国资金对美国开发西部起到了举足轻重的作用。可以说,美国从建国伊始就同对外开放结下了不解之缘。

日本的现代化肇始于明治维新,它一开始就是在对外开放中进行的。1871年,明治政府派出一个庞大的"遣欧美使节团",去考察欧美资本主义的技术、经济、政治、文化的实际状况。之后,便大量移植先进的技术、产业以及经济制度,同时,注重政治独立,最终成为第一个非欧美的现代化国家。难怪日本著名学者吉田茂认为,对外开放是日本走向现代化的"最基本的因素"。

新加坡之所以能够实现经济腾飞,一个重要原因就在于,它以自由港和对外国资本高度开放的政策,成功地吸引了海外投资,成为"投资天堂"和"跨国公司的乐园"。韩国实现经济腾飞的重要原因之一也是对外开放、改用外向型经济发展战略。在对外开放中,韩国经济发展咄咄逼人,以至西方国家担心它成为"另一个日本"。

以上"巡视"的仅仅是现代化国家、"后现代化"国家的几个代表。这些国家处于不同的地域,又各有自己的特征。当今已经实现现代化的国家,不论其社会制度如何,不论其地域是处在欧洲、美洲,还是处在亚洲,没有一个是在闭关自守的状态下实现现代化的。经济越是发达的国家，它们的国际交往就越广泛；经济越是发达的国家，它们在吸收外资、引进技术、发展对外贸易方面就越下工夫，从中得到的效益也就越显著。邓小平由此认为，没有一个国家能够在孤立状态下实现现代化。

中国的历史向我们展示了这样一条历史线索和一个引人深思的历史事实：

一是从汉唐至"明朝明成祖时候，郑和下西洋还算是开放的"①。闭关自守，并不是中国人的天性；特定的地理环境并非注定要使中国形成一种"隔绝机制"，成为一种内向的、封闭的、超稳态的文化类型。同欧洲中世纪社会相比，中国的封建社会，尤其是汉唐之所以繁荣兴旺，而且人才辈出，一个重要原因就是，在这一时期中国有一定的开放性，产生了汉帝国积极主动的开放精神和博大的文化胸襟，形成了唐代高度开放的文化模式。兴盛总是与开放相随。

二是从明朝中叶至迟从清王朝开始到鸦片战争，形成200至300年的闭关自守。封闭的自给自足的封建农业经济，到了明朝中叶，其衰落的迹象已越来越明显，中国的发展开始后劲不足，进一步发展需要打破这种封闭的农业经济体系，从外面汲取丰富的养料。然而，由于种种的历史原因，中国从明朝中叶至迟从康熙开始，却采取了闭关自守的政策，走上了自我封闭的道路。在西方资本主义开始其急速发展的大变革时期，中国却躺在古代文明的"安乐椅"上原地不动，结果，不可避免地落后了。"中国在历史上落后，就是因为闭关自守。"②闭关自守之所以导致落后，是因为在人类社会中存在着封闭行为的重复效应和衰减规律，即处于闭关自守的民族、国家一切都是"单独进行"，一切都要"从头开始""重新开始"，它往往重复其他民族已经做过的事情，其"创新"也往往是把别人走过的艰辛之路重走一遍，实际仍是历史的落伍者。

---

① 邓小平：《建设有中国特色的社会主义》增订本，第77页。
② 邓小平：《建设有中国特色的社会主义》增订本，第54页。

闭关自守只能导致落后，而落后就要挨打。在世界历史已经形成的条件下，如果继续无视这种整体化的趋势，那么前途只有一个，即被强力拖进世界历史。正如马克思所说，"满族王朝的声威一遇到英国的枪炮就扫地以尽，天朝帝国万世长存的迷信破了产，野蛮的、闭关自守的、与文明世界隔绝的状态被打破，开始同外界发生联系"。"英国的大炮破坏了皇帝的权威，迫使天朝帝国与地上的世界接触。与外界完全隔绝曾是保存旧中国的首要条件，而当这种隔绝状态通过英国而为暴力所打破的时候，接踵而来的必然是解体的过程，正如小心保存在密闭棺木里的木乃伊一接触新鲜空气便必然要解体一样。"①鸦片战争后，闭关锁国的大清帝国逐渐走向衰亡，中国逐渐变成一个半殖民地半封建社会。落后总是与封闭相伴。

三是从新中国成立后至"文化大革命"，中国从某种程度的开放又转到闭关自守。新中国成立后，由于帝国主义封锁，"在某种程度上我们也还是闭关自守"②，同时，在某种程度上也是开放，即"只不过是对苏联东欧开放"③。第一个五年计划完成后，我们又关起门来，而"文化大革命"把我们同世界隔绝了，导致封闭半封闭。就是在这一时期，资本主义又开始了一个经济繁荣期，中国与发达国家之间原来已经缩小的差距再一次被拉大了。在当代开放的世界，"你不开放，再来个闭关自守，五十年要接近经济发达国家水平，肯定不可能"④。

由此，邓小平得出了两个重要结论：一是闭关自守只能"把中国搞得贫穷落后、愚昧无知"⑤；二是"中国的发展离不开世界"⑥，中国必须对外开放。"重要的是，切不要把中国搞成一个关闭性的国家。"⑦"社会主义

① 《马克思恩格斯选集》第 1 卷，第 692、691 页。
② 邓小平：《建设有中国特色的社会主义》增订本，第 54 页。
③ 邓小平：《建设有中国特色的社会主义》增订本，第 77 页。
④ 邓小平：《建设有中国特色的社会主义》增订本，第 77 页。
⑤ 邓小平：《建设有中国特色的社会主义》增订本，第 77 页。
⑥ 《邓小平文选》第三卷，第 78 页。
⑦ 《邓小平文选》第三卷，第 306 页。

要赢得与资本主义相比较的优势，就必须大胆吸收和借鉴人类社会创造的一切文明成果，吸收和借鉴当今世界各国包括资本主义发达国家的一切反映现代社会化生产规律的先进经营方式、管理方法。"①正是在邓小平对外开放的思想和战略设计引导下，中国走向了开放的世界，成为"世界公民"。英国《金融时报》公正地指出："中国已从世界上一个最自给自足的国家变成最开放的国家之一。"

三、从创建开放的基地到建构开放的格局

中国要走进开放的世界，抓住时机，发展自己，就必须有特殊的内部准备，即形成能够适应开放时代的内部结构。对外开放能否真正推动，或者说在多大程度上推动中国现代化的进程，还取决于中国社会的内部结构，取决于这种内在结构能否吸收、融合对外开放所获得的先进成果。一句话，取决于中国内部是否形成了一个开放的格局。

一个社会内部流动的外部化，就是对外开放；一个社会内部的开放是对外开放的基础，内部开放的程度决定着对外开放的程度；相反，对外闭关锁国的程度，取决于这个社会内部的封闭程度。因此，邓小平确定"搞两个开放：一个对外开放，一个对内开放"②。"一个对外经济开放，一个对内经济搞活。改革也就是搞活。对内搞活也就是对内开放，实际上都叫开放政策。对外是开放，对内也是开放。"③把对内搞活说成是开放，并和对外开放并提，这绝不只是一个提法或用语问题，它实际上表明了邓小平力图把中国建成一个开放社会的思想。

作为中国改革开放的总设计师，邓小平不仅在理论、现实和历史中探寻对外开放的依据，而且对中国如何开放，走进开放的世界进行了宏观设计：从经济开放到文化开放，从发展外贸关系到利用外国的资金，从内向

---

① 《邓小平文选》第三卷，第 373 页。
② 邓小平：《建设有中国特色的社会主义》增订本，第 105 页。
③ 邓小平：《建设有中国特色的社会主义》增订本，第 87 页。

型经济到外向型经济,从创建开放的基地到建构全方位、多层次开放的格局。从中,我们可以看出中国对外开放的运行轨迹。

任何社会变革都需要选择突破口。中国的开放同样需要一个排头兵,需要"基地"。1979年,当中国政局刚刚廓清雾瘴,深谋远虑的邓小平就提出了试办沿海经济特区、创建"开放的基地"的构想。他不无悲壮地说,可以在沿海地区划出一块地方,叫作特区。陕甘宁就是特区。中央没有钱,你们自己搞,"杀出一条血路来"。

于是,中共中央和国务院派出了工作组前往广东和福建考察,认为深圳、珠海、厦门、汕头四地适宜建立"特区";1979年,中共中央、国务院在深圳、珠海、厦门、汕头四市试办"经济特区",经济特区的经济发展主要实行市场调节,经济建设主要是吸收侨资和外资。同年,第五届全国人民代表大会常务委员会第十五次会议审议和批准了《中华人民共和国广东省经济特区条例》,完成了创办经济特区的立法程序。

一切重大历史事件的产生都是必然性和偶然性的统一。"如果'偶然性'不起任何作用的话,那末世界历史就会带有非常神秘的性质。这些偶然性本身自然纳入总的发展过程中,并且为其他偶然性所补偿。"[1]但是,发展的加速和延缓在很大程度上取决于这些偶然性。经济特区首先办在深圳等四个地方,对于深圳等地来说也许是一种偶然。然而,中国创办经济特区却是一种必然,或者说,中国创办经济特区是为实现历史的必然性而进行的"典型"实验。正如邓小平对经济特区进行概括时所说的那样,"特区将成为开放的基地","特区是个窗口,是技术的窗口,管理的窗口,知识的窗口,也是对外政策的窗口。从特区可以引进技术,获得知识,学到管理"[2]。

正是在邓小平创建开放基地思想的指引下,中国形成了"经济特区——沿海开放城市——沿海经济开放区——内地"的对外开放总体格局:1979—1980年,先后创建深圳、珠海、汕头、厦门四个经济特区,"开放

---

① 《马克思恩格斯全集》第33卷,第210页。
② 邓小平:《建设有中国特色的社会主义》增订本,第41页。

的基地"初步形成;1984年,开放大连、秦皇岛、天津、烟台、青岛、连云港、南通、上海、宁波、温州、福州、广州、湛江、北海14个港口城市,形成了对外开放的"黄金海岸";1985年,把长江三角洲、珠江三角洲和闽南三角洲辟为内外交流、城乡渗透的开放式的经济区,使沿海和内陆互为补充,以带动内陆经济起飞;1987年,决定在海南建省,并将之办成全国最大的经济特区;1988年,开始实施沿海经济发展战略,进一步扩大沿海经济开放区的范围,开放市、县增加到288个,开放面积增加到32万平方公里;1990年,浦东新区开发、开放,力图把上海建成太平洋西岸最大的经济贸易中心,以龙头之势促进长江流域的经济腾飞;同时,积极参与东北亚经济圈,贯通连云港至鹿特丹世界第二条欧亚大陆桥,大力拓展对东欧各国以至整个欧洲大陆的经贸活动。

至此,开放的基地已经全面形成,并且由沿海开放推进到沿江开放和沿边开放。这样,一个地域上的对外开放大格局已经形成。今天,中国,这个曾经拥有雄汉盛唐、名扬四海的东方文明古国,在饱尝了闭关自守的苦难之后,终于以其睿智的目光和坚定的信念,再度推开了尘封网结的窗门,以自觉的开放姿态,去延揽八面来风。

邓小平不仅从宏观上设计了中国对外开放的地域格局,而且思考了对外开放的世界格局。按照邓小平的观点,现在的世界是开放的世界,对外开放必须是全方位的开放,即"对世界所有国家开放,对所有类型的国家开放"。否则,我们无法真正地走进"开放的世界",也不可能真正成为"世界公民"。

1984年,邓小平就全面阐述了对外开放的广度问题,明确指出:"我们实行对外开放政策,并不只是对美国、日本、西欧等发达国家开放。对这些国家开放,是一个方面;另一个方面,是南南合作;还有一个方面,是对苏联和东欧国家开放。一共三个大方面。"[1]后来邓小平再次重申了"三个方面的开放":"对外开放是三个方面,不是一个方面",同时,"三个方面

---

[1] 邓小平:《建设有中国特色的社会主义》增订本,第83页。

开放"又有各自的侧重点。

首先"是对西方发达国家的开放,我们吸收外资、引进技术等等主要从那里来"①。

这里所说的"西方"不是一个纯自然的地理概念,而是一个政治范畴、人文地理概念,即泛指当今发达资本主义国家,包括美国和日本在内。我们之所以要对西方发达国家开放,吸收资金、先进技术和管理经验之所以"主要从那里来",是因为在当代世界,无论是社会主义,还是资本主义,都具有二重的矛盾特性:就社会主义来说,它在本质上是高于资本主义的先进的社会制度,但它得以建立的物质前提却主要是较为落后的生产力;就资本主义而言,它一方面是落后的社会制度,但另一方面却在相当大的程度上占据着人类文明的成果,拥有先进的生产力。

列宁提出过这样一个耐人寻味的著名公式:苏维埃政权+普鲁士的铁路管理制度+美国的技术和托拉斯组织+美国的国民教育等等=社会主义。在邓小平看来,"资本主义已经有了几百年历史,各国人民在资本主义制度下所发展的科学和技术,所积累的各种有益的知识和经验,都是我们必须继承和学习的"②。"要实现我们的第一步目标和第二步目标,不开放不行,不加强国际交往不行,不引进发达国家的先进经验、先进科学技术成果和资金不行。"③

其次,对苏联以及东欧社会主义国家开放,搞技术合作、合资经营。

马克思、列宁都曾把俄罗斯称为"半东方""半亚细亚"国家,其意是指在经济政治文化方面,俄国介于发达的西方和落后的东方之间。相比西方,俄国落后;相比东方,俄国先进。尽管从总体上看,苏联以及东欧国家仍没有彻底改变"半东方"或"半亚细亚"的状况,但它们在科学技术某些领域处于世界领先地位。

因此,邓小平指出,在对外开放中"还有一个方面,是对苏联和东欧国

---

① 邓小平:《建设有中国特色的社会主义》增订本,第 87 页。
②《邓小平文选》第二卷,第 167—168 页。
③ 邓小平:《建设有中国特色的社会主义》增订本,第 105 页。

家开放"①,进行技术合作、合资经营,或请他们帮助中国进行技术改造。所以,在苏联解体以及东欧剧变后,我们仍然向俄罗斯、"独联体"各国以及东欧国家开放,进行多方面的合作。

再次,"对第三世界发展中国家的开放,这些国家都有自己的特点和长处,这是有很多文章可以做"②。

一般说来,第三世界发展中国家都面临着发展起点低、技术落后、资金短缺、生活贫困等问题,然而,在邓小平看来,我们"还要加强第三世界国家之间的合作,也就是南南合作。第三世界国家相互交流,相互学习,相互合作,可以解决许多问题,前景是很好的"③。之所以如此,是因为第三世界国家各有自己的特点和长处,它们或者在资源方面,或者在市场方面,或者在资金方面占据着一定的优势,因而"有很多文章可以做"。同时,"南南合作还有一个意义,可以推动南北合作"④。而中国属于第三世界,属于"南方","和所有第三世界国家的命运是共同的"。在对外开放中,我们不应忽视对第三世界发展中国家的开放,缺少这一方面,就构不成全方位的开放格局。

在这种全方位开放格局背后隐藏着并渗透于其中的,是邓小平恢宏的世界观和开放性的思维方式:

其一,当代世界是开放的世界。在当代世界中,几乎所有的国家或民族都进入了普遍交往的行列。科学技术的巨大进步,社会化大生产的不断发展,特别是国际分工体系的形成,使各个国家的生产开始趋向专业化,世界各国都被经济的纽带密切地联系在一起了。从世界历史的视野看问题,就必须全方位地向世界开放。

其二,每个民族或国家都有自己的特长,都有可供学习和借鉴的东西,都是国际交往的对象。任何一个民族、一个国家,都需要学习别的民

---

① 邓小平:《建设有中国特色的社会主义》增订本,第83页。
② 邓小平:《建设有中国特色的社会主义》增订本,第87页。
③ 邓小平:《建设有中国特色的社会主义》增订本,第44页。
④ 邓小平:《建设有中国特色的社会主义》增订本,第84页。

族、别的国家的长处,学习人家的先进科学技术。这同样是一种世界历史的视野。它表明,只有在全方位的开放中,才能吸收和借鉴人类社会创造的一切文明成果,博采众长而创新。

其三,全方位开放意味着开放多元化。单纯对某些国家开放,存在着遭受这些国家"卡脖子"或转嫁危机的潜在可能。实行全方位开放则可以帮助我们尽量避免这一点,可以把某些消极影响降低到最低点。"西方不亮东方亮。"只有面向世界全方位开放,才有回旋余地,掌握国际交往的主动权。全方位开放的思想蕴含着这样一个真理:只有以整个世界为舞台,才能演出有声有色、威武雄壮的活剧。

邓小平不仅提出全方位开放,而且提出多层次开放。

走进历史的长廊,我们就会发现,人类的交往过程不仅展现为"交往圈"不断扩大的过程,同时,又体现为交往层次不断滋生的过程,从血缘交往、战争交往、契约交往,经历了经济交往、政治交往和文化交往,一直发展到当代的科学交往、信息交往以及交往"系统值"。"交往圈"的不断扩大和交往层次的不断增多,要求当代中国的开放不仅应是全方位的,而且应是多层次的。

在当代,科学技术是"第一"生产力,同时又是人类创造的共同财富,因此,要赶上世界先进水平,就要从科学和"教育"着手。"四个现代化",关键是科学技术的现代化。正因为科学技术是"第一"生产力,是人类创造的共同财富,并成为中国现代化的"着手"处、"关键"点,邓小平才反复强调科学技术领域的对外开放,反复强调利用外国的智力,引进外国的先进科学技术,尤其是高科技。

在邓小平的视野中,科学技术领域的开放还包括管理这个层次的开放。邓小平的思路是:生产管理是科学,管理也是知识,也是一种技术;当代先进的管理是适应现代化大生产而形成的,它"本身并没有阶级性","在任何社会,对任何国家都是有用的"①。因此,科学技术领域的开放应

① 《邓小平文选》第二卷,第 351 页。

包括管理层次的开放，"吸收和借鉴当今世界各国包括资本主义发达国家的一切反映现代社会化生产规律的先进经营方式、管理方法"①。

与科学技术领域的开放密切相关的是经济领域的开放。经济开放有广义和狭义之分：广义的经济开放包括技术这个层次，狭义的经济开放主要指吸引外资和对外贸易。"引进外资"基本上有两类：一是借用外国资金；二是吸收国外投资。在邓小平看来，利用国际各种资金来补充本国资金不足，发展国民经济，是国际上通行的一种有效方式；在当今世界，已经形成了全球循环的资金流，而我国建设资金又严重不足，因而应创造条件吸引外资，"借此加速发展"。

1978 年，邓小平就提出，要"引进外资、合资经营"，"吸收几百亿、上千亿外资，冲击不了我们的社会主义基础"。"吸收外国资金肯定可以作为我国社会主义建设的重要补充，今天看来可以说是不可缺少的补充。"②就这样，中国终于冲破了"既无内债，又无外债"的发展模式，并逐步形成了吸引外资的基本途径：借用外国政府贷款；借用国际货币基金组织的信贷基金；借用世界银行贷款；借用国际农业基金会的贷款；在国际金融市场上向外国商业银行贷款；吸收国外直接投资，或其独资或合资。

对外贸易是经济开放的又一重要形式。对外贸易，特别是出口创汇能力的大小，在很大程度上决定着中国对外开放的程度和范围，影响着国内经济建设的规模和进程。只有扩大对外贸易，才能获得各种生产要素资源，才能使国民经济走上高级形式的综合平衡和良性循环的发展道路。正因为如此，邓小平非常关注对外贸易问题，并从流通与生产的相互关系上来认识对外贸易在经济交往和发展国民经济中的作用，突破了那种仅仅把对外贸易看作互通有无、调剂余缺手段的传统观点。这种传统的观点说到底，是一种"卖就是为了买"的小商品生产者思想的反映，仅仅停留

---

① 《邓小平文选》第三卷，第 373 页。
② 邓小平：《建设有中国特色的社会主义》增订本，第 55 页。

在流通领域,没有深入到生产领域,限制了经济交往的广度和深度。

经济开放必然导致文化开放,"经济上实行对外开放的方针,是正确的,要长期坚持。对外文化交流也要长期发展"①。文化的开放,这是历史发展的趋势。马克思早就指出,随着世界市场的开拓和世界历史的形成,必然形成了一种世界的文学"②,即世界性文化。任何一个民族或国家要站在世界的先进行列,不仅要实行经济开放,而且要实行文化开放,善于吸取人类所创造的优秀文化。只有确切了解和全面把握人类所创造的全部文化,才能建设社会主义的文化。

中华民族曾经创造了灿烂的古代文化,然而,"近代文化,外国比我们高,要承认这一点"③。邓小平不但承认这一点,而且理解这一点。在他看来,要建设社会主义文化,建设社会主义精神文明,一方面要善于批判继承中国传统文化,另一方面要善于批判继承西方现代文化。"西方如今仍然有不少正直进步的学者、作家、艺术家在进行各种严肃的有价值的著作和创作"④,因此,必须进行文化开放。一个封闭的文化体系是不可能适应开放的经济体系的。"要看银山拍天浪,开窗放入大江来。"源远流长、博大精深的中国文化在开放中走向世界,同时学习和借鉴世界文化,形成更加开放的社会主义文化模式。

科学技术、经济和文化多层次的开放,标志着中国社会结构的开放大格局已经基本形成。唯有生机勃勃、开拓奋起、敢于撞响命运晨钟的民族,才具有这样的宏大气魄和胆略——全方位和多层次的开放,上下几千年,纵横八万里,凡人类文明发展史上的一切先进成果,皆可任我取舍,为我所用。全方位、多层次的开放就是要自觉地投身于世界各国的交往、竞争的进程,通过这种横向的网络交叉过程,使中国的发展获得一种"爆发力"。

---

① 邓小平:《建设有中国特色的社会主义》增订本,第31页。
②《马克思恩格斯选集》第1卷,第276页。
③《毛泽东著作选读》下册,第751页。
④ 邓小平:《建设有中国特色的社会主义》增订本,第32页。

四、在向世界的开放中建设中国特色社会主义

当邓小平提出对外开放思想时,犹如巨石投水,其影响波及整个世界,燃起了站在不同立场上的人们胸中的希望之火。其中,西方资本主义国家"希望"通过这一转变不仅使中国放弃毛泽东思想,而且放弃马克思主义,并导致中国发生"和平演变",从而"不战而胜"。

这实际上是用西方的价值观念和思维方式来理解、"希望"中国的开放政策的,忽视甚至根本没有意识到,邓小平在提出中国必须全方位、多层次地开放的同时,又指出开放必须以自力更生为立足点,以社会主义为基本原则,以建设中国特色社会主义为思维坐标和根本方向。

内因是事物存在和发展的根据,外因是事物存在和发展的条件;外因只能通过内因才能起作用,只有通过加强或削弱内因的某些方面、某些要素才能加速或延缓该事物的发展。邓小平深知,对外开放只是使中国的发展获得一种外界因素的推动力,中国的发展归根到底要靠中国人民自己的力量,必须以自力更生为基本立足点,并明确指出:"中国的事情要按照中国的情况来办,要依靠中国人自己的力量来办。独立自主,自力更生,无论过去、现在和将来,都是我们的立足点。"①

自力更生和对外开放表面看来是相反的,实际上是相反相成的,这是内因和外因的辩证法在中国现代化实践中的具体运用。我们只有不断增强自力更生的能力,才能不断加深、拓宽对外开放的深度和广度;同时,我们又只有在对外开放的过程中不断地吸取世界的先进成果,才能增强自力更生的能力。否定任何一个方面,我们都会重归形而上学。在现实中,一切都是相互作用的。"相互作用是事物的真正的终极原因。我们不能比对这种相互作用的认识追溯得更远了,因为在这之后没有什么要认识的东西了……只有从这种普遍的相互作用出发,我们才能达到现实的因

---

① 邓小平:《建设有中国特色的社会主义》增订本,第3页。

果关系。"①

当代世界是开放的世界。在这个开放的世界,又存在着资本主义与社会主义这两种根本对立的社会制度,二者在一定程度上相互依存又相互冲突。社会主义必须吸取资本主义所创造的先进生产力以及一切有利于自身发展的东西,必须在不断改革自身的同时向世界开放;而资本运动的逻辑必然驱使资产阶级奔走于全球各地,寻找和建立新的市场,必然使资本主义向社会主义开放。同时,在这种相互开放、相互依存中又存在着矛盾、对抗和冲突。无论是"热战"与"冷战",还是"和平演变"与"反和平演变",其实质都是资本主义与社会主义这两种制度殊死斗争的不同表现形式。

开放的世界以及开放世界中资本主义与社会主义这两种社会形态的相互依存与相互冲突,构成了一种奇特的矛盾,即社会主义国家不能不向资本主义国家开放和在开放中如何保持"自我"。邓小平极为清醒地意识到这一点,明确指出,对外开放"是在社会主义经济是主体这个前提下进行的"②,"中国的主体必须是社会主义"③。"我们执行对外开放政策,学习外国的技术,利用外资,这只是社会主义建设的一个补充,而不能离开社会主义道路。"④

邓小平从三个方面说明了在对外开放中为什么要坚持社会主义,为什么要坚持"以社会主义为主体"。

第一,只有社会主义才能救中国。这是从历史的角度说明坚持社会主义的必要性。"百日维新"没有像日本的"明治维新"那样,成为"激荡百年史"的辉煌开端,相反,却窒息于襁褓之中,以砍下六颗头颅作为结束,中国的社会状况依然如故;辛亥革命结束了封建王朝的统治,但它并没有改变中国的半封建半殖民地性质,以资产阶级共和国的夭折作为结

束。出路在于,走新民主主义革命、社会主义革命的道路。社会主义制度在中国的确立体现了中国现代社会运动的客观规律。

第二,社会主义生产的目的是最大限度地满足人民的物质文化需要。这是从社会主义的本质特征上说明坚持社会主义的必要性。走社会主义道路符合中国人民的根本利益和整体利益。走资本主义道路,只能使中国人民再度沦为外国资产阶级和本国资产阶级的双重奴隶,只能使中国绝大多数人重新陷入贫困的状态,只能使中国再度处于畸形发展的状态。

第三,社会主义经历一个长过程发展后必然代替资本主义。这是从社会发展总趋势的高度说明坚持社会主义的必要性。社会发展道路是曲折的,从一定意义上说,在新制度代替旧制度的过程中,某种暂时复辟也是难以完全避免的规律性现象,但社会主义代替资本主义是社会历史发展不可逆转的总趋势。

在当代,不实行对外开放,不走进开放的世界的民族,是没有希望的民族;不保持和弘扬本民族的优秀传统,对本民族的历史采取虚无主义态度的民族,同样是没有希望的民族。因此,在对外开放中,中国必须走社会主义道路,同时,又必须弘扬和培育民族精神,建设中国特色社会主义。"马克思主义必须是同中国的实际相结合的马克思主义,社会主义必须是切合中国实际的有中国特色的社会主义。"[1]

的确,中国有自己独特的历史传统和文化背景,这种独特的历史传统、文化背景形成了中国特有的民族传统、民族心理和民族行为方式等等。中国文明不同于西方文明,也不同于"半东方"的俄罗斯文明,因此,对欧洲以至世界各国的经验、模式只能借鉴,而不能照搬。历史已经证明,"照抄照搬别国经验、别国模式,从来不能得到成功"[2]。因此,中国必须走"中国式的现代化"道路,建设具有中国特色的社会主义。

中国特色社会主义是全方位、多层次对外开放围之旋转的真正的太

---

① 邓小平:《建设有中国特色的社会主义》增订本,第52页。
② 邓小平:《建设有中国特色的社会主义》增订本,第3页。

阳,它构成了当代中国对外开放的思维坐标。正如邓小平所说,"各项工作都要有助于建设有中国特色的社会主义,都要以是否有助于人民的富裕幸福,是否有助于国家的兴旺发达,作为衡量做得对或不对的标准"①。当代中国的对外开放始终是以中国特色社会主义为思维坐标,以此为价值标准来决定在对外开放过程中吸取、借鉴什么,拒绝、反对和抛弃什么。

在对外开放中建设中国特色社会主义的思想具有深刻的内涵:中国的社会主义应吸收中国传统文化中的精华,同时,又能使中国的转变同世界的发展结合起来;中国的社会主义应从中国的实际出发,同时,又能把具有世界普遍意义的东西变为自主活动的条件,变成创造自己"特色"的基础。中国的未来发展和世界历史的运行息息相关,只有走进开放的世界,在世界交往中发展起来的中国特色社会主义,才能代表中国的未来。

①《邓小平文选》第三卷,第23页。

第十章

当代中国社会的基本矛盾

20世纪50年代,毛泽东就说过,"在社会主义社会中,基本的矛盾仍然是生产关系和生产力之间的矛盾,上层建筑和经济基础之间的矛盾"①。这是历史和现实已经证明的真理。但是,历史和现实同样证明,"指出这些基本矛盾,并不就完全解决了问题,还需要就此作深入的具体的研究"②。当代中国处在社会主义初级阶段,其社会的基本矛盾仍然是生产关系与生产力、上层建筑与经济基础的矛盾。因此,在改革开放中,对生产关系与生产力、上层建筑与经济基础的矛盾运动及其特征,包括它们的内在联系、运动过程和主要类型,都需要做"深入的具体的研究"。

一、社会基本矛盾的内在联系

系统是事物存在的普遍形式,是处于一定的相互关

① 《毛泽东文集》第七卷,第214页。
② 《邓小平文选》第二卷,第182页。

系中,并与环境发生关系的各组成部分(要素)的总体(集)。社会主义社会的基本矛盾就是一个由生产力、生产关系(经济基础)和上层建筑若干要素或子系统结合而成的特定系统。要把握社会主义社会基本矛盾的内在联系,我们应有系统观念。

整体性原则是系统论的基本原则。任何一个特定系统都有自己的整合质,整合质不等于其要素质的简单叠加。每一要素的运动都依赖和影响着其他要素的运动,并在其他要素的作用下对整体发挥作用;整体行为依赖于要素的行为,而要素的行为又必然受整体行为的控制,并协调于整体行为之中。

按照整体性原则,社会主义社会的基本矛盾是一个内部存在强相互作用的整体系统,其中,任何一个要素都是系统所有要素的函数。不仅生产力与生产关系、经济基础与上层建筑相互联系、相互作用,而且生产力与上层建筑也相互联系、相互作用;不仅生产力与生产关系形成一个新的子系统与上层建筑发生相互联系、相互作用,而且生产力与上层建筑也形成一个新的子系统与生产关系发生相互联系、相互作用;如此等等。

不难理解,生产力、生产关系和上层建筑之间关系并不像传统观点所理解的那样,是一种生产力→生产关系→上层建筑的线性因果链,而是一种立体的因果网络。正是这种高阶非线性函数的因果网络形成系统的整合质。无论是生产力的决定作用,还是生产关系的反作用,无论是经济基础的决定作用,还是上层建筑的反作用,都只有在这种网络联系中,并受控和协调于整体行为中,才能实现。可见,对社会主义社会基本矛盾要有一个整体观念。

当代科学活动日益复杂,经济建设规模日益庞大,社会发展日益迅速,为了使社会主义社会基本矛盾各要素之间全面相互呼应,应该吸取系统论中的数学分析原则,即定质和定量相统一的分析法。这是因为,任何事物、过程都是质与量的统一,生产力、生产关系等要素也是如此,只要有数量关系,就可以成为数学的分析对象。

过去,人们只把数学看作一门自然科学,这同只把哲学看作一门社会科学一样,是一种误解。例如,在社会主义的某一阶段,一种新的生产力或新的生产关系生长的程度如何,在这一阶段中占有何种地位,何时进行生产关系或上层建筑的改革,都需要进行数学分析,从而准确地说明问题。过去由于缺乏数学分析,我们对这些问题的研究往往不是依据某一严格的标准,而是在很大程度上依据研究者个人的理解水平、研究角度,甚至用文学词语来说明问题,这就带来了仁者见仁、智者见智的局面。运用数学分析原则来研究社会主义社会的基本矛盾,并不是说要使研究结果是一个直接的数据,而是要求给予社会主义社会基本矛盾系统以严格的逻辑证明,以改变过去那种近似的、描述的并且仅仅是定性的说明。

系统的整体性来源于它的结构。社会主义社会基本矛盾系统中各要素的相互作用,并不排除不同要素在这个系统中处于不同层次,发挥不同作用。所谓结构,就是指系统内部各要素之间的耦合关系或联结方式。社会主义社会基本矛盾的内在结构中既有因果关系,又有信息反馈关系,同时,还存在着控制与被控制关系。生产力的实际状况是这个系统分化和整体化的基础,生产力、生产关系(经济基础)、观念上层建筑、政治上层建筑组成一个复杂的立体结构,而国家机构则是整个系统的控制中心。国家机构通过复杂的经济、政治和文化的信息流通结构上下左右交换信息,从而协调社会矛盾系统。

从控制论的角度看,每一个社会进化滞缓的根本原因,就在于社会信息流通结构不合理,甚至混乱。社会信息结构也就是我们所说的社会体制。体制不合理,如纵向联系的层层关卡,横向联系的阻断隔绝,就会使国家机构的调节职能削弱,从而使社会主义社会基本矛盾处于失调状态。没有精确的信息来源,就不能对社会系统实现及时和有效的控制与管理。因此,体制改革应着眼于改造社会信息流通结构。按照系统论的观点,系统结构的变化会引起系统功能的变化。在社会信息系统中,信息所携带的能力存在着由大变小、由强变弱的趋势,而小能量的协调信息则会逐渐扩大它们运用的范围。同这个趋势相应,社会结构应逐渐向多元、多维的网络型协调结构优化,从而使每个单位,以至每个人的积极性和创造性都能得到充分发挥。

系统处在不断运动的状态中，动态原则因而成为系统论的又一基本原则。所谓动态原则，就是指某一段时间内，系统内某一要素的变化决定其他要素的变化，但这种主导地位并非为某一要素专有，它常常发生转移。这就是说，系统内各要素所处的地位、所起的作用处在不断变化的过程之中，并以此实现整个系统的动态平衡和新陈代谢。马克思在《资本论》中曾把系统的这一特性形象地比喻为"系统振荡"。

社会主义社会基本矛盾的平衡也必然如此。社会主义社会的生产关系、上层建筑在客观上为生产力的发展规定了一定的范围和界限，只能容许生产力以一定的限度发展，生产力发展到一定阶段、一定程度，就会与生产关系、上层建筑发生冲突，社会主义社会基本矛盾的基本适应此时就会转变为基本不适应。这时，要想解放生产力，使生产力以应有的速度向前发展，就必须改革生产关系；而要改革生产关系又必须改革上层建筑。对社会主义社会的发展来说，生产关系或上层建筑的改革在这个时候就占据了主导地位。要发展社会生产力，就必须有生产关系和上层建筑的改革为之开辟道路。因此，对社会主义社会基本矛盾的基本适应，我们应有一个动态平衡观念。

社会主义社会基本矛盾的内在联系是网络联系，其内在结构应是多维立体结构，其组织要素之间的作用是相互作用。相互作用是事物发展的真正的终极原因，相互作用消除了一切绝对的首要性和次要性。

二、社会基本矛盾的运动过程

为了真正理解社会主义基本矛盾的运动过程，必须区分两种"基本适应"：一是社会主义上层建筑、生产关系的具体体制与生产力发展的基本适应；二是社会主义的上层建筑、生产关系的基本制度与生产力发展的基本适应。

先分析社会主义的上层建筑、生产关系的具体体制与生产力发展的基本适应。

从系统论的角度看,系统演化的形式之一就是分叉,即系统的新的稳定结构不是只有一种,究竟选择哪种,要看系统各要素间以及系统与环境间的各种因素而定。因此,社会主义制度一经确立,就必然采取某种具体形态,即一定的经济体制和政治体制作为自己的现实表现形态。没有离开制度的体制,也没有离开体制的制度。体制是制度的具体体现或承担者。

在社会主义制度既定的前提下,体制却可以因时因地而有所不同,从而使同一的社会主义制度呈现出多样性的体制。正如社会主义的上层建筑、生产关系在不同国家具有不同的具体形态一样,社会主义的上层建筑、生产关系在不同时期也有不同的具体形态。社会主义社会基本矛盾的基本适应,只是一种展开中的必然性,这种必然性只有经过社会主义上层建筑、生产关系的具体形态,即一定的政治体制和经济体制的中介,才能逐步展现为现实。因此,上层建筑、生产关系与生产力之间的基本适应展开的速度和程度就不能不受到经济体制、政治体制状况的制约。

在社会主义社会中,任何一种经济体制和政治体制都在客观上为生产力的发展规定着一定的界限和范围,只能容许生产力以一定的限度发展。随着生产力发展到一定阶段,原来基本适应生产力实际状况的经济体制和政治体制就会出现不适应的状况,而且会从某些环节、某些方面的不适应发展成为基本不适应。此时,生产力只有突破一定的经济体制和政治体制为它所规定的界限和范围,才能以应有的速度向前发展。

为此,就必须适应生产力的实际状况和发展要求,或者局部调整,或者全面改革一定的经济体制和政治体制。局部调整是解决上层建筑、生产关系具体体制态的某些方面、某些环节与生产力发展不相适应的问题;全面改革则是解决上层建筑、生产关系的具体体制与生产力发展基本不适应的问题,创造出与生产力发展基本适应的新的上层建筑、生产关系的具体体制。当代中国的改革就属于后一种情况。

这表明,社会主义社会上层建筑、生产关系的具体体制与生产力发展的基本适应在一定条件下会转化为基本不适应。因此,在社会主义社会,社会基本矛盾的基本适应只有在动态中才能保持。不存在凝固不变的生产力,也不应存在一个凝固不变的社会主义经济体制和政治体制。社会主义社会发展到一定阶段,从根本上、整体上改革经济体制、政治体制是历史的必然。

再分析社会主义的上层建筑、生产关系的基本制度与生产力发展的基本适应。

在当代中国,上层建筑、生产关系本身,即社会主义的经济制度和政治制度基本上适应生产力的实际状况,起着高度的进步作用。这一点毋庸置疑。因此,坚持社会主义道路,同样是历史的必然。但是,我们不能由此得出结论,认为在整个社会主义社会的发展过程中,生产关系与生产力、上层建筑与经济基础矛盾运动的特点是自始至终表现为基本适应,这些矛盾在任何时候都能在社会主义制度的前提下得到解决。几乎所有的马克思主义教科书都肯定这个观点。然而,在我看来,这种观点值得商榷。

任何一种生产关系以及在这种生产关系的基础上建立起来的上层建筑,都有其发生、发展和灭亡的过程。从系统论的观点看,任何系统一经形成总有一个趋向稳定态,建立起稳定的系统结构,然后,又趋向不稳定态,破坏原有稳定态,并最终向新质稳定态发展的过程。生产力发展到一定阶段,旧的生产关系基本上不能再同它适应;经济基础发展到一定阶段,旧的上层建筑基本上不能再同它相适应,此时就必然引起生产关系、上层建筑根本性质的变革。也就是说,随着生产力发展到一定阶段,社会基本矛盾就会由基本适应的量变阶段转化为基本不适应的质变阶段。这一规律具有绝对性和普遍性,以不同的形式适用于一切社会,包括社会主义社会。

社会主义初级阶段会继续一个相当长的历史时期,适应生产力状况的体制改革,必然使社会主义制度的优越性得到不断的发挥。但是,任何事物发展变化都有一个"度"。系统演化的另一种形式就是汇流,即开始有许多不同的系统稳定结构,当这些稳定结构打破以后,都向着一种新质稳定结构演化。人与自然的相互作用不断地推动着生产力向前发展,然而,经济制度和政治制度又必然在客观上为生产力的发展规定着一定的范围和界限,只能容许生产力在一定限度内发展。

随着生产力发展到了一定阶段、一定程度,社会主义的经济制度和政治制度就必然会由原来基本适应生产力发展变为基本不适应生产力发展,从生产力的"发展形式"变为"桎梏"。此时,只有突破社会主义的经济制度、政治制度所规定的范围和界限,生产力才能以其应有的速度继续发展。换言之,此时应进行社会根本性质的变革,即从社会主义社会转向共产主义社会。

具体地说,社会主义社会基本矛盾之间之所以会由基本适应转变为基本不适应,最终导致社会发展中的质变,是因为体制是制度的承担者,制度不是独立存在的凝固不变物,社会主义制度离开了一系列作为它的表现形态的体制就无法存在。换言之,社会主义生产关系、上层建筑的具体形态,即一定体制的改革,必然或直接或间接、或快或慢地引起社会主义制度发生量变,最终导向质变,向新质稳定结构演化,即向共产主义社会转变。

我们应该看到,社会主义社会虽然是向共产主义社会过渡的社会,但它又是一个具有相对独立性的确定的社会形态。社会主义社会不同于私有制社会,但它与共产主义社会也有本质的区别。我们不能因为社会主义与共产主义社会同属公有制社会,就说二者没有本质区别,就像不能因为封建社会与资本主义社会同属私有制社会而说二者没有本质区别一样。无疑,社会主义社会具有共产主义的因素,但是,如果没有质变,这些单个因素就不能改变事物的总体状况。共产主义社会取代社会主义社会的根本原因就在于,社会主义的经济制度和政治制度终究有一天会基本上不适应生产力的发展。这就是说,在社会主义社会的发展过程中,社会基本矛盾的运动状况也会由基本适应转变为基本不适应,而要使社会基本矛盾重新达到基本适应,就必须经过质变,即向共产主义社会转变。

因此,社会主义社会基本矛盾运动的特点并不是"自始至终基本适应",这些矛盾也并不是在任何阶段上都能在社会主义制度的前提下得到解决。否则,社会主义就没有必要和可能再向共产主义社会过渡。正如毛泽东所说,按照辩证法,就像人总有一天要死一样,社会主义制度作为一种历史现象,总有一天要灭亡,要被共产主义制度所否定。如果说社会主义制度是不会灭亡的,社会主义的生产关系和上层建筑是不会灭亡的,那还是什么马克思主义呢? 那不是跟宗教教义一样,跟宣传上帝不灭亡的神学一样?

同资本主义社会基本矛盾相比,社会主义社会基本矛盾运动的特点并不在于"自始至终基本适应",而是在于这些矛盾运动是在公有制的基础上展开的,它不是表现为生产社会化与生产资料私人占有制的矛盾,而是表现为生产社会化的程度与公有制的具体形式的矛盾。因此,生产力的发展与公有制的适度,是当代中国改革始终要解决的问题。

三、社会基本矛盾的主要类型

从一般情况来看,社会主义社会的基本矛盾可以分为两种主要类型。

一类是生产力的发展与旧社会的上层建筑、生产关系"残余"的矛盾。社会的发展总是表现为过去的特点、现在的基础和未来的萌芽错综交织的图景。作为从阶级社会向无阶级社会的过渡阶段,社会主义社会尤其如此。在社会主义初级阶段仍然存在着旧社会的"残余"。这些"残余"或者以"萎缩"的形式,或者以"残片"、变形的方式存在于社会主义的生产关系、上层建筑之中,必然与生产力的发展发生冲突。

另一类是生产力的发展与社会主义自己创建的生产关系、上层建筑的矛盾。也就是说,社会主义生产关系、上层建筑的具体形态,随着时间的流逝,也将变为过时。因此,要保持社会主义旺盛的生命力,就必须依据生产力的实际状况,适时改革社会主义的生产关系、上层建筑。否则,社会主义的上层建筑、生产关系与生产力之间同样会发生冲突,上层建筑、生产关系也会严重阻碍生产力的发展。社会主义的历史已经证明了这一点。

在社会主义初级阶段，这两种类型的矛盾是交织在一起的。我们必须明白，在社会主义初级阶段存在的未必就是社会主义性质的，现实中的经济、政治和文化领域，不仅存在着资本主义的"残余"，而且存在着更多的封建主义的"残余"，这些"残余"往往又同社会主义自己创建的生产关系、上层建筑交织在一起，这就使社会主义初级阶段的社会基本矛盾运动具有了复杂性。

社会基本矛盾必然通过人与人的关系表现出来。在社会主义初级阶段，它主要表现为各社会阶层之间的矛盾。在社会主义初级阶段，由于劳动还是谋生手段，分配关系是按劳分配，不同劳动者的利益还存在着差别。同时，随着公有制为主体、多种所有制经济共同发展这一基本经济制度的确立，随着按劳分配为主体、多种分配方式并存这一分配格局的形成，出现了利益主体多元化的格局，并且形成了新的社会阶层，如民营科技企业的创业人员和技术人员、受聘于外资企业的管理人员和技术人员、私营企业主等。这些新的社会阶层之间同工人、农民等原有的社会阶层之间，在利益上都存在着差别。这进一步说明了社会主义初级阶段社会基本矛盾运动的复杂性。因此，我们必须对社会主义初级阶段的社会基本矛盾作"深入的具体的研究"。

第十一章

当代中国社会发展的深层矛盾

在当代中国的社会发展中,市场化、现代化和社会主义改革这三重重大的社会变迁浓缩在同一个时空中进行了,它使中国社会发生了整体转型,经济体制深刻变革,社会结构深刻变动,利益关系深刻调整,思想观念深刻变化,各种社会矛盾日益凸显。其中,传统与现代性的矛盾体现在各种社会矛盾之中,贯穿在改革开放和现代化建设的全过程,因而构成了当代中国社会发展的深层矛盾。

一、当代中国社会发展中的传统与现代性冲突: 两种异质文明冲突

社会发展具有两层含义: 一是指历史观意义上的发展,即人类社会由低级形态向高级形态运动的过程;二是指"后发展",即非西方国家实现现代化的运动过程。当代中国社会发展的实质就是如何实现"中国式的现代化",因此,当代中国社会发展属于"后发展"范畴。实际

上,整个当代社会发展理论都是在"后发展"的层面上展开的。无论是"现代化"理论、"发展主义",还是"依附"理论、"世界体系"理论,关注的都是"后发式"的现代化,即"后发展"问题。

从发展类型看,现代化可分为"内发"和"外发"两种类型。内发型现代化是指,某一民族或国家的现代化是由其内部因素促成、内部创新所引起的社会变迁;外发型现代化则是指,某一民族或国家的现代化是由外部刺激引发或外部力量直接促成的传导性的社会变迁。从现代化的历史看,外发型现代化获得成功并后来居上的关键就在于,善于把这种外部传导性转化为内部创新性。

无疑,西欧、北美的现代化属于内发型,而中国的现代化属于外发型。具体地说,中国的现代化运动并不是由内部因素促成的自然发生的过程,而是起于对外国资本主义"坚船利炮"刺激和挑战的回应,而且中国的现代工业一开始就是由外国资本主义在华造就的。换言之,中国现代化运动的起始是集外部刺激引发和外部力量直接促成于一身。"师夷之长技以制夷。"中国的现代化运动一开始就具有被动抉择的特征,更重要的是,中国的现代化运动是伴随着救亡图存的民族复兴运动起步的。当代中国的社会发展,即"中国式的现代化"实践则标志着中国现代化运动已进入到自觉、主动、创造性"回应"的时空境界。明确中国现代化属于外发型现代化,这是把握当代中国社会发展深层矛盾的前提。

从发展哲学的视角看,现代社会发展是在传统与现代性的张力作用下实现的。内发型现代化和外发型现代化都是如此。

所谓传统,是指一个社会的文化遗产,是围绕人类不同活动领域而形成的世代相传的行为方式,是一种对社会行为具有规范作用和感召力的社会力量。从现象上看,传统就是历经延传而一再出现的东西。现代性是在现代化运动中生成和发展起来的,体现在现代社会的各个向度和各种活动中,举凡表现现代社会特征的属性,如商品性、科学性、民主性、理性、个性等,都包含在现代性的范畴之中。

传统与现代性并非处于绝对的对立之中。历史上存在过的事物并非都是传统。从一定意义上说,传统是人类历史创造活动的积淀,任何一个社会都不可能完全破除传统,一切从头开始,相反,它只能在传统的基础上对其进行创造性的改造。同时,传统又不可能自动延伸出现代性。作为现代化运动的产物,现代性首先意味着对传统的突破和否定,二者必然处于矛盾和冲突之中。

问题在于,在内发型现代化进程中,传统与现代性的冲突是在同一种文明圈内逐步展开的,对传统的变革是渐进式的、推陈出新的自然发生过程;外发型现代化则是一种由外到内的传导性社会变迁,传统与现代性的冲突因此表现为两种异质文明的冲突,而且这种冲突是在较短的时间内以突发的方式展开的,到处引起历史传承性的断裂。

当代中国的社会发展尤为如此。传统是从过去延传至今的东西,它构成了社会结构的一个向度。"中国式的现代化"不可能离开传统而进行,但它又不能在保存原有传统的基础上进行。现代化本质上就是在科技革命的激荡下由农业社会向工业社会转型的社会变迁过程,以农业文明为基础的中国传统文化在整体上是排斥、阻碍以工业文明为基础的现代性的。

同时,当代中国的社会发展不仅要把发达国家较长的现代化历程压缩在较短的时间内进行,追赶发达国家已经达到的目标,而且要适应发达国家当前发展的趋势,实现后来居上并超越现代化的西方模式。这就使得社会发展的"历时态"在当代中国"共时态"化了。传统与现代性的矛盾因此更加尖锐、复杂,冲突更为激烈。

传统作为社会结构的一个向度,总是力图规范现实社会的发展。正因为如此,当代中国的社会发展要注意批判继承传统,即吸取精华,抛弃糟粕。问题在于,在传统中,精华与糟粕并不是截然分开,而是糅合在一起的。实际上,传统是一把"双刃剑",关键是如何利用它。

传统是一把"双刃剑",现代性本身也并非完美无缺。现代性的根本特征是理性。在西方现代化的早期阶段,科技理性增强了人类征服自然的力量,带来了经济和财富的巨大增长;人文理性则使人类改变了社会文化环境,由"人的依赖性"过渡到"人的独立性"。然而,随着现代化的进一步发展,科技理性逐渐取得社会发展的主导地位,并把人文理性远远地抛在后面,从而造成了科技理性与人文理性的分裂与对立。现代性因此从内部爆裂了。"现代化带来的问题与其提供的机会一样重大。"[1]"必须把现代化看作是同时具有创新和破坏作用的过程,它既提供了新的机会,也可能使人类付出混乱和痛苦的极大代价。"[2]后现代主义的崛起实际上是对现代性的片面反动。当然,后现代主义对"现代化的痛楚"的批判,是诊断出"病症",却开错了"药方"。

问题还在于,现代化在历史上与"西化"具有重合性,而且至今已经实现现代化的国家大都是西方资本主义国家。因此,在现代化运动中生成和发展起来的现代性又是同西方民族的民族性,以及资本主义的某些特征糅合在一起的。

传统与现代性之间错综复杂的矛盾,构成了当代中国社会发展的深层矛盾。当代中国社会发展的种种矛盾,如西方文化与民族文化、市场经济与社会公平等矛盾,实际上都是传统与现代性矛盾的展开和表现。在当代中国的社会发展中,我们应以双重批判的态度对待传统与现代性的矛盾。

二、传统与现代性矛盾在当代中国文化和社会层面上的表现

在外发型现代化进程中,传统与现代性矛盾在文化层面表现为两种异质文明或文化的冲突,难题在于如何对待外来文化与本土文化,即本国传统文化的关系。

当代中国的社会发展离不开民族文化的再创造,离不开当代文化形

---

① [美] C·E·布莱克:《现代化的动力》,段小光译,四川人民出版社1988年版,第23页。
② [美] C·E·布莱克:《现代化的动力》,第24页。

态的建构。但是,作为一种传导性的社会变迁,中国当代文化形态既不可能像西方现代文化那样"推陈出新"地自然形成,也不可能离开本国传统文化"无中生有"。作为世界上最老到圆熟的农业文化,中国传统文化具有强大的抗拒现代工业文明的文化惰性,需要对之进行变革;同时,"中国式的现代化"又需要从本国传统文化中获取民族精神。既要引进西方现代文化,变革本国传统文化,又要凭借本国传统文化内蕴的精神动力来完成社会变迁,这的确是当代中国社会发展面临的令人困惑的文化难题。

传统文化依靠自身是不能再生的,而西方文化除了具有全人类意义的因素,更多的是具有西方民族性,以至资本主义性质的东西,它不可能直接成为中国当代文化。出路在于,通过创造性转换,把西方现代文化因素转化为本民族文化更新的内在力量,并通过文化涵化过程把西方现代文化同本国传统文化整合成一种新的文化形态,即中国当代文化。当然,这是一项非常艰难的任务。

传统文化并非一个凝固体,它在世代相传的过程中必然发生种种变异,形成一条"变体链"。但是,这些"变体"之间又保持共同的主题,并同出一源,因而仍有一条共同的链锁连接其间。从整体上和根本上说,中国传统文化是一种以农业经济为基础,以"严等差、贵秩序"为前提,以"存天理、灭人欲"为修养目标的封建意识形态。在当代中国,力图用这种农业社会的精神文化来统摄工业社会的物质文明,并实现科学、民主和现代化,只能是天方夜谭。任何一种学说,无论其生命力如何强大,也难免要与产生它的时代一起"终结"。

后工业社会理论创始人贝尔认为:"传统在保障文化的生命力方面是不可缺少的,它使记忆连贯,告诉人们先人们是如何处理同样的生存困境的。"①这一观点不无启迪。但是,问题在于,当代社会发展与先人们面临的并不是"同样的生存困境"。生态危机的出现,使古老的"天人合一"说

① [美] 丹尼尔·贝尔:《资本主义文化矛盾》,赵一凡、蒲隆、任晓晋译,生活·读书·新知三联书店 1989 年版,第 24 页。

露出了迷人的微笑,但是以"存天理、灭人欲"为内核的"天人合一"说不可能解决当今的生态失衡问题,"重义轻利"的价值观也不是克服拜金主义、享乐主义的灵丹妙药,如此等等。以儒学为源头的传统文化,无论如何也不可能消除"现代化痛楚"和"发展性危机"。当代中国的社会发展不可能从传统文化中找到民族精神的支柱和安身立命之本。

现代化同时又是从自然经济向商品经济或市场经济转轨的过程。在当代中国的社会发展中,传统与现代性的矛盾在经济、社会层面上表现为市场经济取向与原有社会公平结构的冲突。

市场经济是适应生产社会化而产生的现代经济运作模式。当代中国社会发展的核心和目标,就是建构社会主义市场经济体制。问题在于,社会主义市场经济既不能排除,也不能否定作为市场竞争结果的个人收入差别,相反,它鼓励一部分人通过诚实劳动先富起来。这就同原有的社会公平结构——"大锅饭"体制发生矛盾与冲突。这种矛盾与冲突实际上是现代经济运作模式同平均主义传统的矛盾与冲突,是当代中国社会发展的市场经济取向与原有社会公平结构的冲突。

问题还在于,在市场经济取向与原有的社会公平结构的矛盾中,又交织着市场经济与客观的社会公平要求之间的矛盾。无疑,市场经济本身也需要相应的公平,即竞争公平。但是,这种公平强调的是程序,主要是一种竞赛式的公平,它不可能排除和否定竞争结果的差别。社会主义市场经济也难以避免作为竞争结果的个人收入的差别,甚至悬殊,以及由劳动者个人天赋、技能的差异所造成的社会财富占有的不均。这是一方面。另一方面,共同富裕又是社会主义的本质规定,是一种客观的社会公平要求。这就是说,在社会主义条件下,市场经济与社会公平之间既有兼容性,又有矛盾性。

1984 年,世界银行在一份关于中国社会发展问题的报告中指出,效率与公平的关系在中国将日趋紧张,甚至可能达到尖锐的程度,中国进行改革必须同时加强必要的政策,以解决公平分配,尤其是援助贫困者的问题。应该说,世界银行的这一"警告"是及时的,只是当时它并未引起我们的重视。实际上,效率与公平"关系紧张"的背后,就是市场经济取向与原有的社会公平结构、市场经济与客观的社会公平要求的双重矛盾。

大量的统计数字表明,当代中国的个人收入平均化和悬殊化在空间上同时存在,而且这种平均化和悬殊化的程度在世界上都十分突出。当代中国的社会发展不仅要打破原有的社会公平结构,而且要充分注意客观的社会公平要求。没有公平的效率是不可能持久的。当代中国的社会发展应在重建社会公平中达到高效率,而不应让社会公平仅仅扮演为提高效率而"兼顾"的角色。这关系到中国现代化的基本价值取向,应当引起我们足够的重视。

三、继承优秀传统与弘扬民族精神

任何一个走在时代前列的民族,都有自己独特的民族精神,这种民族精神都是优秀传统与时代精神的结合。一个与时俱进的民族,必然随着时代的发展而不断弘扬和培育民族精神。

弘扬和培育民族精神首先要正确对待传统文化。在任何时代,弘扬和培育民族精神都不可能脱离传统。传统是在历史中形成,并在人们的现实生活中起作用的那些生活方式、思维方式、价值观念和风俗习惯。它古老,可又在一定程度上为当代的人们所认同。传统不等于文化典籍,继承优秀传统绝不仅仅是对文化典籍的注释。写在书上的并不就是实有的,文化典籍中的精华并不就等于传统。从根本上说,继承优秀传统,就是要把民族传统中优秀的、并与当代实践所契合的东西在现实生活中加以弘扬,使其不是停留在书本上,而是成为现实的思维方式、价值观念、行为规范的组成部分。

弘扬和培育民族精神不是"返本",不是简单地恢复传统,更不是奉行文化保守主义。我们的确有悠久而丰富的传统文化,但这并不等于我们一定能强国富民。负载着同样的传统文化,我们造就过雄汉盛唐,创造过令世界叹为观止的伟大发明,可是,我们也有过国弱民穷,出现过"历史的倒转"的现象。

传统文化是一把"双刃剑",其中保守的方面是社会进步的重负,所以,社会进步必然表现为对传统中保守方面的突破与革新;传统中优秀的东西则凝聚了一个民族世世代代的创造和智慧,成为一个民族得以生存和延续的精神力量,所以,一个民族的发展或复兴,必然包含着对优秀传统的继承。弘扬和培育民族精神,不是全盘继承传统文化,不是"尊孔读经",而是立足当代实践,继承历史文化的优秀传统。只有立足于民族的需要,并同推进改革开放和现代化建设的需要结合在一起的继承,才是对优秀传统的真正继承。

传统是在继承和变迁中演进的。早期的传统的影响力在历史发展进程中会不断减弱,而新的东西在历史发展进程中又会不断地变成"旧"的,凝聚为"传统"。历史不断地把每一代人的创造变为传统,历史发展就是一个不断突破传统又不断形成传统的过程。传统不是一尊雕像,而是一道洪流,离开源头越远,膨胀得越大。弘扬和培育民族精神,需要继承优秀传统。这个继承当然包括从五四运动以来形成的革命文化传统,而解放思想、实事求是的精神,勇于创新、务求实效的精神,则是我们的民族精神在新的历史时期的生动体现和发扬光大,体现着民族精神的与时俱进。

弘扬和培育民族精神,必须把握时代的脉搏,与时代精神相结合,从而引导民族与时代同行。这是判断一种民族精神的价值以及它能否生存和发展的关键。一个民族不能轻视自己的传统,但也不能囿于传统,沉湎于传统。弘扬和培育民族精神,本质上是一种建设,一种创新。文化、精神的"继承"不是从钱罐中取钱,"发展"也不是往钱罐里塞钱。弘扬和培育民族精神,是面向时代的一种创造,是在创造中继承,在推陈中出新,使民族精神与时代精神融为一体。

所谓时代精神,是时代的主题、本质特征和发展趋势在观念上的反映。和时代精神相结合,就是要把握时代的本质特征和发展趋势,一方面为优秀传统注入新的内容,"古为今用",另一方面着眼于世界文化发展的前沿进行文化创新,培育新的民族精神,"洋为中用"。这是同一个过程的两个方面。历史已经证明,任何一种背对时代和时代精神的民族精神必然走向衰落。

马克思主义仍是我们时代的时代精神。在当代中国弘扬和培育民族精神,必须实现马克思主义中国化。

马克思主义的故乡是德国,但马克思主义并非仅仅属于德国和西欧,它是在民族历史转变为世界历史的基础上产生的世界性的精神产品。可是,我们又要看到,马克思主义产生时主要是反映了西欧的传统文化,马克思主义哲学主要反映了德国古典哲学的传统,马克思主义经济学主要反映了英国古典经济学的传统,科学社会主义则更多地吸收了法国社会主义学说的传统。因此,马克思主义要在"世界的一切文明语言"中生根发芽、开花结果,就必然产生一个民族化的问题。

就中国而言,马克思主义必须同中国革命和建设的具体实践相结合,而要做到这一点,就必须使马克思主义这一"移自外域"的理论"取得民族形式","使之在其每一表现中带着必须有的中国的特性"①,从而成为中国人民认识历史、改造现实的思想武器。因此,马克思主义同中国革命和建设相结合必然包含着同中国传统文化相结合的内涵。马克思主义同中国革命和建设具体实践相结合的过程,同时就是马克思主义同中国传统文化相结合的过程。所以,毛泽东提出:"从孔夫子到孙中山,我们应当给以总结,承继这一份珍贵的遗产。"②

马克思主义中国化绝不是让马克思主义去迎合中国传统文化,用中国传统文化去"化"马克思主义的结果只能使马克思主义"空心化",成为所谓的"儒学马克思主义";马克思主义中国化也绝不是范畴的简单转换,把物质变为气、矛盾变为阴阳、规律变为理、共产主义社会变成大同社会……这是文字游戏。从根本上说,马克思主义中国化就是使马克思主义与中国面临的实际问题相结合,使现实的问题上升为理论的问题,给予

① 《毛泽东选集》第二卷,第 534 页。
② 《毛泽东选集》第二卷,第 534 页。

马克思主义的解答，并在这个过程中用中国式的问题及其科学解答丰富和发展马克思主义；同时，在这个过程中用马克思主义来分析、批判中国传统文化，吸取其精粹，并对之进行创造性转换，使之融入到马克思主义理论体系之中，使马克思主义"取得民族形式"，"带着必须有的中国的特性"，具有为"中国老百姓所喜闻乐见的中国作风和中国气派"。[①]

马克思主义不通过结合中国传统文化的精华就难以中国化；而固守传统文化，以之去"化"马克思主义也不可能使中国文化现代化。马克思主义的中国化同时就是中国文化的现代化，这是同一个过程的两个方面。马克思主义是现代工业文明的产物，中国传统文化则是古代农业文明的产物，这是两种截然不同的文化形态。马克思主义传入中国，在中华民族救亡图存、振兴发展的过程中之所以发挥了巨大的时代作用，正是因为它隶属于现代文明。马克思主义中国化的过程同时就是中国文化现代化的过程。

中国传统文化的核心是以儒家学说为主要内容的道德原则和伦理秩序，重在调整人们之间的关系。以儒家学说为核心的中国传统文化无疑有其合理性。由于人伦关系是人类社会中的普遍关系，因而儒家学说的某些规则具有普遍有效性的一面，并契合着某些现代问题，具有某些现代价值，而且儒家学说与它极力维护的封建社会的经济形态、政治形态的距离越远，它的意识形态性质就越弱，它所蕴含的具有普遍意义的观念也就越凸显。

精神生产不同于物种遗传，以基因为遗传物质的物质延续是同种相生，而理论思维却可以通过对不同形态的理论、文化，以至不同学科成果的吸收、消化和再创造，形成新的理论、文化形态。观念系统具有可解析性、可重构性，观念要素之间具有可分离性、可相容性。一种理论、文化形态所包含的观念要素，有些是不能脱离原系统而存在的，有些则可以经过改造而被容纳到别的理论、文化形态之中。因此，马克思主义中国化应当

―――――――――

[①]《毛泽东选集》第二卷，第534页。

也必然包含着对传统文化以及儒家学说的继承。

但是，儒家学说毕竟是封建社会的官方哲学，在从先秦经两汉再到宋明的演变过程中，它始终是代表封建统治者的主流意识形态。其否定个人利益、否定个人独立性、否定人的个性的观念，是与社会主义市场经济格格不入的。即使是传统文化中的"天人合一"观念也与中国古代宗法人伦密切相关，并赋予了宗法人伦的"人道"以"天道"的神圣光环。

我们必须明白，不是儒家学说、传统文化挽救了近代中国，而是中国革命的胜利使儒家学说、传统文化免于同近代中国一道走向没落；不是儒家学说、传统文化把一个满目疮痍、贫穷落后的近代中国推向世界，而是当代中国的改革开放和中华民族的伟大复兴把儒家学说、传统文化推向世界，并使中国传统文化重振雄风成为可能。马克思主义中国化不是用中国传统文化去"化"马克思主义，构建所谓的"儒学马克思主义"，更不是尊孔读经复古。马克思主义中国化的实质，是用马克思主义分析和解决中国面临的实际问题，并使实际问题上升为理论问题、理论观点，同时，在这个过程中清理、改造、吸收中国传统文化中具有现代价值的因素，从而使马克思主义具有"中国特性""中国作风与中国气派"。

每个民族、国家在不同的时代都有自己所要面对的现实，都有自己特殊的社会问题。我们不可能仅仅依靠传统文化来解决当代中国改革开放和现代化建设所面临的人口、资源和环境，以及义与利、个人与集体的关系问题。真正解决这些问题需要马克思主义。我们不可能在经济、政治现代化的进程中仍然恪守以中国传统文化为"体"、以马克思主义为"用"。马克思主义中国化既是马克思主义的内在要求，又是中国革命和建设的实际需要，而不是一个简单的"体"与"用"的问题。以中国传统文化为"体"、马克思主义为"用"，或以马克思主义为"体"、中国传统文化为"用"，都是形而上学的观点。把"体"与"用"看成没有内在联系的、可以任意选择的关系，只能转变为"体""用"任意搭配的游戏。

面对传统文化，每一代人都会遇到继承什么或拒绝什么的问题。继承什么或拒绝什么并不取决于传统文化本身，而是取决于实际，取决于实践的需要。马克思主义中国化必须立足实际,而不是立足中国传统文化。当代中国的最大实际就是改革开放和现代化建设。这一实践活动的最突出特征和最重要意义就在于,它把现代化、市场化和社会改革这三项重大社会变革浓缩在同一个时空中进行,构成了一场极其特殊、复杂而又波澜壮阔的伟大的社会变迁。只有立足这一实际,才能真正理解马克思主义的现代性,真正理解中国传统文化的现代价值所在,真正把握马克思主义的现代性与中国传统文化的现代价值在某种程度上的契合性,从而用马克思主义分析、批判中国传统文化,对之进行创造性转换;同时,用经过分析、批判的中国传统文化创造性地理解、阐释马克思主义,使其具有"民族形式"。

实际上,这是同一个过程的两个方面。这个过程就是马克思主义中国化的过程。我们只有在建构面向 21 世纪的中国化的马克思主义的过程中,才能弘扬和培育当代中国的民族精神。

四、超越平均主义价值观与重建社会公平

有一种观点认为,市场经济与社会公平的关系是"鱼和熊掌不可兼得",实行市场经济必然导致公平的破坏和丧失;社会公平只能建立在市场经济之外,高尚的道德只能从"场外"灌输给"场内"的人们。这是一种无原则的糊涂观念。作为一种社会规范价值和权利,公平不可能超出经济结构,任何一种公平和道德体系都建立在特定的经济结构之上。市场经济是适应生产社会化的需要而产生的现代经济运作模式。当代中国社会公平的重建,理应以市场经济本身的规律和特征为根本依据。任何脱离市场经济而侈谈公平的建构,都是一种道德乌托邦,并潜藏着沦为一种伪善的危险。

这里,一个不能回避的问题,就是如何看待改革前中国社会的公平结构。

改革之前,中国的公平建构追求的是收入平等。这种公平结构是对

旧中国极度社会不公的否定,它消除了因生产资料占有上的不平等所造成的两极分化、贫富悬殊。无疑,这是一个历史的进步。但是,这种公平结构又的确存在着许多弊端,具有凝重的平均主义色彩。具体地说,它把收入平等作为公平的唯一内容,作为全部社会生活的根本准则,以达到"均贫富"的价值均平境界。实际上,这是把公平原则抽象化、绝对化,否定了以天赋、个性、技能差别为前提的个人收入差别的道德正当性。其结果是形成了"大锅饭"体制。

我无意否定这种公平结构的历史合理性。从一定的意义上说,它是对旧中国极度社会不公矫枉过正的结果。但是,这种"大锅饭"式的公平与社会主义的公平相差甚远。与其说这是公平,还不如说这是社会主义初级阶段最大的不公,因为它实际上否定了按劳分配:干好干坏一个样,干和不干一个样;不同的人付出了不同的劳动和代价,创造了不同的价值,得到的却是相同的结果。

平均主义与社会主义风马牛不相及,你无论给它罩上什么样的神圣光环,在本质上,它仍然是一种小农经济意识。实际上,毛泽东就批判过"主张绝对平均主义"的"农业社会主义",并认为这种绝对平均主义的实质,就是"用小农经济的标准,来认识和改造全世界,以为把整个社会经济都改造为划一的'平均的'小农经济,就是实行社会主义"[1]。"大锅饭"所体现的抽象的公平原则绝不是社会主义初级阶段所应实行的公平原则。

在我看来,这种公平结构的形成,实际上是旧中国极度不公的社会现实和绝对平均主义的传统价值观双重作用的结果。

极度的贫富两极分化和绝对平均主义的传统价值观以及二者的尖锐冲突,是封建制度长期统治留给我们的双重历史遗产,由此导致我们对"均贫富"的特殊偏好和对社会主义公平的特殊理解。即使毛泽东这样伟大的马克思主义者也被中国古代农民战争的平均主义所吸引,认为其中"有种社会主义作风",并由此断言:"我们这个社会主义由来已久了"。

---

① 薄一波:《若干重大决策与事件的回顾》上卷,第208页。

可以说,平均主义的传统价值观在我们这里已积淀为一种"文化无意识",并产生了一种思维惯性。正是在这种思维惯性的作用下,20世纪中叶的中国走上了"不患寡而患不均"的古训之路。"大锅饭"式的公平同"均贫富"的传统公平观是"心有灵犀一点通",民众对平均主义在价值观上的认同,为"大锅饭"体制的形成造就了有利的文化氛围。

从根本上说,一种社会体制是否公平,不是看它是否符合某种主义、某种原则,而是看它是否适应现实的经济结构。"大锅饭"体制不公平,从根本上说,就是因为它超越了社会主义初级阶段的经济结构。公平在这里沦为平均主义,社会缺乏竞争公平这一催人奋进的机制。所以,这种体制只能带来一度的高效率,却导致了长期的低效率、"有组织的无效率"。

长期低效率的背后必定是公平的破坏或丧失。在既要效率又要公平的问题上,"大锅饭"体制已经无能为力了,它既没有形成公平,又没有产生效率。当代中国的改革就是要建立一种既有效率又有公平的社会体制,其中,根本的是建立社会主义市场经济体制。

作为现代经济运作模式,市场经济是通过竞争来实现其配置资源、促使资源配置优化功能的,它与公平的关系并非如同冰炭,始终处在绝对对立之中。相反,市场经济本身需要相应的公平——竞争公平。

首先是参与竞争活动的公平,即每一个人都有自主选择参与竞争活动的权利,都有同等的机会支配社会资源。人们可以放弃参与竞争活动的权利,但必须首先拥有这个权利。

其次是竞争规则的公平,即规则"不偏不倚、一视同仁",对所有参与竞争的主体具有同等效力。不仅如此,竞争的规则也是人所共知的。

再次是在竞争结果面前人人平等,即参加竞争活动的主体必须承认和接受竞争的结局,不允许任何人凭借社会特权取得收益"附加权"和亏损"豁免权"。不论是赢家还是输家,只要参与竞争并接受了竞争规则,就必须承认和接受竞争的结果。

市场经济的竞争公平集中反映了商品交换的本质要求和交换当事人的基本关系。它的确具有一种催人奋进的机制。竞争公平是与市场经济相适应的。反过来说,没有竞争公平,也就没有市场经济及其高效率。

我注意到,这种公平强调的是程序,主要是一种竞赛规则式的公平,它并不排除、否定作为竞争结果的个人收入的差别。但是,我们不能由结果的差别否定竞争本身的公平。就像百米赛跑,起跑线是同一的,竞赛规则对所有参赛者都是同一的,但运动员到达终点仍有先有后,导致这种结果差别的原因并不是竞赛本身,而是竞赛之外的因素,如运动员的生理、心理素质。

在我看来,两极分化、贫富悬殊这种社会不公并非导源于作为资源配置模式的市场经济本身,而是根源于至今仍在主导市场经济的资本主义生产方式。资本和劳动的分离以及由此所决定的资本家对劳动者剩余劳动的榨取,才是两极分化、贫富悬殊的真正根源,这是一种由生产资料占有上的不平等导致的社会不公。正因如此,马克思提出了消灭私有制这一无产阶级的公平要求。

消灭剥削,消除两极分化,实现共同富裕和社会公平,是社会主义的本质要求。社会主义制度的建立消除了由生产资料占有上的不平等所导致的收入和财富两极分化的现象。以此为前提,社会主义市场经济要求机会均等、竞争公平、按劳分配。在我看来,这是社会主义市场经济的基本原则,也是社会主义初级阶段首要的和根本的公平,全部社会公平的重建,都应以此为中轴。

社会主义市场经济首先要求机会均等,即每个人都享有平等生存、获取、发展的权利和机会;机会均等又内在地要求竞争公平,否则,机会均等便没有实际意义。相对于资本主义市场经济的竞争公平而言,这种机会均等、竞争公平是更高层次的公平,因为它不仅不承认任何社会特权以及种族、等级的差别,而且以否定生产资料占有上的不平等为前提。

社会主义市场经济当然承认劳动者在个人自主活动能力和努力程度方面的差别,所以,它强调"各尽所能",强调具有同等能力又付出同等努力的人可以获得同等的机会、收入和财富。这种机会均等、竞争公平的真正贯彻,实际上是劳动者主人翁地位及其之间平等关系的实现。

市场经济条件下的分配包括两种基本方式,即按资分配和按劳分配。按劳分配是社会主义的基本分配原则,是社会主义市场经济的题中应有之义。按劳分配强调的是,在劳动的质量和效率面前人人平等。这无疑是一种公平。在社会主义初级阶段,劳动者的收入应当同他们的劳动所创造的价值成正比,由此造成的收入差别是一种公平,而不是不公平。对这种收入差别应当也必须调节、限制,但是,这种调节、限制不能损害市场公平准则,不能从根本上损害按劳分配这一社会主义的基本原则。否则,我们只能重新回到平均主义。

当然,任何一种公平都是相对的,社会主义市场经济也不可能是一个绝对的"圆",不可能解决所有的社会公平问题。其机会均等、竞争平等、按劳分配的原则是以默认劳动者个人天赋、技能的差异为前提的,这实际上也就默认了劳动者不同的工作能力是"天然特权"。然而,市场经济对这些具有不同工作能力的劳动者使用的却是同一尺度。从这一特定的意义上说,这是一种不公平。不仅如此,社会主义初级阶段还承认、允许由这种"天然特权"所导致的收入差别,并鼓励一部分人通过自己的劳动先富起来,这就形成了结果的不平等,即形成了个人在社会财富占有上的差别和不均。

问题在于,公平永远不能超出社会的经济结构以及由经济结构所制约的社会文化的发展水平,公平结构的这些"弊病"在社会主义初级阶段是难以避免的。我们不能由此否定机会均等、竞争平等、按劳分配本身的公平性,不能由此否定社会主义市场经济。

面对这样一种"天然特权"以及由此造成的收入差别、财富不均,我们不能"杀富济贫",强行拉平收入差距,人为地实现"均富";不能"给最少受惠者的利益"以无条件的照顾,或者"给强者以不利条件",由此来扼制劳动者个人天赋、能力的差异,以达到所谓的"公平优先";也不能否定人们合法追求个人利益的正当性,要求所有人超越自己的基本利益去追求道德崇高,以达到"等贵贱、均贫富"的大同境界。在社会主义初级阶段,少数先进人物能够抑制自己的基本利益而追求道德上的自我实现,但大多数人不可能实现这种超越。否则,我们今天就可以进入共产主义社会。

在我看来,这种种做法实际上都是把公平原则抽象化、绝对化了,或者不可能持久存在,或者是道德乌托邦。彻底的唯物主义的态度是,强调人的才能后天培养的社会重要性和必要性,逐步解除各种约束人们能力发展的社会限制,逐步消除造成人们才能差异的社会根源和环境,从而逐步缩小收入差别、财富不均,实现人民共同富裕和人的全面发展。"社会主义的本质,是解放生产力,发展生产力,消灭剥削,消除两极分化,最终达到共同富裕"①,不断促进人的全面发展。促进人的全面发展是马克思主义关于建设社会主义新社会的本质要求。

但是,我们必须明白,这一切都要以发展生产力为前提。在当代中国,重建社会公平,完善社会主义的公平结构必须以生产力的发展为实际前提和现实基础。没有生产力的高度发展,那就会导致贫困的普遍化,导致平均主义,导致陈腐的东西又要死灰复燃。

我们必须明白,发展生产力是社会主义社会的根本任务,实现社会公平是社会主义制度的内在要求。因此,正确理解、把握和处理好效率与公平的关系是当代中国社会发展的重大课题。当代中国的社会发展必须把提高效率同促进公平结合起来,通过提高效率来促进生产力发展,在发展生产力的基础上保障并不断实现社会公平。当代中国的社会发展只有在不断提高效率、发展生产力的基础上,才能正确处理各种社会矛盾,重建社会公平。这是一个重大的历史课题和长期的历史任务。

---

① 《邓小平文选》第三卷,第373页。

第十二章

当代中国社会发展的双重动力

当代中国的社会发展既是一个生产力发展所决定的自然历史过程,又是一个人民群众自觉创造历史的过程。如果说生产力是社会发展的客体,那么人民群众就是社会发展的主体。当代中国的社会发展正是这种主体和客体相互作用的结果。先进生产力的决定作用和人民群众的决定作用,构成了当代中国社会发展的双重动力。换言之,当代中国的社会发展既体现了先进生产力的发展要求,又体现了人民群众的根本利益。

一、社会发展是先进生产力不断代替落后生产力的过程

从根本上说,人类社会的发展就是先进生产力不断代替落后生产力,从而不断变革生产关系的过程。社会主义本身就是作为先进生产力的代表走上历史舞台的。所以,敏锐地把握当代中国生产力的发展要求,不断发展先进生产力,是中国社会主义走在时代前列的根本要求

和根本体现。发展先进生产力之所以是中国社会主义走在时代前列的根本要求和根本体现,归根到底,是由生产力在社会发展中的地位和作用决定的。

首先,生产力决定生产关系,进而从根本上决定社会关系、社会形态的性质。

一个社会处在什么样的发展阶段上,它的生产关系、社会关系具有什么样的特点,它的经济形态、政治形态和意识形态以及整个社会形态具有什么样的性质,归根到底,都是由生产力的状况决定的。有什么样的生产力就会形成什么样的生产关系,生产关系的总和构成社会的经济基础;生产关系(经济基础)一方面反作用于生产力,另一方面又直接决定着社会关系、社会形态的性质。这就是说,生产力是社会发展的最终决定力量。就人类总体历史而言,社会主义代替资本主义就是资本主义社会生产力发展到一定程度的结果。没有资本主义所创造的巨大生产力,没有资本主义生产方式内在矛盾的激化及其对东方国家的影响、冲击和渗透,社会主义革命就不可能在俄国、中国等东方国家首先实现。

其次,生产力的发展是实现社会全面进步的根本条件。

任何社会的发展都具有多种目标,如物质生活水平的不断提高,政治制度的不断完善,思想文化的不断进步,生活方式的更加合理等,问题在于,社会建立在人对自然改造的基础上,这多种目标的实现归根到底取决于生产力的发展;社会发展多种目标的制定依据社会发展中的多重矛盾关系,问题在于,在社会的多重矛盾关系中,人与自然之间的矛盾是根本矛盾,它决定并制约着其他各种矛盾的解决。人与自然之间的矛盾只能用发展生产力的方法去解决,生产力就是在人们改造自然的过程中所形成的物质力量,它本身就体现着人与自然关系的广度和深度。

在社会发展过程中,任何一个重大的历史事件都为一定的政治因素、意识形态所引导、所伴同、所追随,但从根本上说,任何一个重大的历史事件都起源于经济必然性。生产力的发展构成了社会全面进步的根本条件。社会主义社会是一个全面进步的新的社会形态。经济、政治、文化协调发展,物质文明、政治文明和精神文明"相称",是当代中国社会发展的内在要求,但"协调""相称"都要以发展生产力为基础。因此,对于当代中国的社会发展来说,"首要任务""主要任务""根本任务"就是发展生产力,并以此为中心,推进社会全面进步。

再次,生产力的发展是实现人的全面发展的根本条件。

生产力不是与人的活动无关的纯粹的物质力量,而是在人们物质实践活动中形成的、人能够直接掌握的社会力量。从静态上看,生产力是人们历史活动的产物,是人们的实践能力,体现着人的本质力量,标志着人们改造、控制自然的能力和程度;从动态上看,生产力是人们获取生活资料的活动方式,是人们解决社会与自然之间矛盾,维持自己生存和发展的唯一途径。在这个意义上,发展生产力也就是发展人的本质力量。因此,生产力的发展不仅表现为物的不断丰富上,而且表现在人的不断发展上。从人类总体历史看,随着生产力的不断发展,人的本质力量在不断发展。正是在这个意义上,马克思认为,生产力发展的历史也就是"个人本身力量发展的历史"①。

在《共产党宣言》中,马克思明确指出:"代替那存在着阶级和阶级对立的资产阶级旧社会的,将是这样一个联合体,在那里,每个人的自由发展是一切人的自由发展的条件。"②促进人的全面发展是马克思主义关于建设社会主义新社会的本质要求。社会主义社会既是一个社会全面进步的社会,又是一个人的全面发展的社会,而人的全面发展的前提和根本条件,就是生产力的巨大增长和高度发展。具体地说,人们掌握的"自由时间"越多,其活动的领域、发展的空间也就越大,而随着生产力的高度发展和巨大增长,人们的"自由时间"将日益增多,人的全面发展由此将得到实现。所以,当代中国的社会发展就是要在建设物质文明、政治文明和精神文明的基础上,不断推进人的全面发展。这一过程也就是中国人民不断

---

① 《马克思恩格斯全集》第3卷,第81页。
② 《马克思恩格斯选集》第1卷,第294页。

改造自己，自我提升、自我发展的过程。

最后，生产力的发展是社会发展的集中体现、根本表现。

社会发展体现在经济、政治和文化等多方面的发展上，但集中体现在生产力的发展上，或者说，生产力的发展是社会发展的根本表现。在某个社会形态中，生产力能以它应有的速度向前发展，并超过在其他社会形态的发展速度，实际上体现了该社会的社会结构更为合理，社会关系更为先进。"社会主义制度优越性的根本表现，就是能够允许社会生产力以旧社会所没有的速度迅速发展，使人民不断增长的物质文化生活需要能够逐步得到满足。"[1]

从生产力的现实水平看，资本主义制度似乎优于社会主义制度，但从生产力发展速度看，社会主义制度无疑优于资本主义。这是因为，由于历史的原因，社会主义制度大多建立在生产力较为落后的东方国家，起点较低，但生产力在社会主义社会中的发展速度却高于在资本主义社会中的发展速度；在当代，资本主义生产关系具有限制、阻碍生产力发展的趋势，而社会主义生产关系则为生产力的发展开辟了广阔的社会空间，体现了先进生产力的发展要求。

生产力的发展是实现社会全面进步和人的全面发展的根本条件。从根本上说，人类历史就是先进生产力不断代替落后生产力的过程。能否发展先进生产力，从根本上决定了当代中国的走向和命运。

二、当代中国如何发展先进生产力

生产力是一个历史范畴。每一代人都在继承前一代人所创造的生产力的基础上继续发展生产力，生产力具有不断发展的趋势。具体地说，生产力是在人的需要向物质生产，即劳动的转化过程中形成的；更重要的是，不仅人的需要向劳动转化，劳动也向人的需要转化，这就是"已经得

---

[1]《邓小平文选》第二卷，第128页。

到满足的第一个需要本身、满足需要的活动和已经获得的为满足需要用的工具又引起新的需要"①。由于人的需要在与劳动的相互作用中不断增长和扩大,因此人们进行物质生产的动因在客观上是永恒的。

随着物质生产的发展,人与自然的矛盾不断得到解决,同时,又不断产生新的矛盾,不断形成新的解决方式……这样,在物质生产中形成的生产力总是具有不断发展的内在动力和趋势。这种发展趋势通过提高生产者的素质或技能、改进生产工具,以及改善二者结合方式的途径不断地转变为现实。生产力因此处于不断发展之中,永远不会停留在一个水平上。由此就产生一个先进生产力与落后生产力,以及随着时代的发展,原来先进的生产力又变成落后的生产力,为更先进的生产力所代替的问题。从根本上说,人类社会的发展,就是先进生产力不断取代落后生产力的历史进程。

因此,发展生产力就要站在时代的制高点上,追踪生产力的发展趋势,把握生产力发展的现实生长点、突破口,从而不断发展先进的生产力。

在当代中国发展先进生产力,必须"顶天立地"。

"顶天",就是要瞄准世界的先进生产力及其发展趋势,并以此作为我们发展的起点,努力实现中国生产力的跨越式发展;"立地"就是要立足当代中国的生产力及其发展趋势,立足当代中国国情,对一些较为落后的生产方式,既不能脱离实际地简单化地加以排斥,也不能采取安于现状、保护落后的态度,而要立足实际,创造条件加以改造、改进和提高。

我们应在"顶天"与"立地"中保持一种辩证法,既要瞄准世界的先进生产力水平,在发展生产力的问题上要有高度的预见力,又要立足当代中国的生产力状况,善于选择生产力发展的生长点、突破口,并把在生长点、突破口取得的成果迅速扩展到生产力的其他要素上去,从而尽快推动中国总体生产力由比较落后向比较先进转变,并形成发达的生产力。社会主义现代化必须建立在发达生产力的基础之上。我们不仅要确立发展生

---

① 《马克思恩格斯全集》第3卷,第32页。

产力的观念,而且要确立发展先进生产力、形成发达生产力的意识。

在当代中国发展先进生产力,必须提高劳动者的素质、技能和创造才能,同时,充分发挥劳动者的积极性、主动性、创造性。

人与生产力的关系是一种相互作用的关系。生产力的发展状况从根本上决定着人的发展的状况,如农业生产力"使人的头脑局限在极小的范围内,成为迷信的驯服工具,成为传统规则的奴隶,表现不出任何伟大的作为和历史首创精神"①。这是一方面。另一方面,人是生产力的主体,生产力是人的实践能力和本质力量,人本身的素质及其积极性、主动性、创造性的发挥程度直接制约着生产力的发展。一个头脑局限于自然经济时代的人,不可能成为市场经济、知识经济时代先进生产力的代表。社会现代化需要人的现代化。离开人的现代化,再好的现代技术也是一堆废铁,再完善的现代管理制度也只能束之高阁,成为一堆废纸。现代生产工具的创造、使用和改进需要现代人。在这个意义上,人是生产力中最具决定性的力量。

从总体上看,我国劳动者的素质状况同现代化建设仍然不适应,尤其是科技人员的匮乏严重影响科学技术的应用和发展,阻碍科学技术成果向生产力转化的速度。提高劳动者的素质、技能、创造才能因此成为当代中国发展先进生产力的迫切要求。当代中国社会发展的进程在很大程度上取决于国民素质的提高和人才资源的开发。不断提高劳动者的素质、技能和创造才能,充分发挥劳动者的积极性、主动性、创造性,是当代中国发展先进生产力的必然要求。

在当代中国发展先进生产力,必须进行科技创新,并以科学技术为"第一"生产力。

在生产力的运动过程中,其内部各个要素往往呈现出一定程度的不平衡性,某一要素的重大变革必然迅速波及、影响到其他要素,从而引起生产力的整体变革,形成一种新质生产力。在一定历史阶段,生产力的发

---

① 《马克思恩格斯选集》第 1 卷,第 765 页。

展主要依靠其中的某一要素,这个相对突出的要素就是这一时期生产力发展的生长点或突破口,即"第一"生产力。

不同的时代,生产力具有不同的生长点。近代生产力的发展"以劳动资料为起点",工作机、动力机先后成为"第一"生产力;在现代,科学技术决定了生产发展的方向、规模和速度,社会生产结构从生产——技术——科学转化为科学——技术——生产,科学技术由此成为"第一"生产力。现代生产力发展的这一特点,要求我们具有高度的判断力和预见力,深刻把握生产力发展的规律,善于选择"第一"生产力,并把"第一"生产力迅速扩展到生产力的其他要素上去,同时,借助于这种转化能力、移植能力,创造一种新的生产力,从而在当代中国自觉地发展先进生产力。

邓小平的"科学技术是第一生产力"的论断预示了知识经济时代的来临。从根本上说,知识经济就是以科学技术为核心,以知识为主要内驱力的经济形式。同以往的经济形式相比,知识经济的特点就在于,经济的繁荣、生产力的发展不是直接取决于资源、资本以及硬件技术的数量,而是直接依赖于科学或有效信息的积累和利用;它将改变过去那种资源、资本总量或增量的决定模式,以科技创新的优势弥补资源、资本的劣势,科技创新、知识积累成为生产力发展的显著变量。在当代,科学技术是先进生产力的集中表现和主要标志。我们必须注意把发挥社会主义制度的优越性同科学技术的引导性结合起来,实现中国生产力的跨越发展。

在当代中国发展先进生产力,必须进行制度创新,建构社会主义市场经济体制。

生产力的发展总是在一定的社会组织形式中并借助于这种社会组织形式进行的。这种社会组织形式就是经济体制。当经济体制适合生产力状况时,它就能促进生产力的发展;当经济体制不适合生产力状况时,它就会阻碍生产力的发展。中国过去的计划经济体制是"学苏联的",它曾发挥过积极作用,但有致命的缺陷,即从根本上排斥市场,没有正确解决计划与市场的关系,因而在当代中国又阻碍了生产力的发展。如果固守这种经济体制,就无法发展先进生产力。

实践证明,只搞计划经济会束缚生产力的发展,并使中国经济在较长时间内处于"缓慢发展"甚至"停滞状态"。这是因为,传统的计划经济体制忽视了个人正当的经济利益,经济运行过程缺乏个人经济利益这一经济发展的重要动力;传统的计划经济体制在信息收集和传递过程中存在着内在缺陷,难以充分、及时反映复杂多变的供求关系,造成经济结构的扭曲,无法有效地进行资源配置。在当代,市场经济是唯一能够有效地配置资源和对生产经营者提供有效激励的合理的经济形式,在社会主义初级阶段必须引入市场经济。如前所述,在社会主义初级阶段,由于劳动者之间在经济利益上是相互独立的,因而企业之间产品交换必须采取等价的商品交换形式,企业必须自主经营、独立核算、按劳分配,并具有相对独立的财产权和明确的利益边界。这种等量劳动相交换的关系构成了社会主义市场经济的基础。

这就是说,在社会主义初级阶段存在着商品交换的内在根据,市场经济是内生于社会主义公有制的。因此,社会主义公有制与市场经济具有兼容性,正如邓小平所说,"社会主义和市场经济之间不存在根本矛盾"。正因为如此,在当代中国发展先进生产力,就要建构社会主义市场经济体制,为发展先进生产力开辟广阔的社会空间。

如果说以科学技术为"第一"生产力,是从生产力的内部构成上指明了当代中国发展先进生产力的必由之路,那么建构社会主义市场经济体制,则是从生产力的社会组织形式上指明了当代中国发展先进生产力的必由之路。以科学技术为"第一"生产力和建构社会主义市场经济体制,使当代中国的社会发展站到了时代的制高点上,体现了先进生产力的发展要求和人民群众的根本利益。

三、发展先进生产力与发展人民群众利益的关系

生产力的发展从根本上决定着社会发展的总体进程,先进生产力则从根本上决定着社会发展的趋势,这是社会发展的规律;同时,社会发展

的规律又是在人们的实践活动中形成的,人民群众创造了历史,是历史的真正主体。当代中国的社会发展始终坚持尊重社会发展规律与尊重人民群众历史主体地位的一致性,坚持为崇高理想奋斗与为人民谋利益的一致性。

无疑,社会发展规律与自然运动规律都具有客观性,同样不以人的意志为转移。但是,社会发展规律又不同于自然运动规律。自然运动规律的实现和形成都在人的活动之外,而社会发展规律不但实现于人的活动中,而且存在并形成于人的活动之中。实践活动中的人与自然的矛盾和人与社会的矛盾及其相互作用构成了社会发展规律。正是在这个意义上,恩格斯认为,社会发展规律是人们自己的社会活动规律。

社会发展规律一旦形成又反过来制约人的活动,并决定着社会发展的进程及其趋势。同时,社会发展规律只有通过人的自觉活动才能实现。正是在这个意义上,马克思认为:"历史不过是追求着自己目的的人的活动而已。"①从根本上说,历史是人的物质实践活动在时间中的展开,实践的主体——人民群众——由此成为历史的主体,并在推动社会的发展中实现自我发展、自我解放。

"人们奋斗所争取的一切,都同他们的利益有关。"②从直接性上看,人民群众是依据自己的利益,尤其是物质利益去从事创造历史的活动的。所谓物质利益,是指为了满足一定主体的需要而占有一定数量和质量的物质资料,包括生活资料和生产资料。在生产力、生产关系、物质利益三者的关系中,人们的物质生活需要构成了物质利益的自然基础;生产力的发展及其所提供的物质产品的数量和质量,构成了物质利益的前提,物质利益的特点及其满足程度是同生产力的发展水平分不开的;生产力决定生产关系,生产关系体现物质利益,同时,又制约、决定着物质利益,人们的物质生活需要能否得到满足,满足的程度以及以何种方式来满足,则取

---

① 《马克思恩格斯全集》第2卷,第118—119页。
② 《马克思恩格斯全集》第1卷,第82页。

决于生产关系,生产关系因此构成了物质利益的社会基础。

这就是说,生产力发展的水平还不是物质利益的实际实现,同物质利益关系最为直接的是生产关系。从一定意义上说,生产关系就是物质利益关系。"每一既定社会的经济关系首先表现为利益。"①唯物主义历史观正是透过物质利益发现了生产关系,并认为人民群众是直接依据物质利益去从事实践活动并创造历史的,建立在物质利益基础上的人心向背体现了时代精神,预示着社会发展的方向。

因此,当代中国在发展先进生产力的同时,还有一个发展、实现人民群众利益的问题。马克思主义向来重视利益的问题,并以彻底的唯物主义精神公开把"利益"两个大字写在共产主义的旗帜上,公开声明要为人民群众谋利益。在《共产党宣言》中,马克思明确指出:"过去的一切运动都是少数人的或者为少数人谋利益的运动。无产阶级的运动是绝大多数人的、为绝大多数人谋利益的独立的运动。"②

如果说发展先进生产力是当代中国社会发展的前提和基础,那么发展和实现人民群众的利益则是当代中国社会发展的出发点和归宿。在新民主主义革命时期,毛泽东就提出:"共产党人的一切言论行动,必须以合乎最广大人民群众的最大利益,为最广大人民群众所拥护为最高标准。"③在改革开放和现代化建设时期,邓小平把"人民拥护不拥护""答应不答应""赞成不赞成""高兴不高兴"作为一切工作的出发点。当代中国的社会发展必须把发展和实现人民群众的根本利益作为出发点和落脚点。

当然,人民群众内部存在着不同的阶层,而不同的阶层有着不同的利益。因此,当代中国的社会发展需要认真考虑和兼顾不同阶层群众的利益。但是,绝大多数人的利益要求则是当代中国社会发展首先需要考虑并满足的,共产主义运动本身就是"为绝大多数人谋利益的运动"。历史已经并正在证明,任何一个政党,任何一个伟大人物一旦忽视先进生产力

---

① 《马克思恩格斯选集》第 3 卷,第 209 页。
② 《马克思恩格斯选集》第 1 卷,第 283 页。
③ 《毛泽东选集》第三卷,人民出版社 1991 年版,第 1096 页。

的发展要求,无视绝大多数人的利益要求,并且日益脱离人民群众这个历史主体,其结果只有一个——"霸王别姬"。

人民群众创造历史,但人民群众又不可能随心所欲地创造历史。马克思指出:"人们自己创造自己的历史,但是他们并不是随心所欲地创造,并不是在他们自己选定的条件下创造,而是在直接碰到的、既定的、从过去承继下来的条件下创造。"[①]在这些既定的历史条件中,社会关系,尤其是经济关系直接制约着人民群众创造历史的深度和广度。问题在于,人民群众创造历史受到历史条件的限制,同时,又能够不断地突破这种限制。在一定意义上,人民群众创造历史的过程,就是这种限制与突破限制的过程。

当代中国的改革就是现实的中国人对中国人的现实的一种突破和超越。改革为中国人民创造自己的历史开辟了广阔的社会空间,人民群众再一次以历史的创造者的身份出现在中国这个大舞台上。花鼓之乡凤阳的春雷预示着当代中国改革的起步。尔后,从农村到城市,从经济领域到整个社会领域,当代中国全面改革的进程势不可挡地展开了。当代中国改革的起步不是"自上而下"的,而是"自下而上"的,人民群众是当代中国改革的真正主体,发挥了首创精神;而当代中国的改革也的确尊重人民群众的主体地位,并坚持以人为本,发展为了人民,发展依靠人民,发展成果由人民共享。

按照唯物主义历史观,生产力是社会发展的决定性因素,生产力的发展是社会进步的"最高标准"。对唯物主义历史观的深刻反思,对中国社会主义建设史以至整个国际共产主义运动史的深刻总结,使当代中国共产党人自觉意识到,"为绝大多数人谋利益"是社会主义、共产主义运动的宗旨,人民群众的创造性是最具有决定性的因素,当代中国的社会发展必须以人民群众的根本利益为"最高标准"。这就是说,在当代中国的社会发展中,存在着"双重决定作用",即先进生产力的决定作用和人民群众的

---

① 《马克思恩格斯选集》第 1 卷,第 585 页。

决定作用;存在着"双重最高标准",即生产力为社会进步的"最高标准"和人民群众的根本利益为一切工作的"最高标准"。

在我看来,"双重决定作用"和"双重最高标准"之间并不存在矛盾,相反,"双重决定作用"和"双重最高标准"之间具有内在的一致性。

确认先进生产力的决定作用,是从社会客体、社会发展规律的角度说的;确认人民群众的决定作用,是就社会主体、历史人物与人民群众的关系而言的。从根本上说,人民群众是通过发展先进生产力而推进社会发展的,人民群众的人心所向体现了社会发展的趋势,人民群众创造历史的作用同社会发展规律的作用是一致的。在当代中国的社会发展中,真正推动社会进步必然实现人民群众的利益,而真正实现人民群众的利益又必然推动社会进步,二者是同一个过程的两个方面。换言之,先进生产力的决定作用和人民群众的决定作用,构成了当代中国社会发展的双重动力。

确立生产力为社会进步的"最高标准",为当代中国的社会发展提供了客体尺度;确立人民群众的根本利益为一切工作的"最高标准",则为当代中国的社会发展提供了主体尺度。确立社会进步的"最高标准"和一切工作的"最高标准",或者说体现先进社会生产力的发展要求和体现人民群众的根本利益,实际上是从社会主体与客体"关系"的视角界定当代中国社会发展的任务、性质和目标,并使评价标准达到了科学尺度和价值尺度的统一。

所谓科学尺度,就是要求从客观规律的角度来认识、把握和评价社会发展,以达到"完全客观的标准"。要达到这个客观标准,必须把社会关系归结于生产关系,把生产关系归结于生产力的高度,因为生产力的发展构成了社会发展的最终决定力量,生产力与生产关系的矛盾运动规律构成了社会发展的根本规律。从根本上说,历史必然性就是经济必然性对社会发展的制约性和决定性。所以,列宁指出:"科学的直接任务就是提出真正的斗争口号,也就是说,善于客观地说明这个斗争是一定生产关系体系的产物,善于了解这一斗争的必然性、它的内容、它的发展进程和条件。"[1]

---

[1]《列宁全集》第1卷,人民出版社1984年版,第292页。

所谓价值尺度,是指从主体,即人民群众的需要、利益能否得到满足以及满足的程度,来认识、把握和评价社会发展,其功能就是检验某种社会制度、体制,或路线、方针、政策能否满足以及在多大程度上满足人民群众的需要,在多大程度上体现了人民群众的利益,从而确定这种社会制度、体制,或路线、方针、政策是否值得肯定和保留。

　　如果仅仅发展先进生产力,而不代表人民群众的利益,共产党就会改变自己的性质;如果仅仅在主观动机上代表人民群众的利益,而在实践中不发展先进生产力,就不可能提供足够的物质财富和精神财富去发展和实现人民群众的利益,代表人民群众的根本利益就会成为一句空话。发展先进的生产力,是发展和实现人民群众利益的前提;发展和实现人民群众的利益,不断满足人民群众日益增长的物质文化生活需要,是发展先进生产力的目的。在我看来,先进生产力的决定作用和人民群众的决定作用,构成了当代中国社会发展的双重动力。同时,当代中国的社会发展也的确实现了发展先进生产力和实现人民群众利益的双重目标。

下
编

第十三章

邓小平理论：中国特色社会主义的理论奠基

对每一位中国人来说,邓小平的名字意味着当代中国的改革开放和现代化建设,并和社会主义的长远发展、中华民族的前途命运联系在一起。正是在邓小平理论的引导下,"九死一生"的中国现代化运动奇迹般地走出了历史沼泽地,一条新的发展道路,即中国特色社会主义道路开辟出来了,社会主义由此在中华民族的伟大复兴中再造辉煌,中华民族则在社会主义的改革中实现伟大复兴。社会主义的振兴和中华民族的复兴就这样历史地联结在一起了,而这正是邓小平理论所担负的崇高的历史使命。邓小平写给我们的最重要的政治遗产和思想遗产,就是他带领中国共产党人和中国人民开创的中国特色社会主义,就是他创立的邓小平理论。邓小平理论是中国特色社会主义的理论奠基。

一、风格独特的邓小平理论

一谈到理论,人们便想起了符号、概念、逻辑以及大部头的著作。理论似乎就是概念群的深层运转,是至深至玄的思辨。在中国共产党的历史上也曾发生过"什么是理论,什么是理论家"的争论。时下被世人公认为理论家的毛泽东,当年被"左倾"教条主义者讥讽为"狭隘经验论"者;今天被人们盛赞为难得的理论著作的《论持久战》《新民主主义论》等,当年在"左倾"教条主义者眼中也不是理论。

那么,究竟什么是理论,什么是理论家? 按照马克思主义的观点,"真正的理论在世界上只有一种,就是从客观实际抽出来又在客观实际中得到了证明的理论,没有任何别的东西可以称得起我们所讲的理论"[1]。"我们所要的理论家……是要这样的理论家,他们能够依据马克思列宁主义的立场、观点和方法,正确地解释历史中和革命中所发生的实际问题,能够在中国的经济、政治、军事、文化种种问题上给予科学的解释,给予理论的说明。"[2]由此可见,邓小平为当代中国改革开放和现代化建设而设计的战略构想及其基本原则、基本观点,就是"真正的理论";邓小平作为中国特色社会主义理论的创立者,就是"我们所要的理论家"。

以务实著称的邓小平,不仅重视实践,而且重视理论,深谙马克思主义的基本立场、观点和方法。他对全党郑重提出,要"熟悉马克思主义的基本理论,从而加强我们工作中的原则性、系统性、预见性和创造性"[3],并多次指出:"要在理论上阐述什么是社会主义,讲清楚我们的改革是不是社会主义"[4];"必须从理论上搞懂"计划和市场与资本主义和社会主义的关系[5];从"理论上讲清楚"人民民主专政的道理[6];对改革开放和现代化的"构想","要从理论上进行深刻、实际的阐述"[7]。《邓小平文选》正是从理论上说明、论述这些重大问题的著作。

① 《毛泽东选集》第三卷,第 817 页。
② 《毛泽东选集》第三卷,第 814 页。
③ 《邓小平文选》第三卷,第 147 页。
④ 《邓小平文选》第三卷,第 203 页。
⑤ 《邓小平文选》第三卷,第 364 页。
⑥ 《邓小平文选》第三卷,第 365 页。
⑦ 《邓小平文选》第三卷,第 256 页。

一般来说，一种理论是否形成，是看它是否系统地回答了所研究领域的一系列基本问题。这是问题的实质。邓小平理论在马克思主义发展史上的特殊地位就在于：它第一次系统地回答了像中国这样一个经济文化较为落后的国家如何建设社会主义、如何巩固和发展社会主义的一系列基本问题。邓小平所阐发的一系列基本原则、基本观点是当之无愧的理论。

　　的确，邓小平没有写过所谓的纯粹的理论专著，而且《邓小平文选》中的文章大多是谈话与对话，使用的语言也是日常语言。但是，由邓小平的一系列谈话、讲话汇集而成的《邓小平文选》处处闪耀着邓小平卓越的理论见解和宏大的理论气势。实际上，就理论的表述来说，专著、论文是一种形式，谈话或对话也是一种形式，而且是更基本、更原始的形式。辩证法的本义就是一种对话，通过对话揭示真理。作为中国传统文化源头的《论语》，就是孔子的谈话录。古今中外通过谈话或对话表述理论见解的大思想家不乏其人。当然，邓小平谈话的内容与那些理论家不同。但是，邓小平正是通过谈论中国和世界一系列重大的现实问题直接或间接地涉及一系列重要的理论问题，通过谈话或对话这种形式并使用日常语言表述了自己的理论见解，如当代世界的主题问题，科学技术是"第一"生产力问题，从全人类高度把握发展的问题，"中国式现代化"的道路问题，等等。这样一些关涉中华民族乃至全人类生存和发展的问题，无疑是重大的理论问题。

　　这里，存在着一个理论风格的问题。马克思的《资本论》是理论著作，毛泽东的《新民主主义论》是理论著作，孔子的《论语》也是举世公认的理论著作，但它们的理论风格是各不相同的。邓小平无疑有自己独特的理论风格。务实、"管用"、解决实际问题，是邓小平思考问题的出发点和归宿；论述精辟、文风朴实、口语表达，也是邓小平理论的一大特点。邓小平理论文风朴实，在简明扼要的论述中总是包含着深刻的思想内容。"风格如人"，我们应该把握邓小平理论表达方式的个人特点。

　　实际上，存在着两种理论形态：一种是以各种特定的范畴、规律、规则形式出现的逻辑化了的理论,这种理论更多的是一种理论知识;另一种理论则是深悟理论与实际的关系,善于把握理论中的立场、观点和方法,并能将之精当地渗透于、贯穿在现实的社会运动中,形成一种辩证的思维方式和总体的战略"构想",这是活的理论运动。

邓小平理论无疑是属于后者。它是从马克思主义理论中生长出来、并融化于当代中国实践活动的"真正的理论"。由于邓小平深悟马克思主义、毛泽东思想的精髓,善于"照辩证法办事",同时,又由于他与中国现代、当代的历史发展息息相关,因而在新的历史时期能够以"总设计师"的身份,在广阔的领域里展开其独具特色的理论活动,创立了中国特色社会主义理论。

二、邓小平理论形成的历史背景

1987 年邓小平说过这样一段话:"我们过去固守成规,关起门来搞建设,搞了好多年,导致的结果不好。经济建设也在逐步发展,也搞了一些东西,比如原子弹、氢弹搞成功了,洲际导弹也搞成功了,但总的来说,很长时间处于缓慢发展和停滞的状态,人民的生活还是贫困。'文化大革命'当中,'四人帮'更荒谬地提出,宁要贫穷的社会主义和共产主义,不要富裕的资本主义。不要富裕的资本主义还有道理,难道能够讲什么贫穷的社会主义和共产主义吗? 结果中国停滞了。这才迫使我们重新考虑问题。考虑的第一条就是要坚持社会主义,而坚持社会主义,首先要摆脱贫穷落后状态,大大发展生产力,体现社会主义优于资本主义的特点。"[1]

这里,有两点值得注意:一是很长时间的缓慢发展和停滞、人民生活贫困的状态,"迫使我们重新考虑问题";二是坚持社会主义"首先要摆脱贫穷落后状态",贫穷不是社会主义。这一论述实际上说明了邓小平理论形成的特定的历史背景。

———————————

[1]《邓小平文选》第三卷,第 223—224 页。

理论体系往往以理论创立者个人的名字命名,但并非属于他个人。由理论家们创造的理论体系,不管其形式如何抽象,也不管它们具有什么样的"个性",都和理论家所处的历史条件密切相关。法国启蒙学说明快泼辣的个性,德国古典哲学艰涩隐晦的特征,存在主义消极低沉的情绪,离开了它们各自的历史背景都是无法理解的。"每个原理都有其出现的世纪。"①邓小平理论也是如此。从总体上看,邓小平理论形成于新的历史时期,它是在当代中国改革开放和现代化建设的实践中,在总结社会主义实践经验的基础上,逐步形成并发展起来的。

邓小平理论形成的特定的历史背景,就是"文化大革命"给中国社会主义带来深重灾难。

从 1966 年开始,中国爆发了一场"文化大革命"。十年"文化大革命"使中国政治上处在动荡的状态,经济上到了崩溃的边缘,人民生活仍处于贫困状态。恰恰在这一时期,新一轮科技革命在西方发达国家展开,资本主义开始了又一次经济结构调整,进入一个新的快速发展时期。结果,社会主义的中国和资本主义的西方发展差距不但没有缩小,反而进一步扩大了。因此,当邓小平从"文化大革命"这场灾难中走出来时,就不得不思考:这是为什么?

"我一生最痛苦的当然是'文化大革命'的时候。"②邓小平在这里所说的最痛苦的不仅仅是他个人的"痛苦",更重要的,是中国人民的"痛苦"和中国社会主义的"痛苦"。痛苦使人思索。邓小平这时不能不痛苦地思考这一切错在哪里,错误从何而来,错误怎样才能得到纠正。邓小平多次指出,"文化大革命""促使人们思考,促使人们认识我们的弊端在哪里","为什么我们能在七十年代末和八十年代提出了现行的一系列政策,就是总结了'文化大革命'的经验和教训"。③

值得注意的是,"中国社会从一九五八年到一九七八年二十年时间,

---

① 《马克思恩格斯全集》第 4 卷,人民出版社 1958 年版,第 148 页
② 《邓小平文选》第三卷,第 54—55 页。
③ 《邓小平文选》第三卷,第 172 页。

实际上处于停滞和徘徊的状态,国家的经济和人民的生活没有得到多大的发展和提高"①。因此,由反思"文化大革命",邓小平又进而反思了整个中国社会主义建设的经验教训。"从一九五七年开始我们的主要错误是'左','文化大革命'是极左。"②"二十年的经验尤其是'文化大革命'的教训告诉我们,不改革不行,不制定新的政治的、经济的、社会的政策不行。"③

邓小平正是在这样一种特定的历史背景下进行理论思考的,这种理论思考有两个特点。

第一,这种理论思考是以"贫穷的社会主义"为反面教材的。"文化大革命"结束后,在拨乱反正的过程中,邓小平从各个方面对"四人帮"的理论进行了批判。这些批判不可避免地集中到"四人帮"的社会主义观上。"四人帮"社会主义观的本质特征,就是以极左面目出现的主张普遍贫穷的假社会主义。按照邓小平的观点,社会主义要优于资本主义,其生产力发展速度必须高于资本主义,社会主义如果老是穷,它就站不住。正是在这一拨乱反正的基础上,邓小平提出了"贫穷不是社会主义,社会主义要消灭贫穷"的著名论断。

第二,这种理论思考是从分析社会主义制度的优越性开始的。1978年,邓小平就指出:"社会主义制度优越性的根本表现,就是能够允许社会生产力以旧社会所没有的速度迅速发展,使人民不断增长的物质文化生活需要能够逐步得到满足。"④这就是说,社会主义就是要在迅速发展生产力的基础上体现出其优越性,如果在很长时期内,社会主义国家生产力发展的速度比资本主义国家仍然慢,就谈不上优于资本主义。"讲社会主义,首先就要使生产力发展,这是主要的。只有这样,才能表明社会主义的优越性。"⑤某种社会制度的优越性,实际上就是这种社会制度内在本质

① 《邓小平文选》第三卷,第237页。
② 《邓小平文选》第三卷,第237页。
③ 《邓小平文选》第三卷,第266页。
④ 《邓小平文选》第二卷,第128页。
⑤ 《邓小平文选》第二卷,第314页。

的外部显现。由此,邓小平开始了对社会主义本质和根本任务的理论思考。

这种理论思考使邓小平得出一个结论:我们过去对什么是社会主义,如何建设社会主义这个问题并没有完全搞清楚。因此,"包括什么叫社会主义这个问题也要解放思想。经济长期处于停滞状态总不能叫社会主义。人民生活长期停止在很低的水平总不能叫社会主义"①。从批判"贫穷的社会主义"这一观念入手,邓小平开始并展开他的理论创造活动,从而形成了建设中国特色的社会主义理论。

邓小平理论不仅是对中国社会主义建设的历史经验进行总结和综合的结果,而且是对党的十一届三中全会以来社会主义建设的新鲜经验进行总结和综合的结果。如果说 1957 年至 1977 年中国社会主义建设的历史经验是邓小平理论形成的历史根据,那么 1978 年后中国改革开放和现代化建设的新鲜经验则是邓小平理论形成和发展的现实根据。

1978 年召开的党的十一届三中全会标志着当代中国改革开放的开始和现代化建设的重新启动,标志着中国社会主义建设进入一个新的历史时期。邓小平理论是新的社会实践的反映、总结和升华,反过来,又指导这一新的社会实践。从总体上看,邓小平理论的形成和发展经历了三个阶段。

第一阶段,从 1978 年党的十一届三中全会到 1982 年党的十二大。这是邓小平理论主要观点的形成时期。具体地说,关于以经济建设为中心的观点,关于实行改革开放的观点,关于坚持四项基本原则的观点,关于中国式现代化道路的观点等,都是在这一时期先后形成的。以此为基础,邓小平在党的十二大上明确提出了"建设中国特色社会主义"这一根本命题。

第二阶段,从 1982 年党的十二大到 1987 年党的十三大。这是邓小平理论逐步展开、形成轮廓的时期。这一时期邓小平围绕着在理论上阐述

①《邓小平文选》第二卷,第 312 页。

"什么是社会主义,怎样建设社会主义"这一主题,揭示了中国特色社会主义的发展道路,提出了社会主义初级阶段和社会主义商品经济理论,规划了社会主义现代化建设的总体布局。党的十三大明确提出了"建设中国特色的社会主义理论"这一基础范畴,阐发了党在对社会主义再认识过程中提出的十二个理论观点。这些观点构成了邓小平理论的轮廓。

第三阶段,从1987年党的十三大到1992年邓小平"南方谈话"。这是邓小平理论体系形成的时期。这一时期的鲜明标志,就是邓小平的"南方谈话"。在"南方谈话"中,邓小平对台阶式的发展战略,社会主义的本质,市场经济和社会主义的关系,改革和革命的关系,物质文明和精神文明的关系,科学技术和经济社会发展的关系,实践标准和三个"有利于"标准的关系等一系列基本问题,从理论上做了新的深刻透彻的概括和阐发,从而把中国特色社会主义理论提到了新的高度,使之成为较为完善的科学体系。

三、邓小平理论形成的时代特征

邓小平理论不仅具有深沉的历史感,而且具有恢宏的"世界观"和鲜明的时代感。列宁说过,只有把握世界历史的总进程并把握时代的基本特征,才能以此为根据来估计这国或那国更详细的特点,进而正确地制定自己的策略。邓小平深深地理解这一点。他始终是"从世界的角度""从世界政治、世界经济的角度"来设计中国特色社会主义。对当代世界及其主题进行观察、分析和思考,是邓小平理论形成的时代根据。邓小平理论就是在和平与发展成为时代主题的历史条件下,在总结中国社会主义建设的历史经验,并借鉴其他社会主义国家兴衰成败历史经验的基础上形成和发展起来的。

历史进入现代以来,任何一个民族、国家要真正得到发展,不仅取决于这个民族、国家的内部结构,还取决于其外部结构,即当时的世界格局。中国在改革之前之所以未能实现全方位开放,得到较大的发展,一个重要原因就在于,当时资本主义与社会主义两大阵营处于"冷战"时期,形成了"两个平行的也是相互对立的世界市场"。20世纪80年代以来,世界格局发生了重大变化,即"东西南北"关系左右了世界格局,和平与发展成为"带有全球性、战略性的意义"的问题。[①] "现在世界上真正大的问题,带全球性的战略问题,一个是和平问题,一个是经济问题或者说发展问题。和平问题是东西问题,发展问题是南北问题。概括起来,就是东西南北四个字。南北问题是核心问题。"[②]

"东西南北"问题之所以成为当今世界的"大问题",是因为:

第一,人类在20世纪经历了两次世界大战的灾难,在具有空前破坏力的核武器存在的历史条件下,反对霸权主义,争取和平已经成为世界人民的共同意愿和当代世界的一种趋势。从总的国际局势看,制约战争的力量、世界和平的力量在不断发展,因此,争取比较长的和平是可能的,世界大战是可以避免的。

第二,发达国家越来越富,相对的是发展中国家越来越穷,越来越多的发展中国家自觉地认识到,要真正实现民族独立、国家独立,就必须获得实现经济的发展,改变贫穷和落后的状态。发展问题因此成为占世界总人口四分之三的第三世界国家所面临的突出问题,成为当代世界发展的又一趋势。

第三,发达国家面临的最大问题就是发展速度和再发展问题。问题在于,第三世界国家经济不发展,发达国家的经济也不可能得到较大的发展。如果第三世界国家得不到有效发展,发达国家面临的市场问题、经济问题,也就难以解决;如果第三世界国家继续贫困下去,发达国家的经济就可能没有出路。所以,经济上的开放不仅是发展中国家的问题,也是发达国家的问题。"南北"问题不解决,就会阻碍世界经济的发展。发展问题因此在当代世界非常突出,具有全人类的意义。所以,邓小平指出:"应

①《邓小平文选》第三卷,第96页。
②《邓小平文选》第三卷,第105页。

当把发展问题提到全人类的高度来认识,要从这个高度去观察问题和解决问题。"①

正因为和平与发展的问题"关系全局",具有"全球性、战略性的意义",和平与发展成为当代世界的主题,构成了时代特征,这是邓小平理论形成的时代根据之一。

和平与发展成为当代世界的主题,以及滚滚而来的新技术革命浪潮,必然促使各民族、国家之间的交往在深度上进一步发展,在广度上全面展开。在当代,交通工具和信息手段的发达,使身处不同地理环境的民族或国家可以进行不同形式的交往,地理环境再也不是交往的界限,人们不再为高山大海产生"望洋兴叹""远隔崇山峻岭""天涯海角"之感了。同时,信息手段的高度发展为不同的民族或国家创造了一个"复制"整个世界的环境,人们可以通过一台小小的"电脑"把全部交往信息收集起来,在几平方米的小屋子里展开世界交往,地球犹如一个小村庄——"地球村"。当代交往由此成为名副其实的世界交往,形成了规模更为宏大的世界市场、国际联合体,以及全球循环的物质流、信息流、技术流、资金流。邓小平精辟地指出:"现在的世界是开放的世界。"②所谓"开放的世界",就是指各民族或国家全面的相互作用、相互制约、相互渗透、相互依存,世界已经"一体化"。

开放世界的形成,以及物质流、信息流、技术流、资金流的全球循环,增强了各个民族、国家之间的共生性。这种共生性决定了任何一个民族或国家都不能长久地孤立于世界之外,如同人的肢体不能孤立于血液循环系统之外一样。在当代世界,孤立、自我封闭的民族或国家越来越少,而且没有一个不在加速走向衰败。邓小平由此指出,现在任何国家要发展起来,闭关自守是不可能的。没有一个国家能够在孤立状态下实现现代化。"中国的发展离不开世界。"③因此,我们必须进行国际交往,在向

①《邓小平文选》第三卷,第282页。
②《邓小平文选》第三卷,第64页。
③《邓小平文选》第三卷,第78页。

世界的开放中建设中国特色社会主义。

当代世界是"开放的世界",这是时代的又一特征,构成了邓小平理论得以产生的又一时代根据。

总之,邓小平理论既是对中国社会主义建设的历史经验、当代中国改革开放和现代化建设的新鲜经验反思、总结和概括的结果,又是对国际共产主义运动历史经验反思、总结和概括的结果,是对国际经验和当代世界的主题反思、总结和概括的结果。邓小平的理论之所以能够形成,邓小平的实践之所以能够成功,就在于邓小平深刻地反思、总结和概括了这些"新鲜经验""历史经验""国际经验""当代世界的主题",从而深刻地把握住历史规律和发展趋势,深刻把握住中国人民和中华民族的深沉愿望。这是邓小平理论得以形成的实践基础和基本根据。

四、邓小平理论形成的主观条件

历史环境、时代特征只是为某种理论的产生创造了客观条件和可能,但理论并不能自动地产生出来。要使这种理论的产生从可能转变为现实,还需要这种理论的创立者具备一定的特殊的主观条件,包括个人的社会经历、知识结构、思维方式和价值观念等。20 世纪中国革命和建设的伟大实践造就了具备这种条件的邓小平,邓小平由此成为中国特色社会主义理论的创立者。

从邓小平接受马克思主义的环境看,他是在西方的法国和"半东方"的俄国奠定马克思主义理论基础的。

1920 年,邓小平带着"工业救国"的朴素爱国主义理想来到法国勤工俭学。法国资本主义的现实"教育"了邓小平,使他认识到"工业救国"对当时的中国来说只能是一种幻想。同时,法国的社会主义运动又吸引了邓小平,使他很快接受了马克思主义。1926 年,邓小平又赴俄国,就学于东方大学和中山大学,系统学习了马克思列宁主义的基本理论。

这就是说,邓小平接受并把握马克思主义的环境与别人不同,他对马克思主义基本理论的把握是在西方的法国和"半东方"的俄国这一特殊的环境中进行的。1926年,邓小平回到中国之后,就矢志不渝地致力于把马克思主义与中国实际相结合的伟大事业。

从邓小平的个人经历看,"三落三起"的独特经历使他对马克思主义产生了深刻而特殊的理解。

邓小平的个人经历有着某种传奇色彩,这就是他政治生涯中的"三落三起",即"三次被打倒、三次又复出"。人们常说"人生的道路是曲折的",但很少有人像邓小平的一生那样崎岖不平;"伟人一生都具有传奇色彩",但很少有人像邓小平的一生那样传奇色彩浓烈。当然,人的一生可以"过五关",也可能"走麦城",所以,人不仅要适应顺境,而且要经受逆境的考验。但是,问题在于,邓小平每次陷入逆境,并不是由他个人的失误造成的,而是由于他坚持正确的意见而遭到错误的处理。也正是由于坚持真理而"落",因此,当真理被人们普遍认识之后,邓小平就奇迹般地"起"。"落"与"起"之间的神奇性,根源于邓小平是正确的这一根本点之上。

这种大落大起的经历又造就了邓小平坚强的性格和意志,形成了他透过历史看未来的彻底的唯物主义精神,塑造了他在复杂的社会运动中,在同"左"、右各种思潮的斗争中,艺术地引导社会发展的特殊能力,并对马克思主义产生了一种深刻而特殊的理解。

从邓小平在中国共产党历史中的地位看,邓小平一直是一个处理全局问题的领导者,由此形成了一种宏观的、战略式的辩证思维方式。

邓小平是一位具有极其丰富的革命和建设经验的领导者,其历史经历之丰富、实践活动之多样,在中国共产党历史上并不多见。1927年,邓小平就担任了中共中央秘书长;1934年,邓小平再次出任中共中央秘书长;1956年,邓小平担任中共中央总书记;1975年,邓小平主持中央日常工作;1978年以后,开始了改革开放和现代化建设总设计师的生涯。其间,邓小平的活动领域涉及党、政、军以及经济、政治、文化和社会的各个方面,而且一直是一个处理全局的领导者。邓小平的一生,同中国共产党、中国人民解放军、中华人民共和国创建和发展的历史进程紧紧相连，同中国革命、建设、改革的历史进程紧紧相连，同中华民族抗争、独立、振兴的历史进程紧紧相连。这样一种历史地位，加上丰富的革命和建设经验，邓小平形成一种宏观的、战略式的辩证思维方式，是毫不奇怪的。

从邓小平的思维方式看，邓小平是一位具有高度辩证思维能力，善于进行宏观思考和战略设计的理论家。

邓小平具有极其丰富的历史经验，但如果他仅仅停留在经验层次上，还不足以创立中国特色社会主义理论。邓小平以自己丰富的历史经验为基础，同时，又利用自己高度的辩证思维能力对之进行综合，才创立了中国特色社会主义理论。一代辩证法大师毛泽东多次赞扬邓小平善于"照辩证法办事"。这种善于"照辩证法办事"的特点集中体现在邓小平的宏观性、整体性和系统性的思维方式上。在对各种事物、现象的分析中，邓小平始终是从全局性和相关性来把握个体。例如，在如何评价毛泽东时，邓小平就指出："对毛泽东同志的评价，对毛泽东思想的阐述，不是仅仅涉及毛泽东同志个人的问题，这同我们党、我们国家的整个历史是分不开的。要看到这个全局。"[①]

从全局，以更宏大的系统和更深远的关系去把握事物，是邓小平思维方式具有其他人难以达到的广度和深度的原因所在。从认识论上看，在对历史、现实和未来的分析中，邓小平之所以能够形成比同时代人更深刻的见解，就是因为他具有这种宏观性、整体性和系统性的思维方式，具有高度的辩证思维能力。

五、什么是社会主义，怎样建设社会主义：邓小平理论的主题

1956 年，随着社会主义改造的基本完成，中国社会的主要矛盾发生了历史性转换，即从无产阶级与资产阶级、社会主义道路与资本主义道路的

---

① 《邓小平文选》第二卷，第 299 页。

矛盾转换为人民日益增长的物质文化需要与落后的社会生产之间的矛盾。这一矛盾的实质就是先进的社会主义制度与落后的社会生产力之间的矛盾。这是因为,中国是在资产阶级开创的世界历史的背景中,从半殖民地半封建社会走向社会主义的。换言之,中国的社会主义制度是在特定的历史条件下,建立在落后的社会生产力这一基础上的。然而,社会主义制度不可能长久地建筑在落后的社会生产力这一基础之上。同时,社会主义制度优越性的根本表现,就是能够允许社会生产力以旧社会所没有的速度发展,使人民不断增长的物质文化生活需要能够逐步得到满足。

于是,一个历史的课题摆在中国共产党人的面前:在中国这样一个经济文化较为落后的国家如何建设社会主义,以充分体现社会主义制度的优越性。实际上,这就是当代中国面临的根本问题,是一个关系到社会主义在中国的命运和中华民族兴衰的重大的历史课题。

20世纪50年代,中国共产党人已经意识到这一根本问题。在社会主义改造刚刚完成之际,毛泽东就开始探讨"中国工业化道路",探讨如何"正确处理人民内部矛盾的问题",并告诫全党:"特别值得注意的是,最近苏联方面暴露了他们在建设社会主义过程中的一些缺点和错误,他们走过的弯路,你还想走?"[①]这表明,毛泽东已经意识到苏联模式的社会主义和中国实际之间的矛盾,已经开始探讨在中国如何建设社会主义这一问题。

可是,毛泽东只是提出了这一问题,并没有解决这一问题。其中,主要的失误就在于,在社会矛盾问题上误读了马克思主义的阶级斗争理论,在社会主义改造基本完成之后,仍然"以阶级斗争为纲",力图通过"无产阶级专政下继续革命"的形式来解决巩固社会主义的问题,通过"抓革命,促生产"的形式来解决建设社会主义的问题。这是其一。

其二,在经济运行机制问题上没有真正理解商品经济的作用,不理解现代化既是工业文明取代农业文明的过程,同时,又是商品经济取代自然

①《毛泽东著作选读》下册,第720—721页。

经济的过程,而市场经济是现代配置资源和提供激励的有效形式。

其三,在社会结构问题上追求"一大二公",先是看中了"政社合一"的人民公社,后又提出"五·七指示"公式,力图把工、农、商、学、兵组成一个大公社,使之成为中国社会的基本单位。

这表明,我们过去对"什么是社会主义,怎样建设社会主义"这个问题的认识不是完全清醒的。"多年来,存在一个对马克思主义、社会主义的理解问题。""马克思去世以后一百多年,究竟发生了什么变化,在变化的条件下,如何认识和发展马克思主义,没有搞清楚。"①"什么是社会主义,怎样建设社会主义",仍是一个有待解决的历史课题。历史把这一重大课题交给了邓小平。

1980 年,邓小平就提出,"包括什么叫社会主义这个问题也要解放思想",同时,"要充分研究如何搞社会主义建设的问题"。② 对中国、苏联社会主义建设,以及非洲一些国家搞社会主义经验教训的深刻反思,使邓小平认识到,社会主义是什么,马克思主义是什么,我们过去对这个问题的认识"不是完全清醒的",或者说,"没有完全搞清楚"。

邓小平认为,从总体上看,中国过去的社会主义体制是"学苏联的",它曾发挥过积极的作用,但又存在着一些弊端。问题在于,社会主义究竟是个什么样子,怎样搞社会主义,苏联"也并没有完全搞清楚",而且"后来苏联的模式僵化了"。③ 正因为如此,在苏联社会主义建设过程中出现了一系列失误,并最终导致国家解体。可见,苏联社会主义建设的经验教训,是促使邓小平思考"什么是社会主义,怎样建设社会主义"的原因之一。

同时,邓小平又提出:"要研究一下,为什么好多非洲国家搞社会主义越搞越穷。"1988 年,在同莫桑比克总统希萨诺谈话时,邓小平指出:"确定走社会主义道路的方向是可以的,但首先要了解什么叫社会主义,贫穷

---

① 《邓小平文选》第三卷,第 291 页。
② 《邓小平文选》第二卷,第 312 页。
③ 《邓小平文选》第三卷,第 139 页。

绝不是社会主义。要讲社会主义,也只能是讲符合莫桑比克实际情况的社会主义。"①可见,非洲一些国家搞社会主义的经验教训,是促使邓小平思考"什么是社会主义,怎样建设社会主义"的又一原因。

由此,邓小平反复提出,要搞清楚"什么是社会主义,怎样建设社会主义"。邓小平明确指出:"问题是要把什么叫社会主义搞清楚,把怎么样建设和发展社会主义搞清楚。"②并认为这是最根本的一条经验教训。

邓小平这一概括准确而深刻。中国社会主义在改革开放前所经历的曲折和失误,改革开放以来在发展中遇到的一些困惑,归根到底,都在于对"什么是社会主义,怎样建设社会主义"这个问题"没有完全搞清楚"。拨乱反正、全面改革、党的十一届三中全会以来的历史进程,则是逐渐搞清楚"什么是社会主义,怎样建设社会主义"这个问题的过程。正是在这个过程中,当代中国实现了从"以阶级斗争为纲"转向以经济建设为中心,从传统的计划经济转向社会主义市场经济,从封闭半封闭型社会转向开放型社会,并找到一条适合中国实际的社会主义发展道路。

"什么是社会主义,怎样建设社会主义"的确是一个首要的基本的理论问题。党的十一届三中全会以来,解放思想的进程始终围绕着这一个问题。社会主义初级阶段理论的提出,社会主义本质的探索,社会主义市场经济概念的制定,社会主义现代化建设总体布局的规划等等,都是为了解决这个问题。一句话,邓小平的全部理论活动都是围绕"什么是社会主义,怎样建设社会主义"这一首要的基本的问题展开的。"什么是社会主义,怎样建设社会主义"因此构成了邓小平理论的主题。

六、解答当代中国的基本问题

判断一种理论是否形成体系,就在于它是否系统地回答或解答了所

---

① 《邓小平文选》第三卷,第261页。
② 《邓小平文选》第三卷,第369页。

研究领域的基本问题。只要是系统地回答,而不是零星地解答,是解答该领域的一系列基本问题,而不是回答个别问题,就意味着这种理论已经形成为体系。

无疑,邓小平理论是一个科学体系。邓小平《建设有中国特色的社会主义》一书外文版的书名就叫《当代中国的基本问题》。从根本上说,邓小平理论之所以构成一个科学体系,之所以是当代中国的马克思主义,就是因为运用了马克思主义的立场、观点和方法,系统而科学地回答了当代中国的一系列基本问题。

在当代中国的主要矛盾和历史方位问题上,邓小平指出,当代中国社会的主要矛盾仍然是人民日益增长的物质文化生活需要同落后的社会生产之间的矛盾;当代中国处在社会主义初级阶段,或者说,中国的社会主义是初级阶段的社会主义。

在当代中国的发展方向和发展道路问题上,邓小平指出,只有社会主义才能救中国,只有改革开放才能发展中国,发展社会主义;社会主义必须是符合中国实际的社会主义,在社会主义发展道路问题上,要走"中国式的现代化道路",建设中国特色社会主义。

在当代中国的根本问题和根本任务问题上,邓小平认为,当代中国面临的根本问题就是如何建设、巩固和发展社会主义;社会主义的本质就是解放和发展生产力,消灭剥削,消除两极分化,达到共同富裕。因此,当代中国的根本任务是发展生产力。中国的主要目标是发展。

在当代中国的发展动力和政治保证问题上,邓小平指出,革命是解放生产力,改革也是解放生产力,在当代中国,以科学技术为"第一"生产力和改革经济体制是发展生产力的必由之路;经济体制改革的目标是建立社会主义市场经济体制,政治体制改革的目标是完善人民代表大会制度,并使社会主义民主法律化、制度化,与经济、政治体制改革相适应,要进行精神文明建设,提高中华民族的整体素质。同时,要坚持"四项基本原则"。"四项基本原则"既是当代中国改革开放和现代化建设健康发展的保证,又应从当代改革开放和现代化建设新的实践中获得新的内容;判断改革得失成败的标准,是三个"有利于"。

在当代中国的国际环境和外交战略问题上,邓小平认为,和平与发展成为时代的主题,必须坚持独立自主的和平外交政策,维护世界和平,维护"国权",争取建立公正合理的国际政治经济新秩序;现在的世界是开放的世界,中国的发展离不开世界,必须对外开放,吸收、借鉴世界各国,包括发达资本主义国家的一切先进成果,封闭只能导致贫穷落后、愚昧无知。

在当代中国的发展战略和战略重点问题上,邓小平认为:要分"三步走",基本实现现代化,实行台阶式的发展战略;贫穷不是社会主义,同步富裕又不可能,所以,必须允许和鼓励一部分人、一部分地区先富起来,逐步实现共同富裕;战略重点一是农业,二是能源和交通,三是教育和科学,其中,农业是根本,科教是关键,实施科教兴国战略。

在当代中国的领导力量和依靠力量问题上,邓小平指出:中国共产党是建设中国特色社会主义的领导核心,必须适应当代中国改革开放和现代化建设的需要,不断改善和加强党的领导,不断改善和加强党的建设;人民群众是历史的创造者,建设中国特色社会主义必须依靠工人、农民、知识分子,依靠全体社会主义劳动者,依靠拥护祖国统一的爱国者。

在当代中国的国家统一问题上,邓小平提出了"一个国家,两种制度"的创造性构想,以此为原则来解决香港、澳门、台湾问题,推进祖国和平统一大业的完成。

邓小平理论围绕着什么是初级阶段的社会主义,在初级阶段怎样建设社会主义这个中心问题形成了一系列内在联系的基本观点,构成了一个科学的理论体系。邓小平理论的科学体系是客观存在的,它第一次初步系统地回答了像中国这样的经济文化较为落后的国家如何建设、巩固和发展社会主义的一系列基本问题,从而为宏大的中国特色社会主义理论做了理论奠基,或者说,奠定了理论基础。

从理论来源和本质属性看,邓小平理论根源于马克思主义,孕育于毛泽东思想之中,是马克思主义基本原理与当代中国实践和时代特征相结合的产物,是毛泽东思想的继承和发展。邓小平一再强调,"老祖宗不能丢",丢了就是背叛,就会葬送社会主义;同时,要敢于讲"老祖宗没有说过的话",要有"新话"①,否则,就是僵化,僵化也会葬送社会主义。邓小平的这一论述非常形象地说明了正确对待马克思主义的态度:一要继承,二要发展;在继承中发展,在发展中继承。

如果说马克思主义构成了邓小平理论的一般理论基础,那么毛泽东思想则构成了邓小平理论的特殊理论基础。邓小平一再强调"毛泽东思想教育了整整一代人",并指出:"从许多方面来说,现在我们还是把毛泽东同志已经提出、但是没有做的事情做起来,把他反对错了的改正过来,把他没有做好的事情做好。今后相当长的时期,还是做这件事。当然,我们也有发展,而且还要继续发展。"②这就是说,邓小平的理论同毛泽东的理论之间具有继承、纠正和发展的三重关系。

从根本观点和根本方法看,邓小平理论同马克思主义、毛泽东思想是一脉相承的统一的科学体系。邓小平明确指出:"二十年的历史教训告诉我们一条最重要的原则:搞社会主义一定要遵循马克思主义的辩证唯物主义和历史唯物主义。"③解放思想,实事求是是马克思主义、毛泽东思想的精髓,也是邓小平理论的精髓,它像一条永恒的金带连接着马克思主义、毛泽东思想和邓小平理论。牵住了这条金带就会从根本上把握从马克思主义到毛泽东思想,再到邓小平理论的历史轨迹,以及三者之间的真实关系。

从总体系和总范畴看,邓小平理论当然属于马克思主义。但是,邓小平理论毕竟是马克思主义与当代中国实践和时代特征相结合的产物,邓小平面临的历史条件毕竟不同于马克思、列宁和毛泽东。时代的不同,自然会使马克思主义、毛泽东思想和邓小平理论在风格、主题、方式、角度上显现出差异。新的实践呼唤新的理论,这是历史的必然。

---

① 《邓小平文选》第三卷,第369,91页。
② 《邓小平文选》第二卷,第300页。
③ 《邓小平文选》第三卷,第118页。

1978 年,党的十一届三中全会提出,党在理论战线上的崇高任务,就是把马克思主义的普遍原理同社会主义现代化建设的具体实践结合起来,并在新的历史条件下加以发展。邓小平深知这一问题的重要性和艰巨性,认为用"新内容、新思想、新语言"写出马克思主义的"新版本","这是要费尽革命思想家心血的崇高的创造性的科学工作"。实际上,邓小平理论就是这一"崇高的创造性的科学工作"的产物,它依据马克思主义的基本原则和基本方法,不断结合变化着的实际,解决新的矛盾和问题,从而使马克思主义在中国的发展进入新阶段。

　　第一,邓小平理论坚持解放思想,实事求是这一马克思主义、毛泽东思想的精髓,在当代中国改革开放和现代化建设新的实践基础上总结了新的经验,既继承前人,又突破陈规,开拓了马克思主义发展的新的理论境界。

　　第二,邓小平理论坚持科学社会主义理论和实践的主要成果,抓住"什么是社会主义,怎样建设社会主义"这个根本问题,深刻地揭示了社会主义的本质,把对社会主义的认识提高到新的科学水平。

　　第三,邓小平理论坚持用马克思主义的宽广眼界观察世界,全面而深刻地分析了当今时代特征和国际形势,其他社会主义国家的成与败,发展中国家的得与失,发达国家发展的态势与矛盾,并做出了新的科学判断。

　　第四,邓小平理论贯通哲学、政治经济学、科学社会主义等领域,涵盖经济、政治、社会、文化等方面,第一次系统地回答了中国社会主义的发展阶段、根本任务、发展道路、发展动力、外部条件、政治保证、发展战略、领导核心、依靠力量以及祖国统一等一系列基本问题,创立了中国特色社会主义这一新的理论体系。

　　马克思主义揭示了人类社会发展的一般规律,但它没有也不可能指出每一个民族的具体特点和发展道路。列宁指出:"对于俄国社会党人来说,尤其需要独立地探讨马克思的理论,因为它所提供的只是总的指导原理,而这些原理的应用具体地说,在英国不同于法国,在法国不同于德国,在德国又不同于俄国。"①列宁的这一观点无疑具有普遍意义。历史已经证明,在新的实践的基础上继承和发展马克思主义,这本身就是马克思主义的内在要求,只有把马克思主义基本原理同各国具体实际相结合,才能取得社会主义革命和建设的胜利。

要使马克思主义基本原理同各国具体实际相结合,又必须使马克思主义取得具体的民族形式。恩格斯早就指出:"毫无疑问,美国工人阶级的最终纲领,应该而且一定会基本上同整个战斗的欧洲工人阶级现在所采用的纲领一样,同德美社会主义工人党的纲领一样。在这方面,这个党必须在运动中起非常重要的作用。但是要做到这一点,它必须完全脱下它的外国服装,必须成为彻底美国化的党。它不能期待美国人向自己靠拢。"②这就是说,把马克思主义民族化是马克思主义的内在要求。马克思主义只有同各个民族的具体特点相结合并通过一定的民族形式,才可能在这个国家真正扎根,并真正发挥其改造世界的功能。

就中国而言,必须把马克思主义基本原理同中国具体实际相结合。要做到这一点,又必须使马克思主义同中国传统文化、民族精神相结合,"取得民族形式",使之具有"中国特性""中国作风和中国气派"。这就是说,把马克思主义同中国具体实际相结合的过程,同时就是马克思主义中国化的过程。毛泽东思想就是这种中国化的马克思主义,邓小平理论同样是这种中国化的马克思主义。邓小平理论不仅引导中华民族从"文化大革命"造成的深重灾难中走了出来,还以对当代中国和世界的深刻了解,为中华民族重新走在世界历史的前列,以更强大的力量自立于世界民族之林,规划了崭新的切合实际的宏伟蓝图。

邓小平曾经充满感情地说过这样一段话:"我荣幸地以中华民族一员的资格,而成为世界公民。我是中国人民的儿子。我深情地爱着我的祖国和人民。""我的生命是属于党、属于国家的。"邓小平不仅是一位伟大的

① 《列宁全集》第4卷,人民出版社1984年版,第161页。
② 《马克思恩格斯选集》第4卷,第394页。

马克思主义者,也是一位伟大的爱国主义者;邓小平理论不仅源于马克思主义,而且源于对中华民族精神遗产的自觉传承。正因为如此,邓小平理论是时代精神和民族精神的统一,它不仅具有鲜明的时代特征,而且具有浓烈的民族情感,是马克思主义与中国实际、时代特征相结合的典范。历史越往前发展,就越会显示出邓小平理论的重要性。

第十四章

邓小平哲学思想：当代中国的唯物辩证法

邓小平理论在马克思主义史上的特殊地位就在于，它回答了像中国这样的经济文化较为落后的国家如何建设社会主义、如何巩固和发展社会主义的问题。在邓小平理论中，我们把握到了时代发展的脉搏，并透视出一种融化于当代中国实践活动中的唯物辩证法，即邓小平哲学思想。我断然拒绝这样一种观点，即邓小平理论"没有界定明确的哲学深度"。没有一种博大精深的哲学思想，邓小平不可能形成一种"总设计师"的思维方式，不可能创立恢宏的中国特色社会主义理论。在邓小平关于中国特色社会主义的总体"构想"中，深藏于背后并渗透于每一个具体"构想"中的，是其哲学思想。这是一条全新的哲学思路，一种与实践活动交织在一起的活的哲学，一种与民族精神的搏动融合在一起的希望之光。以前，哲学探索到的是真理，然而，它离我们遥远；今天，哲学就在我们的活动中，它使我们感到真实。

在经典的象牙塔中待长了，哲学就会成为一种玄思，它是符号、逻辑、概念群的深层运转。我并不否认这种至深至玄的思辨，因为我就在其中。然而，对于邓小平哲学思想，却不能这样理解。邓小平哲学思想是这样一种哲学，它根源于马克思主义哲学，孕育于毛泽东哲学思想，直接产生于邓小平独特的实践活动之中；它表现为一种高超的思维艺术，通过各种各样的具体思考过程和活动过程显示出来，并转化为中国人民的认识活动和实践活动。然而，你要直接找到它，它却不见了；你要到这里来寻找各种哲学术语，这几乎是一种空想。这里，你要把对哲学理解的模式倒过来。按照经典的框架操作，你将一无所获。在我看来，邓小平虽然没有直接阐述其哲学思想，但由于他深悟哲学的实质，同时，又由于他与中国半个多世纪的发展息息相关，因而在新的时代能够以改革开放和现代化建设总设计师的身份，无比广阔地展开他那独具特色的哲学思想。只有从这一特殊的途径，我们才能发现邓小平哲学思想这一当代中国的唯物辩证法。

一、邓小平哲学思想的基础

所谓邓小平哲学思想的基础，是指邓小平哲学思想形成的前提和来源。在我看来，邓小平哲学思想的基础由"一般""特殊""个别"三个层次构成，而这三个层次的基础与邓小平本人的革命生涯是分不开的，这是理论与实践相统一的过程。

从根本上说，邓小平哲学思想奠定于马克思主义哲学的基础之上。与别人不同的是，邓小平对马克思主义哲学的把握是在西方的资本主义法国和"半东方"的社会主义苏联这一特殊的环境中进行的，是在1920—1927年（16—23岁）留法、留苏期间奠定的。1920年，邓小平来到法国勤工俭学。其间，受法国资本主义的现实教育、法国工人运动和社会主义思潮以及俄国十月革命的影响，邓小平很快接受了马克思主义。1926年，邓小平又就学于苏联东方大学和中山大学学习马克思列宁主义。正是在16—23岁这段人生的关键时刻，邓小平完成了从朴素爱国主义到共产主义的转变，同时，也奠定了马克思主义的理论基础。

就邓小平本人而言，他的马克思主义的"入门老师"是《共产党宣言》和《共产主义 ABC》。邓小平指出，"我的入门老师是《共产党宣言》和《共产主义 ABC》"，并强调"马克思主义并不玄奥。马克思主义是很朴实的东西，很朴实的道理"。但是，邓小平读书并非停留在此。在历史的每个关键时刻，邓小平都要读书，读马克思主义著作，并认为学习马克思主义，重要的是把握其精神实质并在实践中运用和发展。邓榕在《在江西的日子里》一文中记述了邓小平在江西 3 年又 4 个月的生活时间，读了大量的马克思主义著作，读了"二十四史"及其他书籍，这为他尔后用科学社会主义理论与"贫穷社会主义"理论进行斗争奠定了基础，也为他全面运用马克思主义来分析新情况、解决新问题做好了理论准备。

如果仅仅有马克思主义哲学的一般基础，也不会有邓小平哲学思想的产生。邓小平哲学思想的特殊基础是中国化的马克思主义哲学——毛泽东哲学思想。中国革命的实践及其正反两方面的经验教训，使邓小平自觉意识到，必须"把党的事业完全放在中国化的马列主义，即毛泽东思想的指导之下"①。1978 年，邓小平在评价毛泽东思想的历史地位时指出："毛泽东思想培育了我们整整一代人。"②不仅毛泽东的哲学著作《实践论》《矛盾论》对邓小平有着直接影响，而且毛泽东那种具有宏大历史感的战略思维方式也影响着邓小平。毛泽东对新民主主义革命的分析，对中国革命战争战略问题的分析等，直接影响着邓小平的思维方式。

从历史继承性而言，毛泽东高超的思维艺术、战略性的辩证思维方式构成了邓小平尔后的总设计师思维方式的前提。邓小平对毛泽东的辩证思维方式有着特殊的领悟和体会，在抗日战争期间就提出"要照辩证法办事"。毛泽东十分欣赏这一观点，多次号召"要照辩证法办事"，并提出："总之，要照辩证法办事。这是邓小平同志讲的。我看，全党都要学习辩

---

① 《邓小平文选》第一卷，人民出版社 1994 年版，第 88 页。
② 《邓小平文选》第二卷，第 148 页。

证法,提倡照辩证法办事。"①毛泽东思想培育了一代中国共产党人。毛泽东哲学思想,也培育了邓小平的哲学思想。没有毛泽东哲学思想,就不会有邓小平哲学思想的产生。

仅仅有邓小平哲学思想的一般基础和特殊基础,还不足以说明为什么不是别人,而恰恰是邓小平形成了一种总设计师的思维方式。这就要探索邓小平哲学思想形成的个别基础,即从邓小平个人的经历、能力、品格,来说明邓小平哲学思想的形成。具体地说,邓小平是一位具有极其丰富的革命和建设经验的领导者,其人生经历之丰富、实践活动之多样,在中国革命和建设史上是罕见的。

1920—1927年留法、留苏,开阔了视野,形成广阔的胸怀;1927年,担任中共中央秘书长,使其了解全党工作的大局;1929年,领导了百色起义,创建中国工农红军第七军和右江苏维埃政府;1933年,任江西省委宣传部部长,后来又主编总政机关报《红星报》;1934年再次出任中共中央秘书长,参加了具有伟大意义的遵义会议;抗日战争爆发后,任八路军政治部副主任,后调一二九师任政治委员;1942年,任中共中央华北局太行分局书记,1943年,代理中共中央北方局书记,并主持八路军总部的工作;1945年,在党的七大上当选中央委员;解放战争期间,任中原野战军和华东野战军总前委书记。

新中国成立后,担任中共中央西南局第一书记、西南军政委员会副主席、西南军区政治委员;1952年,到中央工作,任政务院副总理;1954年,又一次出任中共中央秘书长,同时担任国务院副总理、国防委员会副主席;1955年,在党的七届五中全会上,被增选为中央政治局委员;1956年,在党的八届一中全会上,当选为中央政治局常委、中央委员会总书记。

1975年,任中共中央副主席、国务院副总理、中央军委副主席、中国人民解放军总参谋长,主持党和国家的日常工作。

1977年,党的十届三中全会恢复邓小平职务。从此,邓小平开始了他

_____

① 《毛泽东文集》第七卷,第200页。

一生中最重要的时期,即担当起当代中国改革开放和现代化建设总设计师的使命。

可见,邓小平的活动涉及党、政、军以及经济、政治、文化各个方面,而且他一直是一个处理全局问题的领导者。这种特殊而丰富的革命和建设经验,使邓小平在极其复杂的社会运动中形成一种战略性的辩证思维方式,是毫不奇怪的。

邓小平又是一位具有极其曲折人生经历的领导者。邓小平的人生经历有着某种传奇色彩,这就是邓小平政治生涯中的"三落三起"。

第一次"落",发生在1933年邓小平任江西省委宣传部部长期间,他因坚持毛泽东为代表的正确路线而被当时的临时中央撤销职务,予以党内严重警告处分。第一次"落"后,邓小平很快地就"起"了。1934年,邓小平又出任中共中央秘书长。

第二次"落",发生在1966年邓小平任中央委员会总书记期间,他被当作"党内第二号走资派"押送到江西省劳动改造。1973年,邓小平第二次"起",先后任国务院副总理、中共中央副主席、中央军委副主席、中国人民解放军总参谋长,并主持中央日常工作。

第三次"落",发生在1976年,毛泽东发动"批邓反击右倾翻案风",撤销了邓小平党内外一切职务。1977年,邓小平第三次"起",成为中国共产党第二代领导集体的核心,并开启了中国改革开放和现代化建设的新的历史时期。

邓小平"三落三起"的人生经历是极其宝贵的。人不仅要经历顺境的考验,而且要经受逆境的磨砺。更重要的是,邓小平每次进入逆境,都不是由他个人的失误造成的,而是由于他提出了正确的意见却遭到了错误的处理。正是由于坚持正确意见而"落",当真理与错误被人们普遍认识之后,邓小平也就奇迹般地"起"。"落"与"起"之间的神奇性,完全根源于邓小平是正确的这一根本点。同时,这种大落大起的人生经历也使邓小平形成了坚强的性格和意志,造就了透过历史看未来的思维方式,塑造了在复杂的社会运动中艺术地引领社会发展的特殊能力。

邓小平复杂的人生经历形成了他丰富的社会经验。但是，如果仅仅停留在经验的层次上，还不足以形成邓小平的哲学思想。邓小平具有高度的辩证思维能力，善于进行理论思考。他不仅利用自己的社会经验，而且对社会发展问题进行反复的理论思考，这才形成了邓小平哲学思想的"个别基础"，形成正是邓小平而不是别人的哲学思想。

邓小平一贯重视理论思考，善于"照辩证法办事"，并认为思考新问题、创造新理论，"决不是改头换面地抄袭旧书本所能完成的工作，而是要费尽革命思想家心血的崇高的创造性的科学工作"。邓小平经常"反复思考"，时时处于一种创造性思考的情境中，处于设计、规划、运筹的辩证思维过程中，这种"总结历史、着眼现在、看到未来"的战略思维方式，是形成邓小平哲学思想的重要条件。

邓小平哲学思想的产生不是偶然的。从对邓小平哲学思想的一般基础、特殊基础、个别基础的分析中可以看到，像邓小平这样一位思想家的出现，缺少其中任何一个条件都是难以想象的。我们必须从中国革命和建设的历史、当代中国社会发展的历史，以至整个社会主义运动的历史，来认识邓小平和邓小平的哲学思想，必须从对一般基础、特殊基础的分析进入到对个别基础的分析，来认识邓小平哲学思想的本质特征。

二、邓小平哲学思想与毛泽东哲学思想

从历史上看，具有自身特色和时代意义的邓小平哲学思想孕育于毛泽东哲学思想，形成于党的十一届三中全会以后，并在改革开放和现代化建设的新时期得到发展。邓小平哲学思想与毛泽东哲学思想之间有着历史的继承性和理论的一致性，但二者又有着不同的时代背景和思考的侧重点。换言之，邓小平所面临的矛盾特殊性已经不同于毛泽东所面临的矛盾特殊性，历史条件的差异反映在理论和思维方式上，就形成邓小平哲学思想与毛泽东哲学思想的差异。对邓小平哲学思想的形成及其特点的分析，应当从这些矛盾特殊性的角度入手，从邓小平理论是当代中国的马克思主义这一角度入手。

党的十一届三中全会之后，邓小平自觉意识到中国社会主义建设进入一个新的历史阶段，他用"新的历史时期""新的历史发展阶段"等概念来表示与以前历史时期的区别，并认为"文化大革命"后国内、国际产生了许多新的历史条件，这是毛泽东在世的时候所没有的，这就需要研究新情况，解决新问题。"毛泽东同志和其他已经去世的老一辈革命家，没有能够完成这个任务。这个担子已经落在我们的肩上。""这个任务，我们这一代人也许不能全部完成，但是，至少我们有责任为它的完成奠定巩固的基础，确立正确的方向。"①

在邓小平看来，七大是党在革命时期最重要的一次大会，达到了在毛泽东思想基础上的全党统一，为新民主主义革命的全面胜利奠定了坚实的基础，确立了正确的方向；十二大则是党在建设时期最重要的一次大会，达到了在建设中国特色社会主义理论基础上的全党统一，为社会主义现代化建设的全面展开奠定了坚实的基础，确立了正确的方向。党的七大和十二大都是在总结正反两方面经验的基础上召开的。"正如七大以前，民主革命二十多年的曲折发展，教育全党掌握了我国民主革命的规律一样，八大以后社会主义革命和建设二十多年的曲折发展也深刻地教育了全党。"②如果说党的七大开创的是新民主主义革命的新局面，那么党的十二大开创的是社会主义现代化建设的新局面。邓小平对党的七大和十二大进行的比较，实际上是邓小平自觉意识到自身历史责任的声明。

邓小平哲学思想正是在开创社会主义建设新局面的社会活动和战略设计的过程中形成的，它的形成条件不同于毛泽东哲学思想形成的历史条件。因此，邓小平哲学思想与毛泽东哲学思想之间具有差异性是一种必然的结果。

首先，邓小平哲学思想的形成有特定的历史背景。这一特定的历史

---

① 《邓小平文选》第二卷，第342—343页。
② 《邓小平文选》第三卷，第2页。

背景就是"文化大革命"给中国社会主义带来的深重灾难。本来,1956年召开的党的八大正确分析了社会主义改造基本完成后的形势,提出了全面展开社会主义建设的任务,但是,1957年"反右"后,"左"的思潮开始占据主导地位,导致1958年的"大跃进"、1959年的"反右倾",一直到1966年开始的"文化大革命",致使中国国民经济处在崩溃的边缘,政治上处在动荡局面,文化上处于断裂状态。邓小平正是在这样一种极其困难和复杂的背景下进行思考的。显然,邓小平面对的情况不同于毛泽东面对的情况,毛泽东面对的是新民主主义革命以及社会主义革命,邓小平面对的是社会主义建设以及毛泽东晚年的错误。正是这一复杂而特定的历史背景,使邓小平哲学思想形成了自身的特色。

其次,邓小平哲学思想有特定的思考侧重点。这一特定的思考侧重点就是"什么是社会主义,如何建设社会主义"。1985年,邓小平比较了毛泽东和他自己思考问题侧重点的区别:"毛泽东同志是伟大的领袖,中国革命是在他的领导下取得成功的。但是他有一个重大的缺点,就是忽视发展社会生产力。"①"十一届三中全会以后,我们探索了中国怎么搞社会主义。归根结底,就是要发展生产力,逐步发展中国的经济。"②正是沿着"什么是社会主义,如何建设社会主义"这一侧重点,围绕着在当代中国如何发展生产力这一中心,邓小平形成了自己独具特色的哲学思想。

再次,邓小平哲学思想有特定的实践基础。这一特定的实践基础:从国际上看,就是和平与发展成为时代主题,世界成为"开放的世界",科学技术成为"第一"生产力;从国内看,就是市场化、现代化和社会主义改革这三重重大的社会变迁被浓缩在同一个时空中进行了,中国社会主义实践处于极其特殊而复杂的过程。在这样一种极其特殊而复杂的社会运动中,处理变化多端的社会关系,必然对邓小平哲学思想的形成起到了重大的促进作用。

---

① 邓小平:《建设有中国特色的社会主义》增订本,第103页。
② 邓小平:《建设有中国特色的社会主义》增订本,第104页。

邓小平的思考由于立足于当代实践的制高点,因而击中了时代的弦,弹出了时代的强音。20 世纪 80 至 90 年代,邓小平之所以能刮起"邓旋风",引起世界的瞩目,并不仅仅是因为他身居高位、手握大权,更重要的,是因为邓小平理论及其哲学思想反映了时代精神,反映出实践的呼声和人民的心声。正因为如此,邓小平理论从邓小平的个人意识转化为群体意识、社会意识、时代意识,邓小平理论因此成为当代中国的马克思主义,邓小平哲学思想因此成为当代中国的唯物辩证法。

理论和哲学的命运在于是否反映以及在多大程度上反映历史规律和实践运动,反映越深刻、越全面,它的影响便越深远、越普遍。邓小平理论及其哲学思想就是如此。邓小平理论及其哲学思想之所以能反映新时代的时代精神,是因此邓小平本人对时代课题的特殊敏感和深刻把握。邓小平贯彻彻底的唯物主义精神,随着时代的发展和呼唤不断思索,敢于进行新的思考,善于抓住从理论到实践的中介,形成一种特殊的辩证思维方法,并将之渗透在当代中国改革开放和现代化建设这一新的实践中,体现于解决新问题的创造性思维中。

哲学是时代精神的精华。既然邓小平面临的历史条件已经不同于毛泽东面临的历史条件,时代的差异自然会显现出二者的哲学风貌、思维方式和侧重点的差异。邓小平哲学思想正是特定时代背景、主题和实践的产物。只有从时代差异入手,才能真正理解和把握邓小平哲学思想的特殊性。伟大的实践产生伟大的思想。当代中国改革开放和现代化建设的新实践必然推动唯物辩证法的新发展,创造唯物辩证法的新形态。这是一种历史的必然。

三、邓小平哲学理论观点的特色

邓小平哲学思想包括两个组成部分:一是邓小平的哲学理论观点,尽管邓小平没有写下专门的哲学著作,但他在各种讲话、谈话中所蕴含的哲学理论观点具有丰富的内容,这是对新时代的总体思考的反映;二是邓小平的哲学思维方式,邓小平的哲学思维方式是渗透在他的思考活动、领导活动、战略设计活动中的灵魂,是极具特色和魅力的一种精神力量。对于邓小平这样一位政治家,必须重视其哲学理论观点与哲学思维方式的有机结合,必须从这两个方面来分析他的哲学思想。离开了邓小平的哲学理论观点,忽视了邓小平的哲学思维方式,就不可能理解和把握邓小平哲学思想的特殊性和精神实质。

就邓小平的哲学理论观点而言,它是邓小平在领悟和把握马克思主义哲学精神实质的基础上,坚持用马克思主义的立场、观点和方法来提出问题、分析问题、解决问题的过程中形成的,是邓小平理论思维活动的结果。邓小平一再强调:"主要的是要用马克思主义的立场、观点、方法来分析问题,解决问题。马克思主义的活的灵魂,就是具体地分析具体情况。"①不过,分析邓小平的哲学理论观点却是同这一过程"倒过来"的,是从结果反溯原因,即从邓小平提出问题、分析问题、解决问题的结果出发探寻其哲学理论观点。从这一角度看,邓小平的哲学理论观点主要是由五个部分构成的。

第一,以生产力为根本标准的彻底唯物主义。

邓小平多次提到"彻底的唯物主义"这一概念,并认为"彻底的唯物主义者,只能实事求是地肯定应当肯定的东西,否定应当否定的东西"②。和毛泽东相同,邓小平也认为实事求是是马克思主义的基本原则;不同的是,邓小平把实事求是与生产力标准联系起来并融为一体了,形成了以生产力为根本标准的彻底的唯物主义。

从内容上看,"实事求是地肯定应当肯定的东西,否定应当否定的东西",就是要以是否有利于生产力发展作为检验路线、方针、政策是否正确的根本标准,作为检验某种社会制度或体制是否值得肯定和保留的根本标准。一句话,彻底的唯物主义就是以生产力为根本标准,肯定应当肯定

①《邓小平文选》第二卷,第118页。
②《邓小平文选》第二卷,第334页。

的东西,否定应当否定的东西。

以生产力为根本标准之所以是彻底的唯物主义,是因为:(1)生产力的发展是实现社会发展多种目标的根本条件,只有以生产力为根本标准,才能正确处理社会矛盾以及社会与个人的矛盾。(2)生产力本身既是一种物质力量,又体现着人的本质力量。从本质上说,生产力就是在人们的物质实践,即人与自然的物质变换过程中形成的物质力量。因此,以生产力为根本标准的彻底的唯物主义与马克思主义的人的全面发展理论是一致的。

第二,以科学技术为"第一"生产力的新型实践观。

生产力范畴是马克思主义实践范畴序列上的一个重要纽结,是揭示人类实践结构的根本范畴。科学技术是"第一"生产力的观点不仅揭示和概括了科学技术的社会价值,而且它本身就体现着一种新型的实践观,体现着当代实践精神。

如前所述,生产力的发展具有整体性,但这种整体性并不意味着其中每一个要素的发展都是绝对平衡的,相反,其各个要素的发展往往显示出一定程度的不平衡性。在一定的历史阶段,生产力的发展主要依靠某一要素,这个在一定历史时期相对突出的要素,就是这一时期生产力发展的生长点或突破口,即"第一"生产力。

不同的时代具有不同的"第一"生产力。在古代,"第一"生产力就是自然力;在近代,生产力的变革是以劳动资料为起点的,工作机、动力机以及电力在能源中的使用,先后成为近代生产力的三个生长点,即先后成为"第一"生产力;在现代,随着科学技术的发展,科学技术与生产实践之间的关系发生了根本变化,形成了科学——技术——生产的发展机制,科学技术因此成为生产力发展的突破口,即成为"第一"生产力。

邓小平的"科学技术是第一生产力"这一观点的哲学底蕴就在于,它揭示了当代实践活动的根本特征。从科学技术是"一般"生产力到科学技术是"第一"生产力,展示的是实践框架的转换,体现的是一种新型实践观。科学技术是"第一"生产力的观点是马克思主义实践观在当代的深化和发展。

第三,以矛盾运筹为主线的社会活动辩证法。

邓小平多次强调要"尊重生活和历史的辩证法",善于照辩证法办事构成了邓小平理论和实践的特色。不过,邓小平并没有去简单地重复辩证法的各种经典术语,并没有去构建一个从概念到概念的辩证法体系,也没有仅仅从世界观的层次上看待辩证法,而是把辩证法推进到工作方法的实践层次上,形成了一种以矛盾运筹为主线的社会活动辩证法。从总体上看,这种以矛盾运筹为主线的社会活动辩证法体现在四个方面。

一是"两手抓、两手硬"的辩证法。"两手抓、两手硬"就是要实实在在地把握现实社会中的各种矛盾,使各项工作相互制约、对照、配合,达到"相称",从而使社会良性运行。

二是发展与稳定的辩证法,即稳定是发展的前提,而真正的稳定又是发展中的稳定。否则,稳定就会变成停滞。

三是主体与补充的辩证法。就社会结构而言,中国必须以公有制经济为主体,以个体、民营、外资等非公有制经济为"补充";同时,主体必须有效制约、控制"补充"部分,使非公有制经济成为公有制经济的有益补充。

四是定型与修补的辩证法。在社会生活中,所谓定型,是指人的行为规范化、制度化。定型的基础是社会实践。人的行为规范化、制度化,应随着实践以及社会关系的充分展开而定型,定型过早不仅经验不足,而且会限制社会发展。所以,中国在"各方面形成一整套更加成熟、更加定型的制度,需要再有三十年的时间"[①]。在这个过程中,应随着各种社会关系的展开,对"型"辅以"修补",使其趋于完善。

可以看出,邓小平社会活动辩证法的主线仍然是矛盾辩证法,但是,这种社会活动辩证法关注的是创造矛盾能在其中良性运行的形式。通常认为,解决矛盾有三种基本方法,即矛盾一方克服另一方,矛盾双方

---

① 《邓小平文选》第三卷,第372页。

同归于尽,矛盾通过对立面的融合形成一个新事物。实际上,还存在一种解决矛盾的基本方法,这就是,创造矛盾能在其中良性运行的形式。马克思指出:"商品的交换过程包含着矛盾的和互相排斥的关系。商品的发展并没有扬弃这些矛盾,而是创造这些矛盾能在其中运动的形式。一般说来,这就是解决实际矛盾的方法。"①邓小平注意到了这一"解决实际矛盾"的方法,因而他力图通过运筹,创造矛盾能在其中良性运行的社会形式。

第四,以"开放的世界"为基石的世界历史观。

按照邓小平的观点,"现在的世界是开放的世界"②。"开放的世界"的形成增强了世界历史的整体性,以及各个民族或国家之间的共生性。历史已经证明,没有一个国家能够在孤立的状态下实现现代化。"中国的发展离不开世界。"③因此,邓小平始终是从世界的角度来设计"中国式的现代化"的,并多次强调,中国要获得发展,必须从封闭转向开放,把具有世界普遍意义的东西变成自己自主活动的条件,变成创造自己特色的现实基础。邓小平的这一见解具有深刻的内涵,它实际上揭示了人类社会中交往活动的相加效应规律和封闭行为的衰减规律。

开放交往之所以能使落后的民族或国家以"跳跃"式的发展进入现代化的行列,是因为人类社会中存在着交往或交换行为的相加效应规律,即进入交往过程中的民族、国家往往用自己富余的东西去换取自己短缺的东西,这就使落后的民族或国家能够利用其他民族或国家的先进成果,从而获得发展的"爆发力"。在当代,任何一个民族或国家只有同整个世界发生实际联系,并利用先进的生产方式来发展自己,才能获得发展的"爆发力",从而以跳跃式的发展进入现代化的行列。

闭关自守之所以"把中国搞得贫穷落后,愚昧无知"④,是因为人类社

---

① 《马克思恩格斯全集》第 23 卷,第 122 页。
② 《邓小平文选》第三卷,第 64 页。
③ 《邓小平文选》第三卷,第 78 页。
④ 《邓小平文选》第三卷,第 90 页。

会中存在着封闭行为的重复效应和衰减规律,即处于闭关自守状态的民族或国家的一切活动都是"单独进行",一切都要"从头开始","重新开始",其创新往往是重复别人已经走过的艰辛之路,实际上处于重复劳动之中,并没有改变其历史落伍者的地位。马克思在分析印度的历史时曾指出:"孤立状态是它过去处于停滞状态的主要原因。"①中国的历史再次证明这一点。"中国长期处于停滞和落后状态的一个重要因素就是闭关自守。"②

第五,以主体意识、时机意识和发展意识为内容的当代意识理论。

在邓小平的哲学思想中,当代意识体现在三个方面:

一是主体意识。这里所说的主体是相对于客体而言的,从层次上看,可分为个人主体、集团主体、民族或国家主体、人类主体。邓小平强调的主体是作为一个整体的中国人民。无论是发展自己,还是"中国式的现代化"或中国特色的社会主义,突出的就是中国人民的主体意识。

二是时机意识。邓小平多次强调,要抓住时机。这种时机意识是对不可逆的时间中产生的各种机遇的意识。时机意识体现出一种历史感。作为一种历史范畴,时机意识是时间和机遇的统一,它要求人们审时度势,做出正确抉择,利用外部有利的时机发展自己。

三是发展意识。邓小平多次指出,和平与发展是时代的主题,而中国的主要目标就是发展。发展是硬道理。必须树立发展意识,并确立中国的发展路线,从而"抓住时机,发展自己"③。从更深的层次看,"抓住时机,发展自己"从动态上拓展了内因和外因的辩证法。具体地说,内因的发展离不开外因,但外因又有时效性,即特定的外因总是在特定的条件下和具体的时间内存在,离开了特定的条件和具体的时间,就没有特定的外因。因此,内因要发展自己,必须主动、及时地抓住外因,即抓住时机,发展自己。

---

① 《马克思恩格斯选集》第 1 卷,第 768—769 页。
② 《邓小平文选》第三卷,第 78 页。
③ 《邓小平文选》第三卷,第 375 页。

四、邓小平哲学思维方式的特色

哲学理论观点展现为各种概念、范畴、规律,哲学思维方式则是一种思维艺术,是把各种思维要素创造性地有机结合起来的精神力量。哲学思维方式之所以在思维方式前标以"哲学"二字,乃是因为指一种总体性的思维方式。邓小平的哲学思维方式正是这样一种总体性的思维方式,它反映了时代的总体特征,揭示了当代中国社会发展的总体趋势,因而能够把中国人民的思想和行动统一起来。

邓小平哲学思维方式的第一个显著特征,是整体性和系统性。

整体性、系统性的思维方式是从事物整体出发分析和把握某一事物,即把个体、现象和过程置入一个更为宏大的背景中,更深刻地认识和把握个体、现象和过程,从全局来把握个体的思维方式;是从要素的复杂关系中把握和抽象出它们的整体,使之按照一定的原则或规则有序地结合起来,形成系统性,从要素与要素的相关性中把握它们整体的方式。善于从局部进入整体、从要素进入系统的方式,构成了邓小平整体性、系统性思维方式的特征。

从全局来把握个体,就是要看到任何个体都是整体中的个体。邓小平对毛泽东的评价以及对各种社会现象的分析都渗透着这一思维方式。例如,"对毛泽东同志的评价,对毛泽东思想的阐述,不是仅仅涉及毛泽东同志个人的问题,这同我们党、我们国家的整个历史是分不开的。要看到这个全局"①。不仅对历史人物的评价是这样,对其他社会现象的认识也是如此。如对民主问题,邓小平认为,"我们是要发展社会主义民主,但匆匆忙忙地搞不行"②,当前,民主要从属于国家稳定这个全局,"中国的问题,压倒一切的是需要稳定。没有稳定的环境,什么都搞不成,已经取得

---

① 《邓小平文选》第二卷,第299页。
② 《邓小平文选》第三卷,第285页。

的成果也会失掉"①。把个体置入全局的相关性中,才能更深刻、更全面把握个体;否则,只能就事论事。邓小平在 1992 年"南方谈话"对"三资"企业的分析,是这一整体性、系统性思维方式的典型体现。

从个体与个体的相关性中把握它们的整体,就是要把个体置于相互联系中,形成对事物的整体把握。邓小平对毛泽东思想以及各种事物的分析都体现出这样的思维方式。邓小平提出"完整地、准确地理解毛泽东思想"就关系到在个别与个别的关系中把握整体的思维方式。按照邓小平的观点,"毛泽东同志在这一个时间,这一个条件,对某一个问题所讲的话是正确的,在另外一个时间,另外一个条件,对同样的问题讲的话也是正确的;但是在不同的时间、条件对同样的问题讲的话,有时分寸不同,着重点不同,甚至一些提法也不同。所以我们不能够只从个别词句来理解毛泽东思想,而必须从毛泽东思想的整个体系去获得正确的理解"②。换言之,要把握毛泽东思想的整个体系和精神实质,就要把握毛泽东思想的各种观点之间的内在逻辑和根本联系。

无论对历史,还是对现实,抑或是对未来的分析,邓小平之所以能够形成比同时代人更深刻的见解,从认识论的视角看,就是因为邓小平具有整体性、系统性的思维方式。善于从大局、更宏大的系统、更深远的关系来把握事物,是邓小平的思维方式具有同时代人所没有的广度和深度的原因。

邓小平哲学思维方式的第二个显著特征,是战略性、设计性。

如果说整体性、系统性的思维方式着眼于事物的相互关系,分析的是个别与整体的关系,那么战略性、设计性的思维方式则着眼于事物的发展过程以及事物如何从现在走向未来。战略性、设计性的思维方式是把握事物发展趋势的思维方式,是一种面向未来、设计未来的思维方式。任何事物都有过去、现在和未来。当下存在的是现在,但现在既有历史的因

① 《邓小平文选》第三卷,第 284 页。
② 《邓小平文选》第二卷,第 42—43 页。

素,又有未来的萌芽,战略性、设计性的思维就要从现实中存在的未来的萌芽看到未来远景,并以未来来引导现实运动,从而走向未来。

谋划战略发展的前提是把握事物的主要矛盾和本质,事物的本质是由主要矛盾所决定的,抓住了主要矛盾就把握了事物的本质,从而也就能通观全局,捕捉到事物发展的趋势。这本身就是一个战略问题。邓小平善于抓主要矛盾。"文化大革命"刚刚结束,他就指出:"我们的生产力发展水平很低,远远不能满足人民和国家的需要,这就是我们目前时期的主要矛盾,解决这个主要矛盾就是我们的中心任务。"①

从思维方式的视角看,在把握事物主要矛盾的前提下,要把握事物发展的趋势和未来走向,就要"面向未来、面向世界、面向现代化"。这是邓小平战略性、设计性思维方式的集中体现。所以,每一次重大事件发生后,邓小平都要求"冷静地考虑一下过去,也考虑 ·下未来","要总结现在,看到未来"。这种极其强烈的未来意识,正是邓小平战略性、设计性思维的体现。

战略性、设计性思维不能变成空谈、玄思。战略性太长远了,就会成为一种想象;太近了,就不是战略,并会失去号召力。这就需要把握"度"。作为一个战略家,邓小平巧妙地运用了事物发展的"度",他对中国社会主义现代化发展蓝图的设计,每一个步骤都是人们可以感受和体验到的,因而具有号召力和感召力。

巧妙地掌握"度",就要把目标、步骤、条件、措施等因素联结起来,使战略性、设计性思维通过目标、步骤、条件、措施等环节展现出来。目标是长期的,具有强烈的吸引力;步骤是从现实到目标之间的过渡,使现实经过几个步骤或阶段的发展达到目标;条件和措施则是保证步骤实现的。邓小平是运用这种战略设计的大师,反过来说,娴熟的战略设计是邓小平战略性、设计性思维方式成熟的标志。

邓小平哲学思维方式的第三个显著特征,是实践性、调控性。

---

① 《邓小平文选》第二卷,第182页。

实践性、调控性的思维方式是与整体性和系统性、战略性和设计的思维方式密切相关的。如果说整体性和系统性、战略性和设计性的思维方式涉及全局和战略，那么实践性和调控性的思维方式则涉及行为和战术。

所谓实践，是指人们有目的地改造世界的客观的物质活动。思维方式的实践性，不是指思维方式是一种客观的物质活动，而是指思维方式关注实践，并努力转化为实践活动。邓小平"走一步看一步"的方法就是这种实践性、调控性的思维方式的体现。"走一步看一步"的方法是在战略目标、宏伟蓝图已经确立的前提下，在具体实践和行为操作中不断总结经验，不断反馈调节，为实现总目标服务的。

实践就是要改变事物的现状。邓小平思维方式中的实践性、调控性首先就是改变现状。在谈到中国的落后时，邓小平指出："如实地指明这种落后状况，会不会使人们失去信心呢？这种人也可能有。这种人是连半点马克思主义气味也没有的。对于我们无产阶级革命者来说，实事求是地说明情况，认真地去分析造成这种情况的历史的和现实的原因，才能够正确制订我们的战略规划，部署我们的力量；才能够更加激励我们奋发图强，尽快改变这种情况。"[1]可见，实践性、调控性的思维方式首先就是一种改变现实的态度和立场。

邓小平的实践性、调控性的思维方式还表现为步骤性、确定性、检查性。所谓步骤性，是指思考先后有序，先解决什么，后解决什么，相互关联、有机结合。例如，在思想路线、政治路线、组织路线的关系上，邓小平先解决思想路线，接着解决政治路线，然后再解决组织路线。正如邓小平所说，"党的思想路线和政治路线，尽管有人不通，但总是已经确立了。现在我们还没有解决的问题是什么呢？是组织路线问题"[2]。这就是解决问题的程序和有序性问题。确定性是指思考要有量的观念，不仅要定性，而且要定量，具有可比较性。邓小平对中国现代化战略发展蓝图的设计，就

---

[1]《邓小平文选》第二卷，第90—91页。
[2]《邓小平文选》第二卷，第191页。

充满着定量以及各种量的比较分析。检查性是指对各种方案、措施、办法的贯彻过程要不断检查、反馈、矫正。只有这样的思维过程，即步骤性、确定性、检查性相互结合的思维过程，才是充满实践性、调控性的思维方式。

邓小平哲学思维方式的第四个显著特征，是主体性、发展自己。

认识任何事情都有一个角度，角度、特色、模式都有一个主体问题。邓小平思维方式的主体性，是指邓小平是立足于中国的实际来考虑一切问题的，具有中国人自己认识世界、改造世界的主体感。邓小平多次强调，要从中国的角度看中国的问题。在会见美国前总统卡特时，邓小平特别指出："不能从你们的角度来看待中国的问题。"[1]

主体性、发展自己的思维方式首先具有强烈的中国历史感，善于从中国的历史总结经验教训。例如，邓小平对官僚主义、"家长制""人治"以及形式主义等，之所以揭露得十分深刻，一个重要原因就在于，他既看到了中国几千年封建传统的影响，又看到了中国革命战争中领导体制的特点。这种深刻的历史主义认识，是邓小平思维方式的特色之一。在对重大的现实问题的认识中，邓小平总是联系中国历史的经验教训，强调"用我们自己的历史"看问题。例如，在论证为什么不能搞"大民主"时，邓小平指出："'文化大革命'时搞'大民主'，以为把群众哄起来，就是民主，就能解决问题。实际上一哄起来就打内战。我们懂得历史的经验教训。"[2]

这种强烈的中国历史感又是同深刻的中国现实感结合在一起的。邓小平一再强调，"必须从中国的特点出发"，走"中国式的现代化道路"。在邓小平看来，"照抄照搬别国经验、别国模式，从来不能得到成功"[3]。"我们搞的现代化，是中国式的现代化。我们建设的社会主义，是有中国特色的社会主义。我们主要是根据自己的实际情况和自己的条件，以自力更生为主。"[4]

---

① 《邓小平文选》第三卷，第244页。
② 《邓小平文选》第三卷，第200页。
③ 《邓小平文选》第三卷，第2页。
④ 《邓小平文选》第三卷，第29页。

从中国实际出发,走"中国式的现代化道路",这是邓小平主体性的思维方式的集中体现;"抓住时机,发展自己"则是邓小平主体性思维方式的强烈体现。中国人要有自己的主体意识,就要确立时机意识、发展自己的意识。没有发展自己的意识,即使机遇来到我们的鼻子尖下,也会悄悄地走掉。"抓住时机,发展自己",是作为主体的中国人在"开放的世界"中必须具有的积极进取的态度。

整体性、系统性的思维方式,战略性、设计性的思维方式,实践性、调控性的思维方式,主体性、发展自己的思维方式,不是四种独立的思维方式,而是邓小平哲学思维方式的四个方面。这四种思维方式有机结合、融为一体,使邓小平的哲学思维方式成为一种高超的思维艺术,是一个"艺术整体"。

五、邓小平哲学思想的精神实质

马克思说过,哲学是时代精神的精华。邓小平的哲学思想就是当代的时代精神的精华,其精神实质的第一个方面就是解放和转换人的思维框架,激发社会活力和唤起人们不断进取的精神。

在当代中国,哲学的使命突出地表现为转换旧的思维框架,确立新的思维框架。这就是邓小平所说的"换脑筋"问题。所谓"脑筋",是"想""思考""角度"和"框架"的统一,即"想"和"如何想"的统一。对这一问题的思考凝结着邓小平哲学思想对毛泽东哲学思想的发展。

毛泽东提出了"思"和"大脑是个加工厂"的问题,认为思考是人脑的主要功能,而思考过程则类似一个"加工厂",任何英雄豪杰的思想、意见、计划、办法,只能是客观世界的反映,其原料或者半成品只能来自人民群众的实践中,或者自己的科学试验中,他的头脑只能作为一个"加工厂"而起到制成产品的作用。人脑制成的这种产品,究竟合用不合用,正确不正确,还得交由人民群众的实践去考验。毛泽东的这一观点无疑是正确的,但也存在一个缺陷,即忽视了"思"有一个按什么框架"思","加工厂"有一个按什么流水线进行"加工"的问题。

邓小平把"思""加工厂"和"换脑筋"的问题结合起来了。在邓小平看来,之所以要"换脑筋",是因为每个人都有一个既成的"脑筋里的框子",而这个"框子"已经限制了人的思考,阻碍了事物的发展。例如,在谈到选拔干部时,邓小平指出:"我们一般老同志,脑筋里的框子还是局限在我们同等年龄的人,一谈干部问题,都还是这个圈圈里的。"①把自己"脑筋里的框子"固定化,就形成了"习惯的想法",即思考问题按一定的模式固定运行下去的习惯和定势,形成一个封闭的"思维圈",即邓小平所说的"圈圈"。

这就是说,思考问题和判断是非,如果只从"脑筋里已有的框子"出发,"根据已有的公式或者某些定型的方案","用固定的公式去硬套",就看不到事物的本质,看不到新事物的特征和发展趋势。所谓"换脑筋",就是转换人的"脑筋里的框子",使之形成符合新的实践需要的"框子"。用哲学的语言来表述,这就是转换人的思维框架。

人思考问题是"思"和"如何思"的统一,犹如电脑是"硬件"和"软件"的统一,即"硬件"规定电脑能够运行,"软件"规定电脑按什么方式运行。会思考,这是人脑的功能;如何思,这是"脑筋里的框子"的作用。每个人头脑中都有这样或那样的"框子",它规范着人们去如何认识,"框子"不同,思考的结果也就不同。"换脑筋"就是转换思维中的"框子"。

人是认识世界和改造世界的主体,一个被旧的思维框架所封闭的人不可能发现新矛盾、新问题,不会有创造性,也就不可能真正做到认识世界和改造世界;只有确立了新的思维框架的人,才能真正面对新时代,发现新矛盾、新问题,找到解决新矛盾、新问题的新方法,从而真正做到认识世界和改造世界。我们正处于新的历史时期和新的实践活动中,新事物、新矛盾、新问题层出不穷,没有一个问题是有现成答案的,只有"换脑筋",才能使我们与时俱进,成为新的实践活动的新的主体。邓小平"换脑筋"

---

① 《邓小平文选》第二卷,第411页。

思想的意义就在于此。

"换脑筋"的目的在于焕发社会活力，激发人们不断进取的精神，与时俱进。

在哲学史上，"活力"这一概念最初是由古希腊哲学家亚里士多德提出来的。亚里士多德认为，活力赋予有机体以行为完善性和合目的性，是"隐德莱希"。后来，哲学史上出现一种"活力论"，认为活力是某种支配生物体有机活动的特殊的非物质因素。到了 20 世纪，控制论、系统论、信息论的兴起，从结构—功能过程解开了活力的秘密，即活力是有序的结构在同环境相互作用过程中的自主控制过程，表现为有机体对环境一种有效的应答性、选择性的过程。

"活力"范畴在邓小平哲学思想中具有重要地位。邓小平一再强调，社会发展需要活力。邓小平对"积极性""创造性""效率""敢闯"有过许多论述，贯穿其中的核心便是"活力"。1986 年，邓小平谈到政治体制改革时指出："第一个目标是始终保持党和国家的活力……第二个目标是克服官僚主义，提高工作效率……第三个目标是调动基层和工人、农民、知识分子的积极性……领导层有活力，克服了官僚主义，提高了效率，调动了基层和人民的积极性，四个现代化才真正有希望。"[①]

在邓小平的哲学思想中，"活力"首先是一个自主性、积极性的问题。自主性就是要使人们具有相对独立的权利，调动人们的积极性。"这些年来搞改革的一条经验，就是首先调动农民的积极性，把生产经营的自主权力下放给农民。农村改革是权力下放，城市经济体制改革也要权力下放，下放给企业，下放给基层，同时广泛调动工人和知识分子的积极性，让他们参与管理，实现管理民主化。"[②]没有权力，便不能自主，不能自主就不可能有活力。邓小平把"权力下放"贯穿于农村、城市、企业改革之中，目的就是要形成真正具有自主性、积极性的主体，使社会具有活力。

---

① 《邓小平文选》第三卷，第 179—180 页。
② 《邓小平文选》第三卷，第 180 页。

在邓小平的哲学思想中，"活力"又是一个创造性、效率的问题。一个有活力的社会充满着创造性和效率。在这个意义上，活力又是一个社会合理运行的机制问题。"效率不高同机构臃肿、人浮于事、作风拖拉有关。"①换言之，社会没有活力是"机构臃肿""机构重复"的结果。因此，要提高活力就要进行体制改革，没有体制改革，就没有社会活力。

邓小平提出如此重视"活力"，目的就是使中国人民焕发出积极性、创造性、主体性，提高效率，使中国特色社会主义充满活力。

邓小平哲学思想精神实质的第二个方面，是把哲学作为方法论。邓小平始终从方法论的角度来理解哲学，明确指出："现在我们的干部中很多人不懂哲学，很需要从思想方法、工作方法上提高一步。"②

从一定意义上说，哲学就是方法论，为人们提供思想方法和工作方法。恩格斯明确指出："马克思的整个世界观不是教义，而是方法。它提供的不是现成的教条，而是进一步研究的出发点和供这种研究使用的方法。"③马克思主义哲学既是科学的世界观，又是科学的方法论，不仅揭示了客观世界运动的一般规律，而且提供了认识世界和改造世界的一般方法。世界观与方法论的统一表明，哲学的根本观点也就是根本方法。所以，邓小平指出："我们也有一些同志天天讲毛泽东思想，却往往忘记、抛弃甚至反对毛泽东同志的实事求是、一切从实际出发、理论与实践相结合的这样一个马克思主义的根本观点，根本方法。"④

世界观与方法论、根本观点与根本方法之所以能够统一，是因为方法的"原型"是客观规律。从本质上看，方法无非是内化于人们头脑并渗透于人们行动中的客观规律，是人们自觉认识到并把它转化为认识手段的客观规律。正是由于深刻地把握了马克思主义哲学的本质和功能，邓小平自觉地意识到哲学也是方法论，根本观点也是根本方法。

---

① 《邓小平文选》第三卷，第 179 页。
② 《邓小平文选》第二卷，第 303 页。
③ 《马克思恩格斯选集》第 4 卷，第 742—743 页。
④ 《邓小平文选》第二卷，第 114 页。

邓小平哲学思想精神实质的第三个方面，是"尊重社会发展规律"和植根人民群众的实践。

哲学的生命力和命运就在于，它是否反映了社会发展规律，是否植根于人民群众的实践活动。把握社会发展规律和关注人民群众的实践，是邓小平哲学思想的聚集点。邓小平指出："群众路线和实事求是这两条是最根本的东西。"①

实事求是这条唯物主义路线揭示出历史是有规律的发展过程，同时，又是人民群众创造的过程。社会发展并不是在人们活动之上或之外纯粹的物质运动过程，而是人民群众的实践过程，是人民群众的实践活动在时间中的展开。生产力是社会发展的最终决定力量，而人民群众是生产力的主体，因此，生产力对历史进程的决定作用和人民群众对历史的创造作用是一致的。邓小平的全部思考和活动，都是从历史规律和群众实践相一致这一根本观点、根本方法出发的。邓小平的哲学思想之所以充满生命力，根源就在于此。

邓小平一再强调"尊重社会发展规律"，甚至从规律的视角看待暂时的倒退和曲折。"历史唯物主义揭示了人类社会发展的规律。封建社会代替奴隶社会，资本主义代替封建主义，社会主义经历一个长过程发展后必然代替资本主义。这是社会历史发展不可逆转的总趋势，但道路是曲折的。资本主义代替封建主义的几百年间，发生过多少次王朝复辟？所以，从一定意义上说，某种暂时复辟也是难以避免的规律性现象"②。这就是说，暂时的复辟、严重的曲折、一时的倒退，本身就是社会发展规律的一种表现。换言之，规律包含着发展的曲折性，社会发展本身就是一个波浪式前进、螺旋式上升的过程。这是邓小平对社会发展规律深刻理解和把握。

植根于人民群众的实践活动，是邓小平哲学思想的力量之所在。在

---

① 《邓小平文选》第二卷，第 45 页。
② 《邓小平文选》第三卷，第 382—383 页。

当代中国改革开放和现代化建设的进程中,邓小平始终立足于这一基点上。邓小平指出:"农村搞家庭联产承包,这个发明权是农民的。农村改革中的好多东西,都是基层创造出来,我们把它拿来加工提高作为全国的指导。"①邓小平哲学思想植根于人民群众的创造性实践中,本身就是对人民群众的发明、创造"加工提高"的产物。人民群众的实践孕育着巨大的创造性,人民群众不断创造着历史运动的新形式。邓小平立足人民群众实践活动,把人民群众的发明和创造"拿来加工提高作为全国的指导",充分体现了理论必须联系实际才能发展,哲学的力量归根到底来自实践的力量。

"哲学家们只是用不同的方式解释世界,问题在于改变世界。"②从根本上说,哲学的力量就在于,它既源于实践,又指导并转化为人们的实践活动。哲学如果不重视人,人也就不会重视哲学;哲学如果不能指导并转化为人们的实践活动,那么它只能成为象牙塔里的古玩。哲学不是玄学,不是"启示录",不是书斋里背诵的教条。哲学的生命在实践,只有把握社会发展规律,扎根于人民群众的实践,哲学才能指导当代中国的改革开放和现代化建设。

① 《邓小平文选》第三卷,第382页。
② 《马克思恩格斯选集》第1卷,第57页。

第十五章

以生产力为根本标准的彻底唯物主义

邓小平首先是一位唯物主义者。和毛泽东一样,邓小平极为重视实事求是,并认为实事求是是马克思主义的基础,是毛泽东思想的精髓;与毛泽东不同,邓小平把解放思想和实事求是结合起来了,并把生产力作为实事求是的根本标准。换言之,在邓小平的哲学思想中,解放思想、实事求是、生产力标准是密切相关甚至融为一体的。按照邓小平的观点,只有在解放思想的过程中才能达到实事求是,而是否达到实事求是只能以生产力为根本标准,从而"肯定应当肯定的东西,否定应当否定的东西"。这就形成了以生产力为根本标准的彻底的唯物主义。正是依靠解放思想、实事求是和生产力标准讨论,邓小平领导我们党实现了思想路线和政治路线的拨乱反正,取得了改革开放和现代化建设的巨大成就。要理解邓小平理论和实践的实质,就要分析解放思想和实事求是相统一、以生产力为根本标准的彻底唯物主义。

一、实事求是：毛泽东思想的出发点、根本点和精髓

"实事求是"一词，源于东汉史学家班固撰写的《汉书·河间献王传》。文中对西汉景帝第三子河间献王刘德写道："修学好古，实事求是。从民得善书，必为好写与之，留其真，加金帛赐以报之。"唐朝颜师古注"实事求是"四字，谓"务得事实，每求真是也"。"务得事实"，指务必得到客观事物的事实情况；"每求真是"，指不断追求事物内在的本质和特点。因此，实事求是的本意是指严谨好学、务求真谛的一种认真的治学态度。

对"实事求是"做出全新的马克思主义解释，使之内涵精义升华，并用之来概括中国共产党思想路线的是毛泽东。毛泽东指出："'实事'就是客观存在着的一切事物，'是'就是客观事物的内部联系，即规律性，'求'就是我们去研究。我们要从国内外、省内外、县内外、区内外的实际情况出发，从其中引出其固有的而不是臆造的规律性，即找出周围事变的内在联系，作为我们行动的向导。"①经毛泽东改造发展，"实事求是"成为一个马克思主义的哲学范畴。正如邓小平所说，"马克思、恩格斯创立了辩证唯物主义和历史唯物主义的思想路线，毛泽东同志用中国语言概括为'实事求是'四个大字"②。

从总体上看，实事求是原则有两个层次：第一个层次，"实事求是，是无产阶级世界观的基础，是马克思主义的思想基础"③；第二个层次，"实事求是，是毛泽东思想的出发点、根本点"④，是"毛泽东思想的精髓"⑤。这两个层次既有联系又有区别。这是因为，作为马克思主义思想基础的实事求是，是辩证唯物主义和历史唯物主义基本原理的结晶，但它只是一般哲学原理的要求和反映；作为毛泽东思想出发点、根本点和精髓的实事

① 《毛泽东选集》第三卷，第 801 页。
② 《邓小平文选》第二卷，第 278 页。
③ 《邓小平文选》第二卷，第 143 页。
④ 《邓小平文选》第二卷，第 114 页。
⑤ 《邓小平文选》第二卷，第 126 页。

求是,则是中国化的马克思主义,是中国共产党的思想路线。从作为辩证唯物主义和历史唯物主义原理概括的实事求是,到作为中国共产党思想路线的实事求是,是中国革命发展的历史产物,有着自己形成的独特的历史条件。

把实事求是这两个层次区分开来有着重要的意义,因为人们通常只是从一般哲学原理的角度来理解实事求是,而忘记了从中国共产党历史发展的角度来考虑问题,这就没有深刻领会作为毛泽东思想出发点、根本点和精髓的实事求是的精神实质。邓小平对中国化的马克思主义——毛泽东思想形成的重要性有着深刻的体会,因而对实事求是的理解也是最深刻的。1978年,邓小平在全军政治工作会议上讲了四个问题,第一个问题就是实事求是,而他在讲实事求是时几乎回顾了中国共产党的整个历史发展。这表明,邓小平不仅是从马克思主义哲学的基本原理,而且是从中国共产党的历史发展、实事求是思想路线形成的角度来把握实事求是的。

按照邓小平的观点,实事求是首先是马克思主义的思想基础。邓小平多次指出,实事求是"是唯物主义"①,是辩证唯物主义和历史唯物主义。其意是指,实事求是根源于马克思主义的基本观点。

首先,实事求是源于唯物论的观点。恩格斯指出:"同黑格尔哲学的分离在这里也是由于返回到唯物主义观点而发生的。这就是说,人们决心在理解现实世界(自然界和历史)时按照它本身在每一个不以先入为主的唯心主义怪想来对待它的人面前所呈现的那样来理解;他们决心毫不怜惜地抛弃一切同事实(从事实本身的联系而不是从幻想的联系来把握的事实)不相符合的唯心主义怪想。除此以外,唯物主义并没有别的意义。不过在这里第一次对唯物主义世界观采取了真正严肃的态度,把这个世界观彻底地(至少在主要方面)运用到所研究的一切知识领域里去

---

① 《邓小平文选》第二卷,第114页。

了。"①因此,唯物主义的观点无非是指,世界在本质上是物质的,人们在认识和把握世界时,要按照世界本身所呈现的样子来理解世界,从事实本身的联系来把握事实。

其次,实事求是源于反映论的观点。按照马克思主义反映论,认识是主体在实践过程中对客体的反映,是一个由感性认识到理性认识,实践、认识、再实践、再认识这一循环往复、以至无穷的过程。经验主义和教条主义都违反了主观符合客观的原则。经验主义使认识停留于感性阶段,停留于某一局部范围内,忘记了理论的一般指导意义;教条主义只从书本、教条出发,忘记了认识、理论也应随着实践的发展而不断改变自己的形式。

再次,实事求是源于辩证法的观点。辩证法本质上是革命的、批判的,即"辩证法在对现存事物的肯定的理解中同时包含对现存事物的否定的理解,即对现存事物的必然灭亡的理解;辩证法对每一种既成的形式都是从不断的运动中,因而也是从它的暂时性方面去理解;辩证法不崇拜任何东西,按其本质来说,它是批判的和革命的"②。以实事求是为核心的彻底的唯物主义同这种"合理形态"的辩证法具有内在的一致性,正如邓小平所说,"彻底的唯物主义者,只能实事求是地肯定应当肯定的东西,否定应当否定的东西"③。

从作为理论观点的实事求是到作为思想路线的实事求是,有一个马克思主义中国化、毛泽东思想形成的历史过程。邓小平在回顾中国共产党的历史发展时指出:"毛泽东思想的基本点就是实事求是,就是把马列主义的普遍原理同中国革命的具体实践相结合。毛泽东同志在延安为中央党校题了'实事求是'四个大字,毛泽东思想的精髓就是这四个字。"④因此,作为毛泽东思想出发点、根本点和精髓的实事求是,是"马列主义的

---

① 《马克思恩格斯选集》第 4 卷,第 242 页。
② 《马克思恩格斯全集》第 23 卷,第 24 页。
③ 《邓小平文选》第二卷,第 334 页。
④ 《邓小平文选》第二卷,第 126 页。

普遍原理同中国革命的具体实践相结合"的产物。

作为中国共产党的思想路线,实事求是是反对教条主义的产物。邓小平指出,毛泽东从中国革命的最初年代开始,"就一直同理论脱离实际、一切只从主观愿望出发、一切只从本本和上级指示出发而不联系具体实际的错误倾向作坚决的斗争"①。

在《反对本本主义》一文中,毛泽东第一次提出"思想路线"这一新的概念,并认为有两条对立的思想路线:一条是"从斗争中创造新局面的思想路线"②,另一条则是由本本出发的保守的思想路线。

在《实践论》《矛盾论》等著作中,毛泽东进一步批判了教条主义,从理论基础上奠定了实事求是的思想路线,明确指出:"我们的教条主义者是懒汉,他们拒绝对于具体事物做任何艰苦的研究工作,他们把一般真理看成是凭空出现的东西,把它变成为人们所不能够捉摸的纯粹抽象的公式,完全否认了并且颠倒了这个人类认识真理的正常秩序。"③

在《改造我们的学习》一文中,实事求是的思想路线基本形成,成为统一全党思想认识的理论武器,成为一种正确对待马克思主义与中国实际关系的根本立场和态度。

这就是实事求是思想路线形成的历史过程。邓小平多次回顾这一历史过程,目的就是要从中国革命发展的角度来把握这一思想路线的实质。

作为中国共产党的思想路线,实事求是是与中国革命道路的探索联系在一起的。邓小平指出:"马克思、列宁从来没有说过农村包围城市,这个原理在当时世界上还是没有的。但是毛泽东同志根据中国的具体条件指明了革命的具体道路,在军阀割据的时候,在敌人控制薄弱的地区,领导人民建立革命根据地,用农村包围城市,最后夺取了政权。列宁领导的布尔什维克党是在帝国主义世界的薄弱环节搞革命,我们也是在敌人控

---

① 《邓小平文选》第二卷,第114—115页。
② 《毛泽东著作选读》上册,55页,人民出版社1986年版。
③ 《毛泽东选集》第一卷,第310页,人民出版社1991年版。

制薄弱的地区搞革命,这在原则上是相同的,但我们不是先搞城市,而是先搞农村,用农村包围城市。"①"过去我们搞革命所取得的一切胜利,是靠实事求是;现在我们要实现四个现代化,同样要靠实事求是。"②邓小平的这一论述表明,实事求是的思想路线是在探索中国式的革命道路中发展起来的。

作为探索中国革命道路的思想武器,实事求是就是一切从中国的实际出发,把马克思主义的基本原则与原则实现形式的多样性结合起来,创造性地探索适合自身发展的具体形式。离开了原则的一致性与形式的多样性,实事求是也就失去了自己的灵魂。正是在这个意义上,邓小平强调:"马克思主义的活的灵魂,就是具体地分析具体情况。马列主义、毛泽东思想如果不同实际情况相结合,就没有生命力了。"③换言之,作为毛泽东思想的精髓,实事求是就是要从中国实际出发,创造适合中国革命和建设的有特色的具体道路、模式。

作为中国共产党的思想路线,实事求是是毛泽东哲学思想的形成过程。

实事求是不仅是一个实际问题,而且是一个理论问题;是既发展实践,也发展理论的过程。毛泽东在创立实事求是思想路线的同时,不仅对中国实际进行深刻的研究,制定了符合中国实际的路线、方针、政策,而且深入研究了实事求是这一理论本身,对马克思主义哲学做出了重要贡献。所以,邓小平在对历史问题做评价时指出:"历史决议中关于毛泽东同志对马克思主义哲学的贡献,要写得更丰富,更充实。"④

实事求是之所以成为毛泽东思想的出发点、根本点和精髓,是因为实事求是思想路线形成的过程,也就是毛泽东哲学思想的形成过程。"实事求是"四个大字中,凝聚着毛泽东对马克思主义哲学基本原理的理解,凝

① 《邓小平文选》第二卷,第126—127页。
② 《邓小平文选》第二卷,第143页。
③ 《邓小平文选》第二卷,第118页。
④ 《邓小平文选》第二卷,第304页。

聚着毛泽东对中国这个东方大国实际的理解,更重要的是,凝聚着毛泽东对理论如何联系实际的理解。实事求是思想路线的形成体现着毛泽东哲学思想以至整个毛泽东思想形成的历史。这是整整的一个时代。换言之,在实事求是的思想路线中凝结着整整一代人的思考与探索、奋斗与追求。

因此,只有结合中国共产党的历史,结合中国革命道路的探索,结合毛泽东思想的形成,才能深刻全面地说明实事求是的思想路线,说明实事求是何以成为毛泽东思想的出发点、根本点和精髓。邓小平对实事求是的理解,就是从这样一个历史高度出发的。这是他思想的深刻性和全面性之所在,也是他勇于拨乱反正,探索新的发展道路的信心和力量之所在。

在新的历史时期,邓小平重申实事求是是马克思主义的思想基础,是毛泽东思想的出发点、根本点和精髓,从而恢复了实事求是的地位。同时,邓小平又从认识路线、思想路线、政治路线的统一来理解实事求是,并把实事求是这一根本原则和根本路线发展为一个有机整体,这就是,"实事求是,一切从实际出发,理论联系实际,坚持实践是检验真理的标准"[1],从而使实事求是这一原则得以系统化。

二、实事求是: 完整的有机系统

邓小平对实事求是理解的深刻性和全面性,体现在把认识路线、思想路线、政治路线三者统一起来。这是邓小平对实事求是思想路线整体把握的特点之一。

邓小平是在关注真理标准问题的讨论中,意识到认识路线、思想路线、政治路线三者统一真谛的。1978 年 5 月 11 日,《光明日报》发表特约评论员文章《实践是检验真理的唯一标准》。这篇文章阐明的实际上只是

————————
[1]《邓小平文选》第二卷,第 278 页。

马克思主义哲学的常识,然而,在当时却引起了很大的争论。在邓小平看来,"现在对这样的问题还要引起争论,可见思想僵化"①。这的确发人深思。这一争论表明,人们在认识路线的理解上已经产生分歧,如果这一问题不解决,就谈不上思想上的统一。这就突出了认识路线的重要性。所以,邓小平认为,"真理标准问题的讨论是基本建设"②。"关于真理标准问题的争论,的确是个思想路线问题,是个政治问题,是个关系到党和国家的前途和命运的问题。"③

一个哲学问题的讨论关系到党和国家的命运,这绝不是耸人听闻。这是因为,哲学认识论的问题关系到人的认识和实践遵循什么原则的问题,在这个意义上,认识论是思想路线的基础。只有认识论的根本问题和根本路线解决了,人们的认识才有基本准则,才有正确的思想路线;而思想路线正确与否,又直接关系到政治路线,因为政治路线是建立在思想路线的基础之上的。正如邓小平所说,"思想路线不是小问题,这是确定政治路线的基础。正确的政治路线能不能贯彻实行,关键是思想路线对不对头"④。这就从理论上解决了认识路线、思想路线、政治路线的关系。

认识路线本身是一个哲学问题。在认识论上,始终存在着两条根本对立的路线:一条是从物到感觉和思想的路线,一条是从思想和感觉到物的路线。前者是唯物主义的认识路线,后者是唯心主义的认识路线。这两条根本对立的认识路线在实际工作中表现为实事求是与主观主义两条思想路线的对立。这就是说,有什么样的认识路线,就有什么样的思想路线,思想路线就是转化为指导思想用来支配行动的认识路线。所以,认识路线是思想路线的理论基础,思想路线则是认识路线在实际工作中的体现和贯彻。同时,正确的政治路线必须以正确的思想路线为保证,"不解

① 《邓小平文选》第二卷,第128页。
② 《邓小平文选》第二卷,第191页。
③ 《邓小平文选》第二卷,第143页。
④ 《邓小平文选》第二卷,第191页。

决思想路线问题,不解放思想,正确的政治路线就制定不出来,制定了也贯彻不下去"①。只有立足于正确的思想路线,才会有正确的政治路线。

认识路线、思想路线、政治路线的统一,是一种高于各个单独方面的更高的整体质、系统质,只有在三者的相互联系中,才能全面、深刻地把握实事求是的思想路线。

邓小平对实事求是思想路线整体把握的又一特点,是对实事求是思想路线做了系统概括,即"实事求是,一切从实际出发,理论联系实际,坚持实践是检验真理的标准,这就是我们党的思想路线"②。依据邓小平对实事求是思想路线的系统概括,党的十二大明确规定:"党的思想路线是一切从实际出发,理论联系实际,实事求是,在实践中检验真理和发展真理。"这就形成一个由出发点、原则、目的、过程构成的思想路线的统一体。在这统一体内,各个基本点前后有序、有机结合、相互贯通、相互依存。

第一个基本点是一切从实际出发。一切从实际出发,是实事求是思想路线的理论前提,坚持了从物到感觉和思想的唯物主义认识路线。在邓小平看来,一切从实际出发,就要从当前的、根本的、变化的实际出发。实际是多方面、多层次的,这就需要从根本、大局出发;实际又有着历史的、现实的、未来的因素,这就要"从现在的实际出发","不根据现在的条件思考问题、下决心,很多问题就提不出来、解决不了"③;实际中还包含着未来发展的各种可能性和趋势,这就要"面向未来",把握发展趋势。只有从当前的、根本的、变化的实际出发,才是真正的从实际出发。

第二个基本点是理论联系实际。理论联系实际,是实事求是思想路线的基本内容。一切从实际出发,坚持了认识论中的唯物主义路线,但这只是解决实际问题的起点。要真正解决实际问题,就不能停留在实际问题的现象上,而要运用理论研究实际的本质和规律,去"求"。仅从实际出发,没有理论指导,是经验主义;只有理论而不联系实际,是教条主义。只

① 《邓小平文选》第二卷,第 191 页。
② 《邓小平文选》第二卷,第 278 页。
③ 《邓小平文选》第二卷,第 127 页。

有把理论与实际结合起来,运用科学的理论来分析实际问题,揭示实际的内部联系和发展规律,才能求到"是"。而要做到理论联系实际,就必须把握共性与个性的辩证关系。共性与个性的关系既是辩证法的精髓,也是理论如何联系实际的核心。理论是共性和基本原则,实际问题则是个性和具体表现,要把理论与实际结合起来,就要把共性与个性、基本原则与具体表现结合起来。

第三个基本点是实事求是。实事求是就是要从实事中寻找出"是",即规律性,因此,实事求是是一切从实际出发、理论联系实际的目的和归宿,是实事求是思想路线的核心。这里,存在两个"实事求是",这两个"实事求是"的角度是不同的:一个是作为思想路线的实事求是,即由一切从实际出发、理论联系实际、实事求是、在实践中检验真理和发展真理所构成的统一体;另一个是作为思想路线基本点之一的实事求是,它标志着一切从实际出发,理论联系实际的目的和归宿,即揭示规律性。正如邓小平所说,实事求是就是要"找出规律性的东西来指导革命"①。

第四个基本点是在实践中检验真理和发展真理。在实践中检验真理和发展真理,这是实事求是思想路线的终点。通过前三个环节探求的"是"是否"真是",这不是一个理论问题,而是一个实践问题,应该由实践来检验。按照邓小平的观点,对社会的认识是否正确,主要矛盾抓得对不对等,要以生产力为根本标准。在社会领域,离开了生产力这一最高标准,实践标准就失去了灵魂,也就不成其为标准。同时,实践检验真理是一个不断试验、不断总结、不断纠正的动态过程,这就需要"试验","一步步地总结经验,不对头赶快改"②。以不断试验、不断总结、不断纠正作为检验真理的途径,是邓小平的一贯思想。实践检验既是客观的,又是动态的。

邓小平把一切从实际出发、理论联系实际、实事求是、在实践中检验

① 《邓小平文选》第二卷,第121页。
② 《邓小平文选》第三卷,第99页。

和发展真理确立为实事求是思想路线的四个方面,不仅实现了唯物论与辩证法的统一,世界观与方法论的统一,而且实现了实事求是和解放思想的统一,即只有解放思想的过程中才能达到实事求是,反过来,只有实事求是才能真正解放思想。更重要的是,实现了解放思想、实事求是和唯物主义历史观的统一,即要解放思想、实事求是,就要从社会中的根本实际,即生产力状况出发,并以此作为判断是否达到实事求是的根本标准。换言之,只有从现实的生产力出发,我们才能真正理解社会中的"实事","求"出来的"是"才能是社会发展规律、人民群众的利益要求,才能"肯定应该肯定的东西,否定应该否定的东西"。

三、解放思想:实事求是的前提

邓小平对实事求是思想路线的又一重要发展,就是把实事求是和解放思想结合起来了。所谓"解放思想,是指在马克思主义指导下打破习惯势力和主观偏见的束缚,研究新情况,解决新问题"[1]。在邓小平看来,要真正做到实事求是,仅仅是有务实的态度还是不够的,如果思想不解放,沉浸于各种旧的条条框框之中,只能成为传统规则的奴隶和"思想懒汉";只有"打破习惯势力和主观偏见的束缚",从"精神枷锁"下解放出来,才能真正达到实事求是。在这个意义上,解放思想是实事求是的前提。

邓小平提出解放思想,开始是针对"个人迷信""精神枷锁""理论禁区"而言的。在这个意义上,解放思想具有拨乱反正的政治意义。但是,如果仅仅从政治意义上来理解解放思想,就缩小了解放思想的意义。正因为如此,邓小平后来又强调:"在一切工作中要真正坚持实事求是,就必须继续解放思想。"[2]在邓小平看来,要坚持实事求是,就必须解放思想,而且要不断地解放思想。这就把解放思想和实事求是的关系上升为具有普

---

[1]《邓小平文选》第二卷,第 279 页。
[2]《邓小平文选》第二卷,第 364 页。

遍性的理论问题,成为一个认识路线的问题。

　　毛泽东曾经指出,人的认识是对客观存在的反映,认识的原料来自实践,人脑只是一个"加工厂"。但是,问题的关键就在这个"加工厂"。这是因为,这个"加工厂"实际上就是人们认识和把握世界的精神条件,即人的主体条件。认识是作为主体的人在实践过程中对客体的反映。在这个过程中,不仅客体,即纳入实践活动和认识活动的客观对象决定着人的认识,而且主体,即有思维能力、进行实践活动的人本身的状态,也规范着人的认识。主体的知识结构、思维模式、价值观念,以至阶级立场等规范着人们从哪个角度来选择、筛选、加工信息,以及以什么样的方式来组合信息。

　　这就是说,问题有两个方面:一方面,人作为主体只是原料的"加工厂",是信息到精神产品的转换器,没有原料和信息来源,"加工厂"无法运转起来;另一方面,"加工厂"本身的流水线、程序、活动方式不同,同样的原料就会形成好坏高低、精细粗糙等不同的产品,因此,"加工厂"本身的状态如何是认识过程中极其重要的问题。

　　"从前的一切唯物主义(包括费尔巴哈的唯物主义)的主要缺点是:对对象、现实、感性,只是从客体的或者直观的形式去理解,而不是把它们当作感性的人的活动,当作实践去理解,不是从主体方面去理解。"①忽视人的实践,忽视主体,仅从客体的角度看世界,这是旧唯物主义的主要缺点;新唯物主义则以人的实践为基础,不仅从客体,而且从主体的角度去理解"对象、现实、感性",并且十分重视主体在认识中的作用。这是一个根本性的理论问题,是一个是否真正坚持马克思主义哲学的重大问题,同时,又是一个重大的实践问题。邓小平解放思想的意义就在于此。

　　解放思想就是要关注作为主体的人的精神条件、主体素质,并把它作为实事求是不可缺少的条件。换言之,即使在没有"精神枷锁"的环境中,也仍然要解放思想,不断反思自己,即把自己的思想观念、思维方式作为

---

① 《马克思恩格斯选集》第 1 卷,第 54 页。

自己的思考对象。否则,人就会成为"思想懒汉",思想就会"僵化"。"一个党,一个国家,一个民族,如果一切从本本出发,思想僵化,迷信盛行,那它就不能前进,它的生机就停止了,就要亡党亡国。"①这表明,思想是否解放不仅是一个理论问题,更重要的是一个关系到党和国家前途与命运的重大的现实问题,是一个民族有无活力和能否发展的重大的现实问题。

所以,邓小平指出:"解放思想,开动脑筋,实事求是,团结一致向前看,首先是解放思想。只有思想解放了,我们才能正确地以马列主义、毛泽东思想为指导,解决过去遗留的问题,解决新出现的一系列问题,正确地改革同生产力迅速发展不相适应的生产关系和上层建筑,根据我国的实际情况,确定实现四个现代化的具体道路、方针、方法和措施。"②无论是解决历史遗留的问题,还是解决发展中出现的新问题,都必须以解放思想为前提。

解放思想就是破除思想僵化的精神状态。在倡导解放思想的同时,邓小平全面分析了"思想僵化"这样一种精神状态。在邓小平看来,思想僵化就是思想禁锢于习惯势力、主观偏见和旧的条条框框之中,一切从本本出发,因循守旧,不敢思考、不敢创新的一种精神状态。在这种状况下,人的精神停顿、萎缩下来,没有任何创造性。

马克思曾指出,自然经济"使人的头脑局限在极小的范围内,成为迷信的驯服工具,成为传统规则的奴隶,表现不出任何伟大的作为和历史首创精神"③。思想僵化的状态与马克思所描述的状态类似,只不过具有新的特点,即成为本本主义、传统观念的奴隶。邓小平指出,思想僵化"这种状态是在一定历史条件下形成的"。"思想一僵化,条条、框框就多起来了","思想一僵化,不从实际出发的本本主义也就严重起来了"。④ 思想僵化是从本本、传统出发,而不是从实际出发。所以,思想僵化归根结底

① 《邓小平文选》第二卷,第 143 页。
② 《邓小平文选》第二卷,第 141 页。
③ 《马克思恩格斯选集》第 1 卷,第 765 页。
④ 《邓小平文选》第二卷,第 142 页。

是主观主义和唯心主义，从根本上违背了实事求是的原则。

"解放思想，就是使思想和实际相符合，使主观和客观相符合，就是实事求是。"①因此，解放思想要使思想从"习惯势力和主观偏见"这两个方面的精神束缚下解放出来。

所谓习惯势力，是指历史遗留下来的人们司空见惯、习以为常的一些传统，它潜移默化地渗透于人们的日常行为、日常心理、日常思考中，仿佛是天然合理、不容怀疑的。在中国，小生产和官僚主义就是两种习惯势力。正如邓小平所说，"小生产的习惯势力和官僚主义的习惯势力，还顽强地纠缠着我们"②。此外，从1957年开始占据主导地位的"左"的思潮，也形成了新的习惯势力，形成一种固定的思维模式，从而使人们"按老框框办事，思想很不解放"③。更重要的是，"右可以葬送社会主义，'左'也可以葬送社会主义"④。

习惯势力与主观偏见往往是联系在一起的。以一种固定的理论视角、思维框架、习惯想法去看待一切，就会形成一种主观偏见。所以，解放思想不仅仅要使思想从"习惯势力"的束缚下解放出来，而且要从"主观偏见"的束缚下解放出来。这是同一过程的两个方面。

解放思想不是目的，解决问题这才是解放思想的目的。"解放思想，就是要运用马列主义、毛泽东思想的基本原理，研究新情况，解决新问题。"⑤解放思想要解决问题，这是一个普遍性的要求。同时，每个具体单位都有自己的具体条件、具体情况和具体问题，这就要把一般要求与具体情况结合起来，解决具体问题。邓小平强调："就是一个生产队，也应该解放思想，开动脑筋，解决本生产队的具体问题。"⑥只有解放思想，才能把理论与实际、一般要求与具体情况结合起来，研究新情况，解决新问题。

---

① 《邓小平文选》第二卷，第364页。
② 《邓小平文选》第二卷，第162页。
③ 《邓小平文选》第二卷，第316页。
④ 《邓小平文选》第三卷，第375页。
⑤ 《邓小平文选》第二卷，第179页。
⑥ 《邓小平文选》第二卷，第280页。

解放思想与实事求是之间是一种双向关系,解放思想是实事求是的前提,同时,解放思想必须以实事求是为方向。这是同一过程的两个方面。解放思想如果离开了实事求是这一根本,就会形成新的主观偏见。

这里有一个无法回避的问题,即解放思想有没有界限？问题是两个方面的：如果解放思想是沿着实事求是方向前进的,那么解放思想就没有界限,没有什么过头或越界的问题；如果解放思想不是沿着实事求是方向前进的,那么解放思想就会变成主观偏见,甚至胡思乱想,如历史虚无主义、回归儒学、全盘西化等,这种所谓的思想解放就是过了头,对这种思想解放就必须设界。邓小平的解放思想这一概念始终是围绕实事求是旋转的。

四、实事求是：根本的思想方法

实事求是的思想方法和工作方法,是实事求是的原则在思想方法和工作方法中的体现,反过来,实事求是的思想方法和工作方法又成为实事求是的原则渗透到经济、政治、文化等领域中去的中介和"桥梁"。没有实事求是的思想方法和工作方法,实事求是的思想路线就无法显示它的力量。邓小平从世界观、认识论、方法论相统一的立场出发,提出了实事求是的思想方法和工作方法,认为实事求是是马克思主义世界观的基础,同时,又是"马克思主义的根本观点,根本方法",并强调："按照实际情况决定工作方针,这是一切共产党员所必须牢牢记住的最基本的思想方法、工作方法。"①

调查研究,是实事求是方法的第一个方面。

调查研究方法,也就是掌握实际情况、材料、信息并对这些资料进行研究的方法。邓小平指出："毛泽东同志从参加共产主义运动、缔造我们

---

① 《邓小平文选》第二卷,第114页。

党的最初年代开始,就一直提倡和实行对于社会客观情况的调查研究。"①邓小平也一贯注重调查研究,并强调调查研究方法的信息化。在一个变动较快的社会中,信息"确实很重要","没有信息,就是鼻子不通,耳目不灵"②。

正因为信息重要,邓小平把搞信息封锁看成世界观问题:"搞封锁是害人又害己。我们要把对待封锁的态度,作为检验一个人世界观改造得如何的重要内容之一。凡是搞封锁的,就说明他的世界观没有得到很好的改造。"③在邓小平看来,只有在一个信息畅通的社会中,调查研究才能及时而顺利地进行。

同时,邓小平还强调调查研究方法的网络化。除了对情况进行系统调查、征求专家和群众意见,调查研究方法的网络化还包括"窗口"和"试验"等形式,如"技术的窗口""管理的窗口""知识的窗口""对外政策的窗口""城市改革的试验""深圳是个试验"等。打开各种各样的"窗口",实际上就是调查研究、掌握信息的方法,而"试验"则是一种典型调查和解剖的方法。通过"试验",深化调查研究,这是邓小平对调查研究方法的一个发展。

历史主义分析,是实事求是方法的第二个方面。

所谓历史主义分析方法,是指对事物进行纵向分析,把握事物历史的方法。由于任何事物都具有自身的历史,任何现实都是由历史发展而来的,任何现实中都有历史的痕迹、要素、"残片",因此,把握事物的历史,弄清它的来龙去脉,就在一定意义上把握了事物的现实。历史主义分析方法是在调查研究的基础上进一步认识事物的方法,是历史唯物主义在方法论上的体现。"我们是历史唯物主义者,研究和解决任何问题都离不开一定的历史条件。"④历史主义分析方法起到两种作用:

---

① 《邓小平文选》第二卷,第 114 页。
② 《邓小平文选》第三卷,第 307 页。
③ 《邓小平文选》第二卷,第 58 页。
④ 《邓小平文选》第二卷,第 119 页。

一是经验和证明。所谓历史是一种经验和证明，是指用历史上的成功与失败来说明现在。"总结历史经验，中国长期处于停滞和落后状态的一个重要原因是闭关自守。经验证明，关起门来搞建设是不能成功的，中国的发展离不开世界。"①

二是历史是理解现实的钥匙。历史已经过去，但并没有消失，化为零，而是或者以浓缩的形式，或者以发展的形式，或者以萎缩的形式，或者以变形的形式，或者以"残片"的形式，存在于现实之中。因此，历史成为理解现实的钥匙。例如，邓小平就从历史主义的角度分析了"现在的官僚主义"，并认为："官僚主义是一种长期存在、复杂的历史现象。我们现在的官僚主义现象，除了同历史上的官僚主义有共同点以外，还有自己的特点，既不同于旧中国的官僚主义，也不同于资本主义国家中的官僚主义。它同我们长期认为社会主义制度和计划管理制度必须对经济、政治、文化、社会都实行中央高度集权的管理体制有密切关系。"②这就从历史主义分析的角度揭示出"现在的官僚主义"的历史形成。

具体问题具体分析，是实事求是的第三个方面。

无论是调查研究，还是历史分析，目的都是实事求是地把握具体的现实，解决具体的问题。具体问题具体分析的方法包括两个方面：一方面，具体问题是客观存在的，有着自身特点，任何具体问题都是由具体条件构成的；另一方面，具体分析也就是分析具体条件，并从具体条件出发去认识事物，规范自己的行为，从而找到具体问题的具体解决方法。从具体条件出发，也就是"因地制宜""因时制宜""因关系制宜""因对象制宜"。正如邓小平所说，"时间不同了，条件不同了，对象不同了，因此解决问题的方法也不同"③。

"具体之所以具体，因为它是许多规定的综合，因而是多样性的统

---

① 《邓小平文选》第三卷，第 78 页。
② 《邓小平文选》第二卷，第 327—328 页。
③ 《邓小平文选》第二卷，第 119 页。

一。"①从具体条件出发,并不是说否定共性、统一性。具体是"多样性的统一",因此,从具体条件出发就是把共性与个性、统一性与多样性"综合"起来把握具体现实,即从"许多规定""多样性"中把握其共性、统一性;同时,在共性、统一性指导下创造符合这一具有"许多规定""多样性"的具体现实的发展形式。具体问题具体分析的方法,就是把共性与个性、统一性与多样性、理论与实际、一般原则与具体特点结合起来分析事物的方位。"马克思主义的活的灵魂,就是具体地分析具体情况。"②具体问题具体分析是马克思主义的活的灵魂,是实事求是思想方法和工作方法的活的灵魂。

系统的、完整的分析,是实事求是方法的第四个方面。

所谓系统分析,就是把事物纳入一个相互联系的大范围中,从事物的相互联系、相互作用、相互渗透、相互依存来分析事物;所谓完整分析,就是把各个方面,即历史的、现实的、未来的以及经济的、政治的、思想的等综合起来,形成一个具有整体性的"大道理"。这种"大道理"具有规范性和权威性,它统制"小道理",带动全局。把系统与完整结合起来就构成系统地、完整地分析事物的方法。只有系统地、完整地分析和把握具体现实,才能真正做到实事求是。

系统地、完整地分析事物的方法,就是把某一事物置于各种联系中,从整体上把握事物的方法。整体分析方法与主要矛盾分析方法密切相关,整体分析方法必须以主要矛盾为轴心和"普照光",否则,无法"系统"和"完整"起来。正如马克思所说,"在一切社会形式中都有一种一定的生产决定其他一切生产的地位和影响,因而它的关系也决定其他一切关系的地位和影响。这是一种普照的光,它掩盖了一切其他色彩,改变着它们的特点。这是一种特殊的以太,它决定着它里面显露出来的一切存在的比重"③。抓住主要矛盾是把握全局、整体的前提。正确把握主要矛盾,并

①《马克思恩格斯选集》第2卷,第18页。
②《邓小平文选》第二卷,第118页。
③《马克思恩格斯选集》第2卷,第24页。

以此为基础从整体上把握了具体现实,才能做到实事求是。

不断试验、不断总结、不断纠错,是实事求是方法的第五个方面。

实事求是方法的进一步实施,必然要进到实践,接受实践检验。对社会的认识不同于对自然的认识,实践对社会认识的检验表现为不断试验、不断总结、不断纠错的过程。不断试验、不断总结经验、不断纠错的方法,一是要找到突破口,即"从哪里着手""看到成功的可能性",正如邓小平所说,"国家这么大,情况太复杂,改革不容易,因此决策一定要慎重,看到成功的可能性较大以后再下决心"①;二是"走一步看一步",不断纠错,正如邓小平所说,"我们是走一步看一步,有了不妥当的地方,改过来就是了。总之,遵循一个原则,就是实事求是"②。

"走一步看一步"是在总目标确定下的行动方针,是贯彻执行战略蓝图的操作方法,体现了实践活动的反馈方法。"走一步",就是实践一段,即按照原来确定的计划、方案来行动;"看一步",是对已经走的"那一步"进行总结,也就是把已经走的"那一步"的结果通过各种途径收集回来,并同原定的计划、方案进行比较,对的坚持,错的修正,形成更加符合实际的新的计划、方案;再下一步,把已经矫正的计划、方案通过实践贯彻下去⋯⋯"走一步看一步"的方法,把目的、手段、结果、反馈等要素构成一个动态系统,从而在动态过程中保证实事求是。

五、生产力:实事求是的根本标准

邓小平多次提到"彻底的唯物主义"这一概念,并明确指出:"彻底的唯物主义者,只能实事求是地肯定应当肯定的东西,否定应当否定的东西。"③问题的特殊性就在于,邓小平把实事求是与生产力标准联系起来并融为一体了,创立了以生产力为根本标准的彻底的唯物主义。

①《邓小平文选》第三卷,第 177 页。
②《邓小平文选》第三卷,第 78 页。
③《邓小平文选》第二卷,第 334 页。

从内容上看,彻底的唯物主义以是否有利于生产力发展作为检验路线、方针、政策是否正确的根本标准,作为检验某种社会制度或体制是否值得肯定或保留的根本标准;从形式上看,彻底的唯物主义就是以生产力为根本标准,肯定应当肯定的东西,否定应当否定的东西。这就是说,是否有利于发展生产力,是检验是否达到实事求是的根本标准。

实事求是的直接目的是使认识达到真理。问题在于,一个认识是否具有客观的真理性,不依任何人的意见、意志为准,而要看实践的结果。在人类思想史上,关于真理标准曾有过长期的争论,只有马克思主义哲学才真正解决了这个问题。以实践为检验真理的根本标准,是马克思主义哲学的基本原则。所以,邓小平对真理标准大讨论给予了高度评价,并明确指出:"实践是检验真理的唯一标准,实践是检验路线、方针、政策是否正确的唯一标准。"①

问题还在于,实践标准本身需要进一步具体化,而要使实践标准具体化,就必须使认识论与唯物主义历史观相结合。正是依据这种原则,面对改革开放过程中存在的种种困惑和疑虑,邓小平提出了"三个有利于"标准:"改革开放迈不开步子,不敢闯,说来说去就是怕资本主义的东西多了,走了资本主义道路。要害是姓'资'还是姓'社'的问题。判断的标准,应该主要看是否有利于发展社会主义社会的生产力,是否有利于增强社会主义国家的综合国力,是否有利于提高人民的生活水平。"②三个"有利于"标准是实践标准在社会领域的具体化。

三个"有利于"标准,重点突出了"有利于",突出了以往被人们所忽视的"实践标准"中的价值问题,实现了真理标准和价值标准的统一。在反对"两个凡是",提出完整准确地理解毛泽东思想时,邓小平指出,毛泽东思想中最主要的有两条,一是实事求是,二是群众路线。换句话说,一条是坚持一切从实际出发,一条是坚持一切从人民利益出发。从实际出发,

---

① 《邓小平文选》第三卷,第 28 页。
② 《邓小平文选》第三卷,第 372 页。

用实践检验认识的真理性,这是真理标准问题;从人民利益出发,一切以是否符合人民群众的利益为标准,这是价值标准问题。在"三个有利于"中,二者达到了统一。只有用这种统一的标准,才能有效地检验各种决策、各种措施和各方面工作的是非成败。

这里,有待检验的已经不是单纯的对一定对象的理论认识,而主要是各种政策和措施,这些政策和措施是在一定理论认识的基础上融进了价值因素,并带有对策性和设计性的东西;同时,这些政策和措施都具有强烈的目标指向性,是为实现特定目的才被采用的,要判定这些政策和措施是否正确,就需要确认其实施过程是否成功,成功的本意就是目的的实现。所以,这里既有对理论真伪的检验,又有对实践目的的检验,还有对实践是否成功的评价。

正是在这个意义上,"三个有利于"标准显示出突出的优越性:既是改革开放的目的,是进行各种决策的依据,也是判断这些决策是否正确、实践是否成功的标准;既是理论认识是否符合实际,是否真理的标准,又是实践及其政策和措施是否对人民有价值以及价值大小的标准。一句话,"三个有利于"标准是真理和价值相统一的标准。

"三个有利于"标准是一个整体,具有内在的联系,其中,发展生产力是根本。这是因为,综合国力的增强,人民生活水平的提高,归根到底,取决于生产力的发展。换言之,在"三个有利于"标准中,生产力标准是根本标准。毛泽东曾经指出:"中国一切政党的政策及其实践在中国人民中所表现的作用的好坏、大小,归根到底,看它对于中国人民的生产力的发展是否有帮助及其帮助之大小,看它是束缚生产力的,还是解放生产力的。"①这就是说,毛泽东已经把生产力看作判断一切政党的政策是否进步以及进步程度的根本标准。在新的历史时期,邓小平明确指出:"社会主义经济政策对不对,归根到底要看生产力是否发展,人民收入是否增加。

---

① 《毛泽东选集》第三卷,第 1079 页。

这是压倒一切的标准。"①

生产力标准之所以是"三个有利于"标准的基础,之所以构成检验实际工作和方针政策的根本标准,主要是因为:

第一,生产力的发展是实现社会发展多种目标的根本条件。任何一个社会的发展都具有多种目标,如经济水平的不断发展,政治制度的不断完善,思想文化的不断进步,生活质量的不断提高,等等。但是,这多种目标的实现,归根到底,取决于生产力的发展,生产力是社会发展的最终决定力量。同时,生产力本身就是人们的实践能力和本质力量,因而"发展人类的生产力,也就是发展人类天性的财富这种目的本身"②。所以,列宁认为,生产力的发展是"社会进步的最高标准"③。

第二,生产力的发展是社会发展的集中体现。社会发展体现在经济、政治、文化、科技等多方面,但集中体现在生产力的发展上。在一定的社会中,生产力能以它应有的速度向前发展,并超过在其他社会的发展速度,实际上体现了该社会的社会结构更为合理,社会关系更为先进。

第三,生产力的发展是社会发展的客观标志。生产力的发展不仅是社会发展的集中体现,而且是一种具有可测性的客观标志。这是因为,生产力的发展体现的是"生产的经济条件方面所发生的物质的、可以用自然科学的精确性指明的变革"④。所以,马克思认为:"各种经济时代的区别,不在于生产什么,而在于怎样生产,用什么劳动资料生产⋯⋯劳动资料不仅是人类劳动力发展的测量器,而且是劳动借以进行的社会关系的指示器。"⑤正因为如此,列宁又提出,生产力的状况是"整个社会发展的主要标准"⑥。

第四,社会主义制度优越性的"首要表现""根本体现",就是能使社会

① 《邓小平文选》第二卷,第 314 页。
② 《马克思恩格斯全集》第 26 卷 II,第 124 页。
③ 《列宁全集》第 16 卷,第 209 页。
④ 《马克思恩格斯选集》第 2 卷,第 33 页。
⑤ 《马克思恩格斯全集》第 23 卷,第 204 页。
⑥ 《列宁全集》第 41 卷,第 72 页。

生产力以旧社会所没有的速度向前发展;社会主义社会的"首要任务""根本任务",就是发展生产力,为人的全面发展奠定物质基础。因此,是否有利于发展生产力应当成为制定路线、方针、政策的根本依据,应当成为检验实际工作的根本标准。只有在承认生产力是根本标准的基础上,才能正确处理社会矛盾。

在邓小平哲学思想中,彻底的唯物主义与实事求是是融为一体的。二者融为一体的基础就在于,无论是彻底的唯物主义,还是实事求是,都是以是否有利于生产力的发展为根本标准。生产力标准的确立使我们破除了抽象谈论社会主义的唯心主义观念,从根本上划清了科学社会主义与空想社会主义的界限,并使评价社会活动,包括实践活动本身的标准达到了科学尺度和价值尺度的统一。

第十六章

以矛盾运筹为主线的社会活动辩证法

邓小平没有专门论述过辩证法问题,更没有构建一个辩证法体系。但是,邓小平善于"照辩证法办事",并在其复杂多样的实践活动中形成了一种独特的辩证法,这就是以矛盾运筹为主线的社会活动的辩证法。作为当代中国实践活动辩证法的理论反映和理论自觉,邓小平的辩证法思想主要体现在四个方面:一是战略设计活动辩证法;二是矛盾运筹辩证法;三是社会系统工程辩证法;四是实践反馈辩证法。

一、战略设计活动辩证法

战略设计活动是人类高度自觉和高度创造性的活动,是对具有重大意义的社会活动的方向、道路、过程及其主要阶段的总体构想活动。社会主义社会产生之前,社会基本上是在自发、半自发状态下发展的,人们从自己利益出发进行活动,相互之间形成"力的平行四边形",一只"看不见的手"在"设计"着社会运动。与以往社会不同，社会主义社会自觉地设计自己的社会发展，使社会发展得更快、更好、更合理。换言之，在社会主义社会，"看不见的手"变成了"看得见的手"。正是在这样的实践活动中，战略设计应运而生。邓小平的战略设计辩证法就是对当代中国社会发展进行自觉设计的辩证法，体现为一种高超的设计艺术。

邓小平战略设计的第一个特点，是正确处理战略和策略，或者说战略目标和策略步骤的辩证关系。

战略是发展的总的方向、总的蓝图，具有统一人心、统一行动的意义。一个正确的战略确立起来，就像一面旗帜树立起来一样，能够集中人们的意愿，形成一个强大的态势。所以，邓小平指出："只要把战略形势讲清楚，问题就好办了。"[①]"只要把战略和全局问题摆开来，就可以得到解决。"[②]策略或战术则是如何实现战略目标的实施步骤、手段、方法，是一种具体的现实的操作过程。策略可以使总的方向越来越明确，使总的蓝图成为人们看得到、摸得着的事实。

没有战略，就没有号召力；没有策略，就没有现实感。战略离开了策略，就可能成为空谈；策略离开了战略，就可能成为盲干。战略和策略，是能动的社会活动中的一对主要矛盾。邓小平正是抓住战略设计的这一主要矛盾，正确地处理了现代化的战略目标和策略步骤之间的辩证关系，即巧妙、灵活地运用了战略和战术、战略和策略之间的关系，从而展开其无比深刻而广阔的战略设计活动的。

战略目标设计必须要有号召力。战略目标设计是对现代化建设方向、道路、发展阶段、实施部署总体框架的设计，它是现代化建设的核心和灵魂。邓小平所确立的中国现代化发展战略目标之所以具有号召力，就是因为这种战略"三部曲"体现了社会发展的规律，反映了人民群众的利益。

---

① 《邓小平文选》第一卷，第198页。
② 《邓小平文选》第一卷，第198页。

战略目标设计必须具有现实感。战略目标设计应该有个度,目标太宏大、太遥远,就会失去现实感,同样会失去号召力。这就需要把握战略目标设计的度。邓小平之所以成为战略目标设计的大师,是因为他恰到好处地把握了度。邓小平指出:"必须一切从实际出发,不能把目标定得不切实际,也不能把时间定得太短。"①战略目标,既不能不切实际,也不能把时间定得太短,这就是一种战略设计艺术。

战略目标和策略步骤之间必须构成环与链的关系。目标只有通过各种策略、手段、具体的方案,通过具体化、定量化,才能逐步实现。"实现我们的目标,不是很容易的。讲大话,讲空话,都不行,要有一系列的对内对外的正确方针和政策。"②这就需要进入策略步骤的安排。

在邓小平看来,战略目标"靠不靠得住,还要看今后的工作……今后三年要有很好的安排"③。"现在要聚精会神把长远规划搞好,长远规划的关键,是前十年为后十年做好准备。"④这就是说,策略部署在落实时,一方面要抢时间,另一方面要前后有序。"准备有个抢时间问题,不能不认真对待。哪些项目早上,哪些晚上,要有个安排,不能挤到一起,能早上的就集中资金早上,早上一年早得利一年,不然要拖到下个世纪去了。"⑤

可见,战略和策略、目标和步骤之间是环与链的关系。事物的发展是一个连续不断的链条,这一链条又是由一个一个环节构成的。战略目标必须转化为一个一个环节,并且按一定方向把环节连接起来,形成环环相扣的有方向的运动,才能成为有指导性的战略目标。反过来,策略部署又是一个一个环节或片段,它们相互之间形成短程、中程、长程的联系:短程为中程服务,并且成为中程的一个片段;中程又为长程服务,成为长程的一个环节;而长程本身就是链条了。所以,链与环的关系是辩证的,链离开了环是空的,环离开了链是无方向的,只有实现二者的统一,即战略和

① 《邓小平文选》第三卷,第224页。
② 《邓小平文选》第三卷,第77页。
③ 《邓小平文选》第三卷,第16页。
④ 《邓小平文选》第三卷,第16页。
⑤ 《邓小平文选》第三卷,第16页。

策略的统一,目标才成为环与环之间的指导。

邓小平战略设计的第二个特点,是从纵向和横向两个方向进行规划,并把这两种设计有机地结合起来。

邓小平提出"面向现代化,面向世界,面向未来",其中,面向世界是对现代化发展的横向把握和横向设计,面向未来是对现代化发展的纵向把握和纵向设计。没有纵向和横向,即面向未来和面向世界,也就没有面向现代化的问题。"面向现代化,面向世界,面向未来"这三个面向实际上是邓小平战略设计活动的总方向,即从什么出发,向着什么方向运动,以什么为尺度来衡量和设计现代化。纵向设计和横向设计的有机结合,构成了邓小平战略设计的总体运动。

纵向设计是一种历时性的设计过程,是按过去、现在、未来的方向来规划自己的设计活动。邓小平十分重视纵向设计。每当出现重大历史事件时,邓小平总是要"冷静地考虑一下过去,也考虑一下未来"①。这就是纵向思维。把它运用于战略设计活动中,就是纵向设计。纵向设计的客观性在于事物发展的过程性。具体地说,纵向设计是按时间箭头为方向进行的设计,是立足中国现实、考虑中国过去、面向未来,并以未来引导现实运动的设计。未来是现实的未来,现实向未来的发展往往有多种可能性,这就需要对社会发展进行设计。没有一种面向未来并以未来引导现实运动的设计,只能是"鼠目寸光"。

横向设计是抓住事物相关性或者相互依存性的设计。邓小平对中国现代化的横向设计,就是把中国置入"开放的世界"这一宏大背景中,置入各民族、国家的普遍交往中进行的。同时,这种横向设计又是一种比较性的设计,是把中国置入世界现代化进程,并同其他国家的现代化比较中进行的。没有同其他国家现代化的横向比较,很难设计出一个切实的、跨越式发展的目标。邓小平的战略设计活动之所以能够立足中国、映现世界、高屋建瓴,就在于他把面向未来的纵向设计和面向世界的横向设计有机

---

① 《邓小平文选》第三卷,第304页。

结合起来了,体现出一种高超的设计艺术。

如果说战略目标设计、纵向设计和横向设计属于邓小平战略设计活动中的"框架设计""蓝图设计",那么,对现代化进程中每一阶段的"起点""中介"和"进一步发展"三个环节的设计就属于策略设计了。

战略与策略是统一的,战略设计蕴含着策略设计。以政治体制改革为例。1986 年,邓小平就提出政治体制改革"要有一个蓝图",要"制定一个目标"。同时,"要确定政治体制改革的范围,弄清从哪里着手。要先从一两件事上着手,不能一下子大干,那样就乱了"①。"确定范围","从哪里着手",从哪一两件事上"着手",只有解决这些策略操作,由点到面,逐步深化和拓展,才能真正实现策略设计,从而使战略蓝图明朗化、清晰化。在目标、蓝图已经确立的基础上,邓小平的战略设计转向起点、中介和进一步发展三个环节构成的策略设计。

起点是主要矛盾集中体现的地方,牵一发而动全身,推动起点就会把别的方面带动起来,如改革之所以"从农村着手",就是因为农村问题关系到发展全局。同时,起点又是一个"细胞",包含着以后发展的全部"胚芽"。换言之,起点孕育着未来,经过中介成为新的更高的起点。

中介是指两个事物之间的中间联系、中间层次,通过中间联系一事物向另一事物过渡。换言之,中介具有"亦此亦彼"的特点。在邓小平的策略设计中,中介有两种形式:一是作为过渡办法的中介,如为了解决领导终身制问题,邓小平采取了顾问委员会的过渡办法,"顾问委员会,应该说是我们干部领导职务从终身制走向退休制的一种过渡。我们有意识地采取这个办法,使得过渡比较顺利"②;二是作为发展形式的中介,如为了达到共同发展、共同富裕的目的,邓小平采取了让一部分地区先发展起来、一部分人先富起来的中间形式,通过这一中间形式,推动不平衡向新的平衡发展。

---

① 《邓小平文选》第三卷,第 176—177 页。
② 《邓小平文选》第二卷,第 414 页。

一般来说,中介设计具有"间"性。中介是一个环节向另一个环节的转化,既具有前一环节与后一环节的某些共同性,又不是前一环节与后一环节本身。如上述的"顾问制"就具有终身制与退休制的"间"性,它本身既不是终身制,又不是退休制,同时,它又"为退休制度的建立和领导职务终身制的废除创造条件"。正因为如此,中介设计具有发展的过渡性,它本身不是目的,而是手段,是一种过渡。中介之所以是中介,就在于它是由这一环节向另一环节过渡的手段。正是在这个意义上,中介设计是沟通性的设计,犹如整体之网上的纽结,一个个环节由纽结而连成一体,形成一幅整体性的发展之网。

一个阶段过去后,工作便会发生侧重点的转移,并向新的阶段过渡,这就需要进行进一步发展的设计。邓小平在设计第一步时,往往就开始构想发展的第二步。例如,改革首先从农村起步,这是第一步;在农村改革的基础上,改革重心又转向城市,这就是发展的第二步了。邓小平善于及时地把第一步已经取得的成果巩固起来,并使之发展到第二步,他总是因势利导,把发展不断推向更高的阶段。进一步发展的设计就是抓住事物发展侧重点的转移,创造更有利的发展自己的条件的设计过程。

起点设计、中介设计和进一步发展的设计构成一个完整的策略设计的系统。邓小平的战略设计不仅抓住当代社会发展的总体趋势,构想当代中国改革开放和现代化建设的总体框架,还对改革开放和现代化进程的起点、中介以及进一步发展进行了及时的规划和设计,从而使当代中国的社会发展成为一种有节奏的、有序的发展过程。

社会发展设计不同于建筑工程设计。建筑工程设计的成果是图纸,而实践则是按图施工。社会发展的设计是从一种蓝图变成现实的过程,充满各种偶然的、预想不到的因素,需要实践长时间的检验。因此,在社会发展的设计活动中需要辅以试验和推广的操作过程。邓小平极为关注"社会试验",不断地用实践来检验路线、方针、政策是否正确,然后决定是否推广。进行社会试验,在实践中推广或纠正,这是邓小平战略设计的重要组成部分。

二、矛盾运筹辩证法

如前所述,毛泽东曾号召全党学习邓小平"照辩证法办事"。"照辩证法办事"的核心就是用矛盾分析法研究和解决问题。在邓小平的理论和实践活动中,矛盾普遍性与特殊性、主要矛盾与次要矛盾、内因与外因的辩证法,得到了深刻的运用并展现了新的面貌,形成了一种矛盾运筹的辩证法。矛盾运筹辩证法是邓小平社会活动辩证法的核心,并构成了邓小平社会活动辩证法的主题。

矛盾的普遍性寓于特殊性之中,并通过特殊性表现出来,没有抽象的普遍性;反过来,矛盾的特殊性又受到普遍性的制约,成为体现某种普遍性的特殊性,没有抽象的特殊性。矛盾的普遍性与特殊性总是相结合而存在,相联系而发展,二者的关系表现为共性与个性的关系。具体地说,邓小平运用矛盾普遍性与特殊性的辩证法具有三个特点:

一是坚持马克思主义基本原理与中国实际相结合的原则,提出了社会主义初级阶段理论、社会主义市场经济理论。这是把马克思主义基本原理运用于中国实际,依据中国经济、政治、文化等方面的具体国情而得出的结论。

二是坚持社会主义制度与具体模式相结合的原则。社会主义制度是共性,但这一共性只能通过个性体现出来,通过具体的社会主义模式显现出来。制度与模式的统一是矛盾普遍性与特殊性统一的体现。在会见波兰统一工人党中央第一书记雅鲁泽尔斯基时,邓小平指出:"我们两国原来的政治体制都是从苏联模式来的。看来这个模式在苏联也不是很成功的。即使苏联是百分之百的成功,但是它能够符合中国的实际情况吗?能够符合波兰的实际情况吗?各国的实际情况是不相同的。"[1]把苏联模式当作社会主义的唯一模式,实际上是把矛盾的特殊性等同于普遍性。

---

[1]《邓小平文选》第三卷,第178页。

邓小平把制度与模式区分开来,其哲学依据就是矛盾普遍性与特殊性的辩证法。

三是坚持本质与手段相结合的原则。本质对于同类事物具有普遍性。"社会主义的本质,是解放生产力,发展生产力,消灭剥削,消除两极分化,最终达到共同富裕。"①这一本质体现着社会主义的普遍原则,实现这一本质或普遍原则又需要特殊的手段和方法。就当代中国而言,实现社会主义的本质,需要市场这一特殊的手段和方法。"计划和市场都是方法"②,"都是经济手段"③,把计划和市场"结合起来,就更能解放生产力,加速经济发展"④。

邓小平不仅深刻把握并善于运用矛盾普遍性与特殊性的辩证法,而且深刻把握并善于运用主要矛盾与次要矛盾的辩证法。按照邓小平的观点,主要矛盾规定中心任务。"我国的生产力发展水平很低,远远不能满足人民和国家的需要,这就是我国目前时期的主要矛盾,解决这个主要矛盾就是我们的中心任务。"⑤因此,要充分发挥社会主义的优越性,就要抓住当代中国社会的主要矛盾,即人民群众日益增长的物质文化需要同落后的社会生产之间的矛盾;要解决这个主要矛盾,就要以经济建设为中心,集中力量发展生产力。

在运用主要矛盾与次要矛盾辩证法解决新的实践中的新的问题时,邓小平又深化了这一辩证法,提出了主体与"补充"的辩证法。

其一,主体与"补充"是针对所有制结构的主要成分与次要成分而言的,即在所有制上,以社会主义公有制为主体,以民营、外资、合资等所有制为补充,形成所有制的新结构。按照邓小平的观点,必须以社会主义公有制为主体,以保证当代中国的社会主义性质;而"补充"就是不占主导地位。如果"补充"成为主要矛盾的主要方面,当代中国社会的性质就会发

① 《邓小平文选》第三卷,第 373 页。
② 《邓小平文选》第三卷,第 203 页。
③ 《邓小平文选》第三卷,第 373 页。
④ 《邓小平文选》第三卷,第 148—149 页。
⑤ 《邓小平文选》第二卷,第 182 页。

生变化,因为事物的性质是由主要矛盾的主要方面决定的。所以,邓小平一再强调:"中国的主体必须是社会主义。"①

其二,"补充"应该有利于主体,是有益的"补充"。在谈到"一国两制"时,邓小平指出:"大陆十亿人口实行社会主义制度,但允许国内某些区域实行资本主义性质,比如香港、台湾。大陆开放一些城市,允许一些资本主义进入,这是作为社会主义经济发展的补充,有利于社会主义生产力的发展。"②这就是说,"补充"有一个前提条件,这就是"有利于社会主义生产力的发展"。离开这一前提,"补充"就失去补充的意义。

其三,主体与"补充"的关系涉及整体与部分的关系。"补充"是不占主导地位的部分,但它又是整体的一部分,因而要受到整体的制约。所以,不能就部分看部分,而要把"补充"这一部分置入到整体中来把握。

在解决新的实践中的新的问题时,邓小平又深化了内因与外因的辩证法,形成了"抓住时机,发展自己"的辩证法。

其一,对中国而言,世界的发展属于国际背景,是外部条件,但由于当代科学技术革命是世界性的,信息革命又使世界联成一体,因此我们不仅要从中国角度看问题,而且要从世界角度看问题。没有一个国家能够在孤立的状态下实现现代化。这一事实表明,外因的作用越来越大了。没有"世界"这一国际条件,中国要实现跨越式的发展是不可能的。

其二,外因必须通过内因起作用,但内因要发展自己,就要主动把握外因,抓住时机。这是因为,外因具有时效性,即外因在一定条件下产生,在一定条件下存在,在一定条件下消逝,具有不可逆性。离开特定的时间、地点、条件,就没有特定的外因。邓小平始终从动态角度看待外因,因而提出抓住时机这一思想。邓小平最"担心"的就是"丧失机会",正因为如此,邓小平多次强调,要"抓住机会"。既然内因的发展离不开外因,那么内因就应"抓住时机,发展自己"。

---

① 邓小平:《建设有中国特色的社会主义》增订本,第47页。
② 邓小平:《建设有中国特色的社会主义》增订本,第47页。

其三,要"抓住时机,发展自己",内因自身必须具有新的合理的结构,从而能够吸收、消化外部因素,并使之与内部因素有机结合融为一体,增强内部发展力。正是由于这个原因,邓小平把改革与开放相提并论,认为只有既改革内部结构,又对外开放,才能使结构—功能协调并产生效益。由于把改革和开放引入到内因与外因关系中,内因和外因的辩证法因此上升到结构—功能辩证法的层次。

在解决新的实践中的新的问题时,邓小平提出"两手抓,两手都要硬",并把"两手抓,两手都要硬"提高到方法论的高度。

邓小平在不同场合,从不同角度强调"两手抓",如"一手抓改革开放,一手抓打击经济犯罪","一手抓建设,一手抓法制","一手抓物质文明建设,一手抓精神文明建设","一手抓思想教育,一手抓制度建设"等,并明确指出"两手抓,两手都要硬"。从总体上看,有两种不同性质的"两手抓,两手都要硬"。

一种是性质对立的矛盾两个方面,如发展经济与经济犯罪,对这一类性质的,"两手抓"要有高度的倾向性,即打击经济犯罪的这一面,从而保护另一方面,即经济发展。这是一种"制约性"的"两手抓"。正如邓小平所说,"我们必须坚持对外开放、对内搞活经济这一手。但是为了保证这个政策在贯彻执行过程中能够真正有利于四化建设,能够不脱离社会主义方向,就必须同时还有另外一手,这就是打击经济犯罪活动。没有这一手,就没有制约"[1]。

另一种是"协调性"的"两手抓",这是对同一性质的不同任务、不同方面、不同层次的统一安排过程,目的是形成合理的比例和关系,促使不同任务、不同方面、不同层次在相互依存、相互促进和相互协调中全面发展。这种"两手抓"同样要"两手都要硬",从而使各方面各得其所、共同发展。"为了建设现代化的社会主义强国,任务很多,需要做的事情很多,各种任务之间又有相互依存的关系,如像经济与教育、科学,经济与政治、法律等

---

[1] 《邓小平文选》第二卷,第409页。

等,都有相互依存的关系,不能顾此失彼。"①要不顾此失彼,就要既抓住"此",又抓住"彼"。这就需要"两手抓,两手都要硬"。

通常认为,解决矛盾有三种形式,即矛盾一方克服另一方,矛盾双方"同归于尽",矛盾通过对立面的融合而形成一个新的事物。实际上,还有一种重要的解决矛盾的形式,即创造矛盾能在其中运行的形式。马克思指出:"商品的交换过程包含着矛盾的和互相排斥的关系。商品的发展并没有扬弃这些矛盾,而是创造这些矛盾能在其中运行的形式。"②"协调性"的"两手抓,两手都要硬"的方法,就是要创造矛盾双方在其中能够良行运行的形式。这同样是一种矛盾运筹的辩证法。

矛盾不仅是事物运动发展的根本动力,而且是事物普遍联系的主要内容。矛盾观不仅是世界观的核心,也是方法论的精髓。矛盾论作为世界观,便是"两点论";作为方法论,便是"两手抓"。邓小平矛盾运筹辩证法的深刻之处就在于,它不仅承认矛盾的斗争性是事物发展的动力,而且强调矛盾的同一性也是事物发展的动力,因而要求"两手抓,两手都要硬",以实现社会主义现代化协调、有序、全面发展。

三、社会系统工程辩证法

以矛盾运筹为核心,邓小平确立了社会系统工程的辩证法,恰到好处地处理大国与小国、整体与部分、本质与手段、变与不变等的辩证关系。在了解邓小平战略设计活动辩证法和矛盾运筹辩证法后,我们还应把握邓小平的社会系统工程辩证法。

邓小平用辩证法来分析中国自身,确立了"中国是个大国,又是个小国"的辩证观点,这是中国对自己全面评价的出发点。没有这样一种既是大国又是小国的辩证观点,就会或者陷入自卑、丧失信心的状态,或者陷

---

① 《邓小平文选》第二卷,第249—250页。
② 《马克思恩格斯全集》第23卷,第122页。

入盲目乐观、夜郎自大的境地。中国既是大国又是小国的辩证法,是邓小平社会系统工程辩证法的重要内容之一。

用矛盾的观点来分析事物、把握自己,是辩证法的原则。在抗日战争初期,毛泽东就以矛盾观点来分析中国和日本:日本是个小国,地小、人少、物少、兵少,但日本又是个强国,军事力、经济力、政治力在世界上是强大的;中国是个大国,地大、物博、人多、兵多,但中国又是个弱国,军事力、经济力、政治力在世界上是软弱的。日本虽小但强、中国虽大但弱的特点,决定了中日战争是持久的,但最后的胜利是属于中国的。抗日战争的进程,证明了毛泽东分析的正确性。

在新的历史条件下,邓小平从人均收入和综合国力这两个角度分析中国自身,得出中国既是大国又是小国的结论:"中国是个大国,又是个小国。所谓大国就是人多,土地面积大。所谓小国就是中国还是发展中国家,还比较穷,国民生产总值人均不过三百美元。中国是名副其实的小国,但是又可以说中国是名副其实的大国。"①

邓小平关于中国既是大国又是小国的思想,抓住了发展中的中国的根本特点:一方面,从人均国民生产总值看,即使到发展战略第三步实现之时,也只是达到人均 4 000 美元,只是摆脱了贫困,从这一角度看,中国是一个小国;另一方面,中国人均国民生产总值虽然不高,但综合国力将居于世界前列。"再花五十年的时间,再翻两番,达到人均四千美元……那时十五亿人口人均达到四千美元,年国民生产总值就达到六万亿美元,属于世界前列。"②的确如此。综合国力是一个国家各种国力要素的综合力量,是一个国家人力、科技力、经济力、政治力、军事力以及民族凝聚力等所形成的综合力量,是一个国家全面发展所体现的整体实力。对中国来说,一个较大的发展,由于自身的巨系统性所形成的综合国力是巨大的,必然会使中国在国际上产生重大影响。

---

① 邓小平:《建设有中国特色的社会主义》增订本,第81页。
② 《邓小平文选》第三卷,第224—225页。

抓住问题的本质,区分本质与手段的关系,是邓小平社会系统工程辩证法的重要内容之二。

所谓本质,是指事物的根本性质,是构成事物各要素之间的内在联系。本质与事物本身是同一的,本质变化意味着事物本身的变化。所谓手段,是为本质服务的措施、办法。同一手段可以为具有不同本质的事物服务,同一本质也可以采用不同的手段,所以,手段不是事物本身。

区分本质与手段,对当代中国改革开放和现代化建设具有重要意义。邓小平指出:"计划多一点还是市场多一点,不是社会主义与资本主义的本质区别。计划经济不等于社会主义,资本主义也有计划;市场经济不等于资本主义,社会主义也有市场。计划和市场都是经济手段。社会主义的本质,是解放生产力,发展生产力,消灭剥削,消除两极分化,最终达到共同富裕。"[①]这就把社会主义的本质和实现这一本质的手段区别开来了。

在邓小平看来,既然资本主义有计划,社会主义也有市场,那么,就不能说计划经济就是社会主义,计划经济只是发展经济的一种手段。社会主义的本质是发展和解放生产力,走共同富裕的道路。只要有利于实现这一本质,无论市场经济,还是计划经济,都是一种办法、一种手段。必须以本质为依据选择手段,而不能从手段出发来判断本质。当然,社会主义市场经济与资本主义市场经济的主体不同,即社会主义市场经济以公有制为主体,资本主义市场经济则以私有制为主体,但二者在方法上相似,即社会主义市场经济也要遵循价值规律以及公平竞争。

邓小平关于社会主义本质与手段关系的精辟论断,从根本上解除了把计划经济与市场经济看作社会基本制度范畴的思想束缚,使我们对计划与市场关系的认识有了重大突破。传统的观念把市场经济等同于资本主义,认为只有计划经济才是社会主义的本质特征,这就把手段与本质这两个不同问题混同起来了。当代中国经济体制改革历程就是逐渐把手段与本质加以区分的过程,目标就是建立社会主义市场经济体制,从而解放

[①]《邓小平文选》第三卷,第373页。

和发展生产力。

抓住整体、全局,善于从整体把握部分,从全局把握局部,同时,全面把握整体与部分、全局与局部之间的关系,是邓小平社会系统工程辩证法的重要内容之三。

邓小平一直关注整体与部分、全局与局部的关系,明确指出:"我们的一切工作都会涉及全局与局部的关系、中央与地方的关系、集中统一与因地制宜的关系。大道理与小道理必须弄清楚。全体和局部缺一不可,全体是由局部组成的,如果只有全体,没有局部,则全体也就不成其为全体了。"①反过来,局部又是全体的局部,如果只有局部,没有全体,则局部也就不成其为局部了。所以,在整体与部分、全局与局部的关系上,必须从整体、全局,即大局出发,"在这个大局下面行动"②,从而形成整体性发展。

在整体与部分、全局与局部的关系上,必须从整体、全局来透视部分,因为部分是整体中的部分,是体现整体的部分。全局由局部构成,但全局并非是局部的累加之和。局部与局部的相关性形成全局,而全局一旦形成,又改变着局部,使部分成为沿着整体发展方向变化的部分。正因为部分受到整体的规范,必须从整体透视部分。例如,就"三资"企业来看"三资"企业,它当然具有资本主义性质,但"'三资'企业受到我国整个政治、经济条件的制约,是社会主义经济的有益补充,归根到底是有利于社会主义的"③。这就是说,在当代中国,"三资"企业受到了社会主义公有制这一"普照光"的普照,因而具有了特殊的性质。

在整体与部分、全局与局部的关系上,必须兼顾二者,使它们在相互依存中共同发展。矛盾的两个方面是相互依存的,只有相互发展,才能达到更高的境界。只有使整体与部分、全局与局部之间协调起来,才能既使整体又使部分、既使全局又使局部都得到发展。例如,有的时候为了整体的发展,要先使一些部分、局部发展起来,然后,以这些发展起来的部分、

---

① 《邓小平文选》第一卷,第198—199页。
② 邓小平:《建设有中国特色的社会主义》增订本,第88页。
③ 《邓小平文选》第三卷,第373页。

局部带动其他部分、局部,从不平衡到新的平衡。因此,整体的规范作用要通过部分以及部分与部分的相关性体现出来。离开了部分,整体也就不成其为整体;离开了整体,部分也就不是这一整体的部分,二者构成复杂的矛盾运动。

不变与变的辩证法,是邓小平社会系统工程辩证法重要内容之四。

恩格斯曾指出变与不变的辩证关系:"历史上依次更替的一切社会制度都只是人类社会由低级到高级的无穷发展进程中的一些暂时阶段。每一个阶段都是必然的,因此,对它所由发生的时代和条件说来,都有它存在的理由;但是对它自己内部逐渐发展起来的新的、更高的条件来说,它就变成过时的和没有存在的理由了;它不得不让位于更高的阶段,而这个更高的阶段也同样是要走向衰落和灭亡的。"①这就是说,对每一个特定的社会阶段来说,它都有自己存在的必然性和稳定性,在一定的时期内和一定的条件下是相对不变的;就整个人类历史来说,则没有什么不变的东西,一切都处在运动变化、发展,乃至衰亡之中。

邓小平的不变与变的辩证法有其特定含义。邓小平多次强调"一个中心、两个基本点"的基本路线不能变,甚至提出"说过去说过来,就是一句话,坚持这个路线、方针、政策不变"。② 社会是不断变化的,变是绝对的,不变是相对的。邓小平之所以如此突出相对不变,并把它上升到矛盾的主要方面,是为了突出社会主义初级阶段这一特定历史时期的相对稳定性。

邓小平所说的不变,正是指社会主义初级阶段存在的历史必然性和相对稳定性。社会主义初级阶段的主要矛盾、基本格局有自身的特殊性,邓小平正是从这个主要矛盾、基本格局的视角来谈不变的:"总的讲,我们有四个不变:坚持四项基本原则不变,一心一意搞四个现代化建设不变,对外开放政策不变,进行经济体制改革和政治体制改革的方针不变。"③

---

① 《马克思恩格斯全集》第21卷,第308页。
② 《邓小平文选》第三卷,第370、371页。
③ 《邓小平文选》第三卷,第211页。

邓小平所说的变,是指在不变的基本格局下所进行的改革。在当代中国,要解放和发展生产力,当然就要改变原有的体制,但这种"变"是"不变"的基本路线的指导下的变,是改革开放和现代化建设总方针不变的大局下的变。如同相对静止不是不动,而是一种特殊的运动一样,不变之中也包含着变。"随着实践的发展,该完善的完善,该修补的修补,但总的要坚定不移。即使没有新的主意也可以,就是不要变,不要使人们感到政策变了。有了这一条,中国就大有希望。"[①]

四、实践反馈辩证法

邓小平一再强调改革的复杂性,强调"走一步看一步"。"走一步看一步"的方法是实践反馈辩证法的重要内容之一。

所谓"走一步",是指采取一定的措施、实施一定的决策。"城市改革每走一步,每采取一项措施,都会影响到千家万户。"[②]至于每一步要走多长时间,这要看具体情况,如农村改革这一步是三年。邓小平指出:"如果说农村改革三年成功,城市改革经过三年五载也能判断它的成败。"[③]"我们要发展生产力,对经济体制进行改革是必由之路。我们有充分的信心。不过,要证实我们城市改革的路子走得对不对,还需要三五年时间。"[④]

所谓"看一步",是指对已经实施的决策及时收集信息,也就是反馈,把原来行为的结果收集回来,对此进行分析研究,做出判断。换言之,"看一步"就是做判断,以便及时总结经验,坚持好的、对的,纠正错的、不对的。"看对了,搞一两年对了,放开;错了,纠正,关了就是了。"[⑤]为此,就要及时总结经验,畅通信息,"中国社会过去闭塞,造成信息不通,是一个

---

① 《邓小平文选》第三卷,第 371 页。
② 邓小平:《建设有中国特色的社会主义》增订本,第 106 页。
③ 邓小平:《建设有中国特色的社会主义》增订本,第 106 页。
④ 邓小平:《建设有中国特色的社会主义》增订本,第 117 页。
⑤ 《邓小平文选》第三卷,第 373 页。

很大的弱点"①。只有信息畅通，才能做到"走一步看一步"，及时总结经验，进行控制、协调。

从常规性的思维来看，"走一步看一步"似乎没有"章法"，不稳定。实际上，这是一种误解。"走一步看一步"是一种动态思维方法。这种方法是在改革开放总思路、现代化总目标已经确定的条件下，把侧重点放在从哪里起步，从哪一点入手，节奏如何把握，经验如何及时总结等问题上。我们只有在看到第一步的情况下，才能确定如何走第二步。所谓章法，本身就是在实践中形成的，而且最重要的章法就是"走一步看一步"，即依据实践本身的情况不断进行调整。离开实践设想"章法"是不现实的。如果存在着一种凌驾于人的实践活动之上或存在于人的实践活动之外的"章法"，那么社会发展就成了一种预成的过程，成了一种逻辑推理。

与自然规律不同，历史规律实现并形成于人的实践活动之中，不存在任何一种预成的、永恒不变的历史规律。换言之，任何一种具体的历史规律都形成并存在于具体的实践活动中。以往的历史传统和历史条件，一方面规定了新一代实践活动的大概方向，另一方面，它们又在新一代的实践活动中不断被改变；正是在这种改变历史条件的活动中，决定新一代命运的新的历史规律才能形成；只有当某种实践活动和社会关系达到充分发展、充分展示时，某种历史规律才能真正形成和存在，只有在这个时候，人们才能深刻理解、全面把握这种历史规律，创立某种"章法"。因此，在改革开放之初，我们只能"走一步看一步"，"摸着石头过河"。

"摸着石头过河"的方法，即探索前进的方法是邓小平实践反馈辩证法的重要内容之二。

"摸着石头过河"实际上是一种试验和探索，从总体上看，具有三个特点：

一是探索性。凡摸索前进的事情均属无先例，没有可依据的经验，属于创造性事业。邓小平指出："我们现在所干的事业是一项新事业，马克

---

① 邓小平：《建设有中国特色的社会主义》增订本，第106页。

思没有讲过，我们的前人没有做过，其他社会主义国家也没有干过，所以，没有现成的经验可学。我们只能在干中学，在实践中摸索。"①初听起来，"摸着石头过河"，似乎没有什么能动性、计划性、方向性。实际上，这是一种试验，是人类能动性、创造性的体现，它要回答从哪个地方、哪些方面开始摸索，如果摸索不成又怎么办等等问题。"摸着石头过河"，就是我们所说的探索性。

二是累加性。是探索，就有出现差错甚至失败的可能。探索的事情，一次性解决的并不多见，即使成功，也具有累加性。具体地说，首先要确定从哪里入手探索，然后，在探索过程中不断发现事物的不同方面，这就是累加性。例如，邓小平"一九八〇年就提出政治体制改革，但没有具体化"②。1986年，邓小平再次提出政治体制改革问题。此时，邓小平提出，政治体制改革"总的目标"是三条，即巩固社会主义制度；发展社会主义社会的生产力；发扬社会主义民主，调动人民的积极性。但是，邓小平同时提出，实现这一总的目标是一个过程：党的十三大"把政治体制改革提到议事日程上来"，但不可能完成；"设想十四大再前进一步，十五大完成这个任务"③。政治体制改革"有些方面用三至五年的时间可以见效，有些方面甚至要花十年左右的时间才能见效"④。这就是探索前进方法的特点之一，前后累加起来，便形成了一个总体系统。

三是风险性。由于是摸索前进，因此，对中间会产生的问题并不是很明确，因而这一方法具有风险性。邓小平指出："应该说改革是有点风险的，这次北京就出现抢购物资的现象。不仅北京，好多城市都有。"⑤因此，在运用"摸着石头过河"的方法时，要充分估计到它的风险性。

形式为目的、内容服务的方法，是邓小平实践反馈辩证法的重要内容之三。

---

① 《邓小平文选》第三卷，第258—259页。
② 《邓小平文选》第三卷，第160页。
③ 《邓小平文选》第三卷，第249、179页。
④ 《邓小平文选》第三卷，第243页。
⑤ 《邓小平文选》第三卷，第98页。

形象地说,形式为目的、内容服务的方法就是"猫论",即"黑猫白猫,抓住耗子就是好猫"。"猫论"被一些人看作实用主义,这同样是一种误读。实际上,"猫论"是形式为目的、内容服务的方法。1962年,邓小平指出:"生产关系究竟以什么形式为最好,恐怕要采取这样一种态度,就是哪种形式在哪个地方能够比较容易比较快地恢复和发展农业生产,就采取哪种形式;群众愿意采取哪种形式,就应该采取哪种形式,不合法的使它合法起来。这都是些初步意见,还没有作最后决定,以后可能不算数。刘伯承同志经常讲一句四川话:'黄猫、黑猫,只要捉住老鼠就是好猫。'这是说的打仗。我们之所以能够打败蒋介石,就是不讲老规矩,不按老路子打,一切看情况,打赢算数。现在要恢复农业生产,也要看情况,就是在生产关系上不能完全采取一种固定不变的形式,看用哪种形式能够调动群众的积极性就采用哪种形式。"①分析这段讲话,不难得出结论,邓小平在这里指的是,建立什么样的生产关系,或者说采取哪种形式进行生产,以能否调动群众的积极性为准则。

从哲学上看,"黑猫白猫,抓住耗子就是好猫"就是形式与目的、形式与内容的关系,它是一种形式为目的、内容服务的辩证法,也就是从实际出发创造适宜发展自己形式的方法。在邓小平看来,内容只有在恰当的形式中才能充分显示出来,"好猫"的内容在于抓耗子的活动过程中,只有通过这一活动过程,才能判断形式是否真正为内容服务了。"猫论"的精髓就在于,从实际出发,"看用哪种形式能调动群众的积极性就采用哪种形式","哪种形式在哪个地方能够比较容易比较快地恢复和发展农业生产,就采取哪种形式"。因此,根本的是要从内容出发来选择形式,而"不能采用一种固定不变的形式",更不能把某种形式看作内容本身。

从内容、目的出发选择形式包含三方面的内容:

一是内容要不断选择有利于自己的形式,改变那些不适合于自己的形式,这就是"不讲老规矩,不按老路子打",哪一种形式有利于内容发展、

①《邓小平文选》第一卷,第323页。

目的实现,就选择或创造哪一种形式。

二是为了发展自己,就要把握那些可以为我所用的一切形式,并且学会以一种形式补充另一种形式,以新的形式代替旧的形式。"社会主义要赢得与资本主义相比较的优势,就必须大胆吸收和借鉴人类社会创造的一切文明成果,吸收和借鉴当今世界各国包括资本主义发达国家的一切反映现代社会化生产规律的先进经营方式、管理方法。"①

三是当形式适合于内容发展需要时,就要使这种形式稳定下来、固定起来,这就是邓小平所说的"定型"过程。在形式与目的、形式与内容的关系上,既要坚持以目的、内容选择形式,又要注意形式对目的、内容反作用,把好形式"定型"下来。

邓小平的实践反馈辩证法把实践是检验真理的根本标准这一原则转化为方法论,从而把实践标准从认识论中解放出来,并转化为一种实践方法,充分体现了马克思主义哲学改变世界的根本原则。

---

① 《邓小平文选》第三卷,第373页。

第十七章

以现代化为目标的社会发展理论

实现现代化,重构中华民族的生存方式和活动方式,构成了鸦片战争以来中国历史进程的悲壮主题,凝聚着几代中国人的思考与奋斗、光荣与梦想。"中国的主要目标是发展",实现现代化。邓小平始终是从现代化的世界历史进程看待社会主义,并把发展问题提到"全人类的高度"来认识,同时,又把社会主义看作比资本主义更快、更好、更合理地实现现代化的方式。以科学技术为"第一"生产力,以经济发展、政治民主和精神文明协调运行为机制,以社会主义为方式实现现代化……邓小平创立了以现代化为目标的当代中国的社会发展理论。

一、以科学技术为"第一"生产力

邓小平不仅提出社会主义的根本任务是发展生产力,而且探讨了在当代中国如何发展生产力,这就是以科学技术为"第一"生产力和改革经济体制。这是一个唯物辩证法的观点,正确而深刻,它从生产力发展的构成要素和社会存在形式的统一中指明了在当代中国发展生产力的必由之路。

"科学技术是第一生产力",体现了发展生产力的新视野。生产力是人类在劳动过程中形成的改造自然的实际能力。劳动是生产力形成的现实基础。从劳动的角度看,生产力标志着人与自然之间的现实关系,是作为主体的人以自身的活动来引起、调整和控制人与自然之间物质变换的能力。在与自然进行物质变换的过程中,作为主体的人不仅付出自身的体力和智力,还要借助自然力;不仅改变外部自然,也改变"自身的自然"。这是以一个以人的本质力量对象化而实现的"自然的人化"过程,同时,又是一个自然力被同化于人的体力、自然规律被理解、转化为人的智力的过程,二者相互作用、相互制约,形成一种双向运动,形成了生产力的本质。

这就是说,生产力体现着人与自然的相互作用。相互作用是事物发展的终极原因。在历史观中,没有比人与自然的相互作用更为根本的相互作用了。全部历史现象不仅来源于这一相互作用,而且只有通过这一相互作用才能得到正确的说明和合理的解释。在这个意义上,历史观不能追溯到比人与自然的相互作用,即生产力更远的地方了。换言之,生产力是一个自我运动的动态系统,本质上是一个具有内在动力的自变量。

在人与自然的相互作用过程中,人必须借助生产资料,尤其是生产工具才能改造自然。如果说动物的"历史"是动物器官变化的历史,那么人类的历史首先是生产工具不断改进的历史。生产工具是"社会人的生产器官",而生产力则是"社会人的生产器官"的总和力量。

从现实性上看,劳动者与生产资料的矛盾,即生产过程中的人与物的矛盾,构成了生产力发展的直接动力或直接原因。在这个过程中,科学技术,即生产力中的智能性因素不断提高劳动者的生产技能,又不断地"物化"为新的生产工具。正如邓小平所说,"生产力的基本因素是生产资料和劳动力……历史上的生产资料,都是同一定的科学技术相结合的;同样,历史上的劳动力,也都是掌握了一定的科学技术知识的劳动力"①。生产力中的人与物的矛盾、实体性因素与智能性因素的矛盾既对立又统一,并在一定条件下相互转化,直接推动着生产力不断发展。

生产力发展具有整体性,但这种整体性并不意味着每个要素的发展都是绝对平衡的。相反,其各个要素的发展必然显示出一定程度的不平衡性。换言之,在生产力的发展中,其某一构成要素的重大变革,必然会迅速波及、影响到其他要素,以至于改变生产力系统的整个面貌。在一定历史阶段,生产力的发展往往主要依靠某一要素,这一相对突出的要素就是生产力发展的生长点或突破口,即"第一"生产力。不同的时代具有不同的"第一"生产力。

在渔猎采集和农牧手工业的农业文明时期,人们主要是以自己的体力与自然进行物质交换,或者依靠畜力以及手工制作的工具进行生产实践活动。这一时期,自然力是"第一"生产力。

17至19世纪,人类进入工业文明时期,作为农业文明时期"第一"生产力的自然力让位于机器动力,生产力革命主要表现为"工艺革命",生产力的发展主要依靠"文明所创造的生产工具"。"自然界没有制造出任何机器,没有制造出机车、铁路、电报、走锭精纺机等等。它们是人类劳动的产物,是变成了人类意志驾驭自然的器官或人类在自然界活动的器官的自然物质。"②工作机、动力机以及电力因此先后成为生产力发展的三个生长点或突破口,即"第一"生产力。

20世纪,科学技术突飞猛进,科学技术与生产的关系发生了根本变化,即由生产——技术——科学转换为科学——技术——生产。在现代,所有新兴产业的发展,都是在生产实践中运用科学的结果。科研领域今天的新发现,预示着国民经济部门明天的新发展。"高科技领域的一个突破,带动一批产业的发展。"③现代生产力的巨大增长"最主要的是靠科学

① 《邓小平文选》第二卷,第87—88页。
② 《马克思恩格斯全集》第46卷下,第219页。
③ 《邓小平文选》第三卷,第377页。

的力量、技术的力量"①，"没有科学技术的高速度发展，也就不可能有国民经济的高速度发展"②。科学技术已经成为现代生产力发展的生长点或突破口。邓小平敏锐地抓住了这一点，明确指出："科学技术是第一生产力。"③

要真正理解"科学技术是第一生产力"的内涵，需要把握现代科学技术革命的性质和特征。

一般说来，科学革命是人类认识客观世界的理论体系的变革，技术革命则是人类改造客观世界的中介系统的变革；科学所反映的是客观对象的本性，是客观事物"是什么"和"为什么"的问题，技术所要解决的是人们在实践中应当"做什么"和"怎么做"的问题。在历史上，科学革命和技术革命曾按两个系列各自发展着。

到了 19 世纪，科学与技术的关系开始发生变化，如化学研究和发明成为合成染料生产部门的基础，热力学和电磁感应理论成为内燃机、发电机、电动机的基础；到了 20 世纪，科学、技术、生产的关系发生革命性变革，科学成为科学——技术——生产这一系统中的主导环节，成为技术和生产中重大变革的根源。邓小平以其敏锐的观察力注意到这一革命性变革，明确指出："现代科学为生产技术的进步开辟道路，决定它的发展方向。许多新的生产工具，新的工艺，首先在科学实验室里被创造出来"，而一系列新兴工业，如高分子合成工业、原子能工业等"都是建立在新兴科学基础上的"。"当代的自然科学正以空前的规模和速度，应用于生产，使社会物质生产的各个领域面貌一新。"④这表明，科学与技术之间的相互作用日益加强，趋于一体化，并由此形成了"科学技术革命"这一新范畴。

在现代，科学技术革命成为技术进步、生产发展的主导因素，科学向直接生产力的转化不断加快，周期不断缩短。"现代科学技术的发展，使

---

① 《邓小平文选》第二卷，第 87 页。
② 《邓小平文选》第二卷，第 86 页。
③ 《邓小平文选》第三卷，第 377 页。
④ 《邓小平文选》第二卷，第 87 页。

科学与生产的关系越来越密切了"①,科学与技术、科学与生产越来越趋于一体化。科学技术革命直接改变了生产力的性质,劳动对象、劳动资料越来越成为科学的"物化"。这种"物化"主要表现在:劳动资料、劳动对象和工艺过程成为科学"物化"的结果;生产本身越来越科学化;科学发展不断改变生产部门的结构,并形成了一系列新兴的生产部门,这就是人们通常所说的"知识工业""知识集约型工业"或"以科学为基础的工业"。更重要的是,科学技术革命的核心是微电子技术革命或者说计算机革命,这场革命的实质主要不是减轻或替代人的体力,而是替代或延伸人脑的部分职能,因而是一场智能革命。正因为如此,掌握科学知识成为劳动者的必要条件。

由此可见,科学、技术和生产一体化,生产力质的变化,以及智能革命是现代科学技术革命的本质特征。

马克思主义历来重视科学技术的作用,认为"生产力中也包括科学"②。邓小平深悟这一点,明确指出:"科学技术是生产力,这是马克思主义历来的观点。"③但是,邓小平没有停留在马克思主义创始人的观点上,而是追踪科学技术革命,发展了马克思主义创始人关于"生产力也包括科学"的观点,明确提出"科学技术是第一生产力"④。"马克思讲过科学技术是生产力,这是非常正确的,现在看来这样说可能不够,恐怕是第一生产力。"⑤

在邓小平哲学思想中,"科学技术是第一生产力"具有三层含义:

第一,"现代科学为生产技术的进步开辟道路,决定它的发展方向"⑥。按照邓小平的观点,科学技术之所以是"第一"生产力,是因为科学、技术和生产的一体化,使科学技术成为现代生产的带头因素和动力基

---

① 《邓小平文选》第二卷,第87页。
② 《马克思恩格斯全集》第46卷下,第211页。
③ 《邓小平文选》第二卷,第87页。
④ 《邓小平文选》第三卷,第377页。
⑤ 《邓小平文选》第三卷,第275页。
⑥ 《邓小平文选》第二卷,第87页。

础,成为生产中最重要的因素。现代生产是科学的"物化",没有科学技术的发展,就没有现代生产。"许多新的生产工具,新的工艺,首先在科学实验室里被创造出来。一系列新兴的工业,如高分子合成工业、原子能工业、电子计算机工业、半导体工业、宇航工业、激光工业等,都是建立在新兴科学基础上的。"①"科学技术是第一生产力"正是这一历史事实的反映。

第二,科学向技术、生产转化的周期日益缩短。科学技术之所以是"第一"生产力,还取决于科学向技术、生产转化的周期。在 18 世纪,科学的发明到投产往往要用近百年的时间,如蒸汽机 1680 年发明,1780 年才正式试用。在 19 世纪,从发明到投产的节奏不断加快,如电话 56 年(1820—1876 年),电子管 31 年(1884—1915 年),汽车 27 年(1868—1895年)。进入 20 世纪,情况发生明显变化,如从发明到投产,雷达用了 15 年(1925—1940 年),电视机用了 12 年(1922—1934 年),晶体管用了 5 年(1948—1953 年),而原子能利用从发现原子核裂变到建立第一台原子反应堆只有 3 年(1939—1942 年),激光从实验室发明到工业应用仅用了 1年,计算机仅隔 6 个月就有新一代产品问世。"由于现代科学技术的日新月异,生产设备的更新,生产工艺的变革,都非常迅速。许多产品,往往不要几年的时间就有新一代的产品来代替。"②从科学发现、技术发明到工业应用的周期不断缩短,节奏不断加快,使得科学成为直接生产力。

第三,科学技术在经济增长中的作用越来越大,"正在成为越来越重要的生产力"③,并使物质生产的各个领域面貌一新。科学技术之所以是"第一"生产力,还因为科学技术在经济增长中的作用越来越大。在 20 世纪初期,科学技术在经济增长中所占的比重约为 20%左右,到了 80 年代,在发达国家中,科学技术在经济增长中的比例已占 60%至 80%。这就是说,发达国家的经济增长约四分之三是靠科学技术实现的。不仅如此,在

---

① 《邓小平文选》第二卷,第 87 页。
② 《邓小平文选》第二卷,第 88 页。
③ 《邓小平文选》第二卷,第 88 页。

现代,提高劳动生产率、改变产业结构、节约能源等,主要依靠科学技术的发展。正如邓小平所说,"当代的自然科学正以空前的规模和速度,应用于生产,使社会物质生产的各个领域面貌一新"①。这表明,科学技术是当之无愧的"第一"生产力。

可见,第一生产力中的"第一"是一个比较概念。具体地说,由于科学技术在现代的特殊地位、作用和功能,由于"科学技术作为生产力,越来越显示出巨大的作用"②,由于科学技术是现代生产力发展的生长点、突破口,因此邓小平用"第一"来表示。"科学技术是第一生产力"实际上是对现代实践结构的观念反映,体现的是一种新的实践观念。

二、经济、政治和精神的协调运行

在社会发展过程中,经济是决定性因素,没有一件重大历史事件的起源不能用经济必然性来说明;同时,没有一件重大历史事件不为一定的意识形态、政治因素所引导、所伴同、所追随。经济状况决定思想状况、政治状况,意识形态、政治制度一旦形成,反过来又影响经济状况。正如恩格斯所说,"经济状况是基础,但是对历史斗争的进程发生影响并且在许多情况下主要是决定着这一斗争的形式的,还有上层建筑的各种因素:阶级斗争的政治形式及其成果——由胜利了的阶级在获胜以后确立的宪法等等,各种法的形式以及所有这些实际斗争在参加者头脑中的反映,政治的、法律的和哲学的理论,宗教的观点以及它们向教义体系的进一步发展"③,"整个伟大的发展过程是在相互作用的形式中进行的(虽然相互作用的力量很不相等:其中经济运动是最强有力的、最本原的、最有决定性的),这里没有什么是绝对的,一切都是相对的"④。

---

① 《邓小平文选》第二卷,第87页。
② 《邓小平文选》第二卷,第87页。
③ 《马克思恩格斯选集》第4卷,第696页。
④ 《马克思恩格斯选集》第4卷,第705页。

这就是说,人类社会的发展,任何时候都不是仅仅在一种经济的平面上进行的。经济发展到一定阶段,必然上升到政治和思想领域,要求人们进行政治改造、思想重建;只有在这些改造、重建完成之后,社会发展才能真正实现。唯物主义历史观要求在解决社会问题时首先依据经济事实,同时,又要求研究社会生活的基本领域。构成唯物主义历史观本质特征的,不仅仅是经济的首要性,而且包括社会生活的总体性。

正因为如此,邓小平在提出发展生产力和改革经济体制的同时,又提出政治体制改革和精神文明建设,从而使经济、政治和精神协调运行,以实现社会的全面发展。"我们要在大幅度提高社会生产力的同时,改革和完善社会主义的经济制度和政治制度,发展高度的社会主义民主和完备的社会主义法制。我们要在建设高度物质文明的同时,提高全民族的科学文化水平,发展高尚的丰富多彩的文化生活,建设高度的社会主义精神文明。"①

邓小平关于经济、政治和精神协调发展的第一个方面的内容,是以经济建设为中心,发展生产力,同时,进行经济体制的改革,实现"经济民主"。

按照邓小平的观点,经济建设是一个涉及社会主义和中华民族的生存资格、决定着国家和民族命运的根本问题。当今世界的生存竞争,首先是经济实力的竞争。谁忘记这一点,谁就要为这种"健忘"付出昂贵的代价。正因为如此,邓小平指出,除发生大规模战争外,"在处理各种繁忙的事务的时候,务必一天也不要放松经济工作"②。"抓住时机,发展自己,关键是发展经济"③,"发展才是硬道理"④。

"发展才是硬道理",这一命题实际上是以格言的方式表述了邓小平改革思想的核心:解放和发展生产力。在分析社会主义制度在同资本主

① 《邓小平文选》第二卷,第 208 页。
② 《邓小平文选》第二卷,第 276 页。
③ 《邓小平文选》第三卷,第 375 页。
④ 《邓小平文选》第三卷,第 377 页。

义制度的竞争中如何巩固自己的基础时,在研究怎样才能防止资本主义对社会主义的"和平演变"时,在探讨社会主义制度如何自我完善时,邓小平始终坚持发展是"硬道理"。生产力的巨大增长和高度发展是社会主义取代并战胜资本主义的根本力量所在,"发展是硬道理"应该成为社会主义者的座右铭。

如前所述,在当代中国,发展生产力离不开经济体制的改革。中国原有的经济体制是高度集权的计划经济体制,在邓小平看来,对这样一种经济体制进行改革实际上是实现"经济民主"。1978 年,邓小平就提出了"经济民主"①的问题。为了实现"经济民主",邓小平进行了种种构想:从"简政放权"到"计划经济为主、市场调节为辅",从"有计划的商品经济"到"计划经济与市场调节相结合",最终形成关于社会主义市场经济体制的构想。

商品生产是社会发展的不可逾越的阶段,市场经济是现代配置资源和提供激励的有效方式。在走向现代化的过程中,中国面临的问题首先是分工不发达以及"二元经济结构"的问题,二者又是与商品经济的不发达联系在一起的。因此,中国的现代化建设必须从发展商品经济开始,逐步建立社会主义市场经济体制。发达的商品经济、成熟的市场经济是传统社会迈向现代社会的必经之路。

传统的计划经济体制在中国曾经发挥过积极作用,但它又同时造成了行政依附、人身依附,造成了地位不均、机会不均等,甚至某种特权,从而束缚、抑制了人们的积极性、创造性、主体性。社会主义市场经济体制的建立将会打破这种种障碍。这是因为,市场经济中的活动主体具有独立性,主体间不存在依附关系,每个商品生产者都是独立的经济实体;市场经济具有平等性,当事人之间地位平等、机会均等;市场经济具有开放性,市场活动是面向社会又依赖社会的,它要求破除人为的分割和封锁,走向开放。市场经济体制的建立不仅意味着中国资源配置方式

①《邓小平文选》第二卷,第145 页。

的转变,而且意味着"经济民主"的实现,意味着中国人民获得了一次新的解放。

邓小平关于经济、政治和精神协调发展的第二个方面的内容,是适应经济体制改革进行政治体制的改革,实现"民主制度化、法律化"。

经济运动不可能脱离政治因素而纯粹地发生作用,它必然同政治因素发生相互作用。"总的说来,经济运动会为自己开辟道路,但是它也必定要经受它自己所确立的并且具有相对独立性的政治运动的反作用。""国家权力对于经济发展的反作用可以有三种:它可以沿着同一方向起作用,在这种情况下就会发展得比较快;它可以沿着相反方向起作用,在这种情况下,像现在每个大民族的情况那样,它经过一定的时期都要崩溃;或者是它可以阻止经济发展沿着既定的方向走,而给它规定另外的方向——这种情况归根到底还是归结为前两种情况中的一种。但是很明显,在第二和第三种情况下,政治权力会给经济发展带来巨大的损害,并造成人力和物力的大量浪费。"①

这就是说,经济是基础,但经济变革能否实现又直接受制于政治制度。只有经济体制变革而无政治体制的变革,或者只有政治体制变革而无经济体制的变革,都不是严格意义上的社会变革。实际上,这样的社会变革是不存在的。所以,邓小平指出:"改革,应包括政治体制改革,而且政治体制改革应作为改革的一个标志。"②"我们所有的改革最终能不能成功,还是决定于政治体制的改革,因为事情要人来做。"③这里,邓小平是从经济与政治、体制与人相统一的角度来说明政治体制改革必要性的。

按照邓小平的观点,"政治体制改革包括民主和法制"④,政治体制改革的目标是"政治生活民主化",即"发展社会主义民主政治",保证全体人

① 《马克思恩格斯选集》第4卷,第701页。
② 邓小平:《建设有中国特色的社会主义》增订本,第133页。
③ 邓小平:《建设有中国特色的社会主义》增订本,第137页。
④ 《邓小平文选》第三卷,第244页。

民真正享有管理国家的权力;更重要的是,要"使民主制度化、法律化,使这种制度和法律不因领导人的改变而改变,不因领导人的看法和注意力的改变而改变"①。美国著名毛泽东研究专家施拉姆指出,"毛在晚年很少考虑任何正式的和制度化的民主程序",而邓小平则把从制度上保证政治生活民主化以至整个社会生活民主化"作为他的目标"。②应该说,这一评价正确而深刻。

政治的目的不是政治本身,而是指向社会。"政治统治到处都是以执行某种社会职能为基础,而且政治统治只有在它执行了它的这种社会职能时才能持续下去。"③研读邓小平关于政治体制改革的论述可以看出,政治体制改革有两方面的指向:

首先是指向经济体制。政治与经济之间不仅有因果关系,还有控制与被控制的关系。经济体制改革发展到一定阶段、一定程度必然要求政治体制改革。"不搞政治体制改革,经济体制改革难于贯彻。"④"经济体制改革每前进一步,都深深感到政治体制改革的必要性。不改革政治体制,就会阻碍生产力的发展。"⑤因此,政治体制改革的指向是经济体制,是引导、巩固经济体制改革,其目的是解放和发展生产力,从而更有效地发挥政治的社会功能。

其次是指向人身依附关系。由于历史的原因,在中国仍有"不少地方和单位,都有家长式的人物,他们的权力不受限制,别人都要唯命是从,甚至形成对他们的人身依附关系"⑥。人是社会的主体。社会中的一切都是人创造的,现实的社会关系是在人的实践活动中形成的,现实的社会结构是人的实践活动的对象化。政治体制改革,归根到底是为了打破"人的障

① 《邓小平文选》第二卷,第 146 页。
② [美]斯图尔特·施拉姆:《毛泽东的思想》,中共中央文献研究室《国外研究毛泽东思想资料选辑》编辑组编译,中央文献出版社 1990 年版,第 261、262 页。
③ 《马克思恩格斯选集》第 3 卷,第 219 页。
④ 邓小平:《建设有中国特色的社会主义》增订本,第 140 页。
⑤ 邓小平:《建设有中国特色的社会主义》增订本,第 138 页。
⑥ 《邓小平文选》第二卷,第 331 页。

碍",是为了重新塑造中国社会的主体,激发中国人民的积极性、创造性、主体性。"只搞经济体制改革,不搞政治体制改革,经济体制改革也搞不通,因为首先遇到人的障碍。"①

这里,逻辑非常清晰:高度集权的体制产生家长制,家长制形成人身依附关系。因此,从根本上破除这种人身依附关系,"保证全体人民真正享有通过各种有效形式管理国家、特别是管理基层地方政权和各项企业事业的权力,享有各项公民权利"②,就成为政治体制改革的根本指向。人的解放程度决定着历史活动的广度和深度。"我们所有的改革最终能不能成功,还是决定于政治体制的改革,因为事情要人来做。"③

邓小平关于经济、政治和精神协调发展的第三个方面的内容,是肃清封建主义残余思想,批判资产阶级意识形态,提高全民族的科学文化和思想道德水平。

任何一种社会形态都是一定的经济、政治和观念文化的统一体。经济是基础,政治是经济的集中表现,观念文化是经济和政治的反映,反过来又给予经济和政治以很大影响。社会主义社会不仅有自己的经济特征、政治特征,而且有概括为精神文明的文化特征。因此,邓小平认为,在建设物质文明、民主政治的同时,还要建设精神文明,并明确指出:"所谓精神文明,不但是指教育、科学、文化(这是完全必要的),而且是指共产主义的思想、理想、信念、道德、纪律,革命的立场和原则,人与人的同志式关系,等等。"④

按照邓小平的观点,精神文明建设要以物质文明为基础。"物质是基础,人民的物质生活好起来,文化水平提高了,精神面貌会有大变化。"⑤同时,精神文明建设不能忽视物质利益。邓小平明确指出:"不讲多劳多得,不重视物质利益,对少数先进分子可以,对广大群众不行,一段时间可以,

---

① 邓小平:《建设有中国特色的社会主义》增订本,第137页。
② 《邓小平文选》第二卷,第322页。
③ 邓小平:《建设有中国特色的社会主义》增订本,第137页。
④ 《邓小平文选》第二卷,第367页。
⑤ 邓小平:《建设有中国特色的社会主义》增订本,第75页。

长期不行。革命精神是非常宝贵的,没有革命精神就没有革命行动。但是,革命是在物质利益的基础上产生的,如果只讲牺牲精神,不讲物质利益,那就是唯心论。"①这就是说,不能把少数先进分子的思想境界及其行为方式作为对大多数社会成员的普遍要求。

一般说来,国家利益与个人利益的连接方式有两种:一是以国家利益为起点,通过有利于国家,最后有利于个人;二是以个人利益为起点,通过追求个人利益达到有利于国家利益。前者是少数先进分子的行为方式,体现了他们的思想境界;后者是大多数社会成员的行为方式,体现了他们的思想意识。我们不能要求大多数社会成员达到少数先进分子的思想境界,相反,我们只能建立一种使国家利益和个人利益相结合的社会机制,使得个人要实现自己的利益就要有利于国家,同时,用少数先进分子的思想境界引导大多数社会成员。这样,才能把社会主义精神文明建设奠定在现实的基础上。

精神力量的确能鼓舞人们的斗志,但是,如果长期脱离物质利益,人们就会怀疑,甚至抛弃这种精神,因为人们的活动不可能长期与自己的利益相脱离。"人的奋斗所争取的一切,都同他们的利益有关。"②物质利益,这才是"使广大群众、使整个整个的民族,并且在每一民族中间又是使整个整个阶级行动起来",并且"构成历史的真正的最后动力的动力",是"持久的、引起重大历史变迁的行动"的真正原因。③ 因此,只讲精神,一段时期可以,长期不行,不能用精神力量代替物质利益。我们必须明白,"无产阶级的运动是绝大多数人的、为绝大多数人谋利益的独立的运动"④。

"政治、法、哲学、宗教、文学、艺术等等的发展是以经济发展为基础的。但是,它们又都互相作用并对经济基础发生作用"⑤,"并且能在某种

① 《邓小平文选》第二卷,第146页。
② 《马克思恩格斯全集》第1卷,第82页。
③ 《马克思恩格斯选集》第4卷,第249页。
④ 《马克思恩格斯选集》第1卷,第283页。
⑤ 《马克思恩格斯选集》第4卷,第732页。

限度内改变经济基础"①。正因为如此,邓小平一再强调意识形态的重要性,并认为肃清封建主义残余影响、批判资产阶级思想、提高全民族的科学文化和思想道德水平,是社会主义精神文明建设的三重历史任务,其目的在于培养社会主义新人。

邓小平清醒地意识到,社会主义制度的建立为实现人的自由而全面发展这一"社会主义和共产主义的总目标"开辟了道路,但中国处在社会主义初级阶段,经济、文化较为落后的现象不可能在短期内改变;同时,中国是一个有着几千年封建历史并经历了半殖民地半封建社会的国家,"封建社会的影响至今还在","小生产的习惯势力和官僚主义的习惯势力,还顽强地纠缠着我们"②。因此,在社会主义初级阶段不可能立即实现人的自由而全面发展。在当代中国,精神文明建设的直接目的和根本任务,是培养"有理想、有道德、有文化、有纪律"的社会主义新人。同时,邓小平清醒地意识到个人之间存在着差别,因此明确提出,应"按照这种差异给以区别对待,尽可能使每个人按不同的条件向社会主义和共产主义的总目标前进"③。在邓小平看来,通过精神文明建设,培养社会主义新人,使每个人以不同的形式逐步"向社会主义和共产主义的总目标"——人的自由而全面发展前进,这是一种"历史的责任"。

三、以社会主义的方式实现现代化

在现时代,无论是发达国家,还是发展中国家,无论是资本主义社会,还是社会主义社会,都在以自己的方式在回答现代化的问题。现代化是人类文明的一次重大嬗变。从内涵上看,现代化是工业文明取代农业文明、商品经济取代自然经济的过程;从时间上看,现代化运动开始于18世纪的英国工业革命,到19世纪席卷西欧和北美,并在20世纪中叶从一个

---

① 《马克思恩格斯选集》第 4 卷,第 702 页。
② 《邓小平文选》第二卷,第 162 页。
③ 《邓小平文选》第二卷,第 106 页。

区域性的概念转化为世界性的概念,成为一个全人类的发展问题。

"中国的主要目标是发展。"①这个发展,就是以社会主义的方式实现现代化。邓小平始终是从资本主义与社会主义、资产阶级与无产阶级世界性竞争的角度来看待现代化问题的。"明治维新是新兴资产阶级干的现代化,我们是无产阶级,应该也可能干得比他们好。"②邓小平把现代化看作一个世界历史进程,并认为在这一进程中,社会主义与资本主义是实现现代化的两种方式。

按照邓小平的观点,现代化有五种类型:一是英国、法国等国家的现代化,这是老牌资产阶级干的资本主义现代化,是现代化运动的始作俑者;二是美国、日本等国家的现代化,是"新兴资产阶级干的现代化";三是苏联、东欧等国家的现代化,要实现的是社会主义的现代化,然而,这次试验没有成功;四是韩国、新加坡等国家的现代化,这一类现代化是抓住了某个历史机遇,迅速发展起来的;五是原来作为殖民地的第三世界国家力图实现的现代化,这一类国家现代化举步维艰,困难重重。

在中国,我们只能用社会主义的方式才能实现现代化,同时,只有实现现代化,才能巩固社会主义制度。邓小平指出:"不搞现代化,科学技术水平不提高,社会生产力不发达,国家的实力得不到加强,人民的物质文化生活得不到改善,那末,我们的社会主义政治制度和经济制度就不能充分巩固,我们国家的安全就没有可靠的保障。"③邓小平一方面把现代化运动与社会主义运动结合起来;另一方面又反对把现代化等同于西方化,认为西方化只是实现现代化的一种方式,而不是唯一方式,中国的现代化绝不能"全盘西化"。

从历史上看,西欧资产阶级是现代化的先行者,现代化起源于英国工业革命,涉及西欧、北欧、北美,然后又向东移进,日本成为东方国家实行西方式的现代化的典型;从现实看,已经实现现代化的国家都是资本主义

---

① 《邓小平文选》第三卷,第 244 页。
② 《邓小平文选》第二卷,第 40 页。
③ 《邓小平文选》第二卷,第 86 页。

国家。因此，"西方"不是一个单纯的地理概念，而主要是指已经实现现代化的发达国家，换言之，"西方"更重要地是一个经济、政治范畴。

正是这种历史和现实的原因，使人们容易产生现代化就是西方化的错觉，实现现代化因此不可避免地要以西方发达国家作为参照系，实现现代化的进程也不可避免地成为发展中国家追赶西方发达国家的过程。现代化的确与西方化有一定的历史重合性，但二者又有区别。在邓小平看来，西方化只是"资产阶级干的现代化"，只是工业文明取代农业文明的一条道路、一种方式。社会主义现代化也是实现现代化的一条道路、一种方式。中国要实现的是社会主义的现代化，走的是"中国式的现代化"道路。

"中国式的现代化"包含三个方面的内容：一是中国的现代化必须是社会主义的现代化；二是中国的现代化必须是从中国实际出发的现代化；三是中国的现代化必须是符合现代化一般规律的现代化。换言之，"中国式的现代化"是从中国实际出发，用社会主义的方式来实现现代化一般规律的现代化。其中，中国特色是个别性，社会主义是特殊性，现代化一般规律是普遍性。

按照邓小平的观点，社会主义现代化必须以公有制为主体。"我们要实现工业、农业、国防和科技现代化，但在四个现代化前面有'社会主义'四个字，叫'社会主义四个现代化'……社会主义本身有两个非常重要的方面。第一，要坚持以公有制为主体的经济。"①如果现代化瓦解了社会主义公有制，社会主义现代化也就失败了。这是其一。

其二，社会主义现代化必须以共同富裕为目的。一部分人、一部分地区先富起来，目的是引导并帮助其他人、其他地区接着富起来，使发展由平衡到不平衡再到新的平衡，从而使现代化成为社会全体成员共同占有、合理利用社会财富发展自己的现代化。

其三，社会主义现代化是高度自觉的现代化。从历史上看，资本主义现代化是自发实现的，既没有事先自觉设定目标，也没有事先自觉规划出

---

① 邓小平：《建设有中国特色的社会主义》增订本，第117页。

发展道路。社会主义现代化有着自己的特殊规定性。这种特殊规定性不仅仅是指以公有制为主体的经济、以共同富裕为目标,而且是指事先自觉规定自身的目标和道路、具体运转方式和具体操作方法。这种特殊规定性渗透在中国现代化的整个过程之中,从一个侧面体现出社会主义现代化优于并超越资本主义现代化。

按照邓小平的观点,"中国式的现代化"是具有中国特色的社会主义现代化。所谓中国特色,就是符合中国国情,体现中国实际,形成中国模式。邓小平在不同场合讲到中国的国情,如人口多,土地少,漫长的小生产历史,法制观念薄弱,商品经济不发达,农民占大多数,经济结构不平衡等。"所以,我在跟外国人谈话的时候就说,我们的四个现代化是中国式的。"[1]

"中国式的现代化"必须考虑中国国情,从中国实际出发,否则,就会脱离中国大多数人。同时,"中国式现代化"要从中国模式的形成和定型中显现出来。例如,按照西方现代化的理论,现代化必须实现都市化,城市人口要占总人口的 50% 以上。但是,这样的都市化并不合适中国。这是因为,中国有 9 亿农民,如果一半以上农民进入都市,都市便会爆炸式地膨胀,这不但不利于现代化,反而会造成严重的社会问题,延缓现代化进程。中国现代化必须具有中国模式。

按照邓小平的观点,"中国式的现代化"又要符合现代化的一般要求和国际通则,体现现代化的一般规律。邓小平一方面立足于中国实际,提出"中国式的现代化";另一方面,又率先运用国际通则作为中国现代化的参照系,使中国现代化融入到世界现代化的进程中,具有可比性、可参照性、可"通读"性。例如,在很长时间内,我们把"国民生产总值"这一概念作为资本主义经济学的概念弃之不用,而用"工农业总产值"这一由苏联创造的概念。其实,"工农业总产值"概念无法反映经济运动的全貌,又有着重复计算的缺陷。邓小平打破了这一传统,率先用"国民生产总值""人

---

[1]《邓小平文选》第二卷,第 259 页。

均国民生产总值"来表述战略发展目标。在计算所有这些量的单位时,邓小平又用"美元"这一国际通行货币作为计量标准,从而规定"三步走"的战略发展目标是,人均国民生产总值 400 美元、800 美元、3 000 ~ 4 000 美元。

现代化是一个世界历史进程,没有一个国家能够在孤立的状态下实现现代化。在思考和设计中国现代化的战略目标和战略发展时,邓小平自觉地以"开放的世界"为背景,用现代化的一般要求和国际通用的标准来衡量中国的现代化,从而使"中国式的现代化"不仅体现了中国特色,而且体现了现代化的一般规律。邓小平之所以成为中国社会主义现代化的总设计师,就在于他把中国特色社会主义的特殊规定和现代化的一般规律融为一体了,使"中国式的现代化"成为世界现代化进程中一种新的方式,一种充满活力的模式。

四、现代化进程中的辩证法

"中国的主要目标是发展",即实现现代化,现代化进程中的辩证法也就是社会发展的辩证法。邓小平在设计当代中国发展的路线、进程的同时,创立了一种独特的社会发展辩证法,这就是,发展与稳定、发展与调整、发展的平衡与不平衡的辩证法。

在发展问题上,邓小平首先区别了两种发展观,即发展有两种形式:一是"老老实实按部就班地干""平平稳稳地发展",这是一种低速度、常规式的发展;另一种是"一个台阶一个台阶上的发展",这是一种加速度、跨越式的发展。在当代,发展日新月异,节奏明显加快,只有加速度式的发展才称得上真正的发展,而"低速度就等于停步,甚至等于后退"[①]。在当代,发展已经成为一个世界性的范畴,一种竞争性的范畴,一种在比较中存在的范畴。

---

① 《邓小平文选》第三卷,第 375 页。

在发展与稳定的关系上，"发展才是硬道理"。换言之，只有发展，才有真正的稳定。在邓小平看来，稳定也有两种形式：一种是消极的、僵死的稳定；另一种是积极的、发展中的相对稳定。如果把相对的稳定绝对化，那么这种稳定只会导致活力丧失，成为一种僵死的稳定，并最终导致不稳定。稳定应当是发展中的稳定，是为了发展创造新的可能性。只有这种发展中的稳定，并且是为了发展的稳定，才是一种积极的稳定。

"发展才是硬道理"，是唯物主义历史观根本原则的体现。人类社会是建立在生产力基础之上的有机体，生产力是整个社会有机体的根本，只有"根本"发展了，才有社会有机体的多样化发展，才有真正的稳定。邓小平指出："从根本上说，手头东西多了，我们在处理各种矛盾和问题时就立于主动地位。"①有了发展，才有处理各种矛盾的实力和能力，才有主动地位，才有真正的稳定。"人民，是看实践。人民一看，还是社会主义好，还是改革开放好，我们的事业就会万古长青！"②

发展是绝对的，稳定是相对的。邓小平指出："要注意经济稳定、协调地发展，但稳定和协调也是相对的、不是绝对的。发展才是硬道理。"③这就把发展与稳定的关系上升到辩证法的高度。所谓稳定是相对的，是指其暂时性和有条件性，即稳定总是一定时期中的稳定，是由各种具体条件形成的"合力"所造成的状态；发展是绝对的，则是指发展不仅是一种趋势，而且贯穿于稳定过程中，只有发展才能打破原有的具体条件的束缚，创造出新的适合进一步发展的具体条件。在这一过程中，会出现一个一个相对稳定的阶段，但发展不是停留在任何一个稳定态上，而是不断打破一个一个稳定态，创造更广阔的发展空间。

发展与稳定又是相互转化的。一方面，没有发展就没有稳定，稳定之所以稳定，是因为有了发展，事物的运动总是发展一段、巩固一段，总是不断由发展阶段向稳定阶段转化；另一方面，没有稳定也就没有发展，稳定

① 《邓小平文选》第三卷，第 377 页。
② 《邓小平文选》第三卷，第 381 页。
③ 《邓小平文选》第三卷，第 377 页。

阶段,人们能够进一步理顺发展的关系,理顺了关系也就巩固了发展成果,奠定了进一步发展的基础,从而使发展能够较为顺利地进到新的阶段。这是稳定状态不断向发展状态转化的过程。没有发展与稳定的相互转化,也就既没有发展,也没有稳定,只会产生倒退和混乱。

在邓小平看来,要处理好发展与稳定的关系,就要处理好发展与调整的关系。

发展与调整的统一构成了发展过程中的一个"台阶"。所谓台阶,是指发展有一个突发性的跳跃、跨越式的发展。在量上,表征着生产力发展、综合国力和人民生活水平有大幅度的提高;在质上,表征着生产力、经济结构得以优化。这样的质和量的统一便表现为一定的度,即一个"台阶"。如果这个质与量的统一被打破,就会走上新的台阶。例如,邓小平认为,从1984年到1988年,"这个期间我国财富有了巨额增加,整个国民经济上了一个新的台阶"[1]。"经济发展隔几年上一个台阶,是能够办得到的","我国的经济发展,总要力争隔几年上一个台阶"。[2]

当代经济发展的特点之一是节奏加快,隔几年就上一个台阶。以日本为例,1955年国民收入仅218亿美元,到1960年为386亿美元,上了一个台阶;1965年国民收入达776亿美元,1970年上升到1701亿美元,又上了一个台阶;到了1975年国民收入已达到4286亿美元,再次跃上一个新台阶。在20年时间里,日本经济发展是一个台阶一个台阶地上,国民收入增长18.6倍。

发展需要调整。尤其是跨越式的发展往往是抓住一个时机,然后迅速调动各方面的关系。在这一过程中,由于"迅速",各种关系、比例会出现一定的失调,因此,发展一段,进行调整,便成为经济发展的一种规律。例如,1984—1988年,中国经济发展上了一个台阶,然后,1989—1991年进行调整,以理顺关系。这种调整是发展带来的调整,是依赖于发展的调

[1]《邓小平文选》第三卷,第376页。
[2]《邓小平文选》第三卷,第376、375页。

整,而调整是为了发展。调整在形式上是局部的后退,但是,这种"退"是为了"进"。"只有某些方面退够,才能取得全局的稳定和主动,才能使整个经济转上健全发展的轨道。"①因此,调整是一种手段,其目的是更合理、更好、更快地发展。

在邓小平看来,调整有两种形式:一种是作为措施的调整,这种调整贯穿于发展的全过程,只有不断调整才能促进有序发展。"调整是实现现代化所必须采取的一项积极措施"②,是发展的一种形式;另一种是作为发展阶段的调整,即发展到一定阶段后,作为整个社会活动重点的"调整阶段",是工作重点。"今后一段时间内,重点是要抓调整,改革要服从于调整,有利于调整,不能妨碍调整。改革的步骤需要放慢一点,但不是在方向上有任何改变。"③这里所说的调整就是作为阶段的调整。一段时间内,调整成为重点;一旦经调整理顺关系,就要由以调整为重点及时转向以发展为重点,否则,就失去了调整的作用和意义。发展总是发展与调整的统一,形成一个台阶一个台阶上的发展过程。

发展往往体现为平衡与不平衡的矛盾运动。邓小平自觉地意识到这一矛盾运动,并把平衡与不平衡的辩证法与社会主义的本质观结合起来,赋予了平衡与不平衡的辩证法以新的内涵。

所谓平衡,是指矛盾诸方面相对的统一和稳定,具有有序的关系和合理的关系;不平衡则是指打破了原有的统一和稳定,超出了原有的比例和关系。事物的发展总是由平衡到不平衡再到新的平衡。邓小平提出社会主义的本质是共同富裕,但这种共同富裕的实现需要一个过程。为了最终达到共同富裕,必须让一部分人、一部分地区先富起来,然后,引导、带动、共同发展,最终实现共同富裕。这实际上是把平衡与不平衡的辩证法运用于当代中国的社会发展中。

---

① 《邓小平文选》第二卷,第 355 页。
② 《邓小平文选》第二卷,第 361 页。
③ 《邓小平文选》第二卷,第 362 页。

"从一九五七年开始我们的主要错误是'左','文化大革命'是极左。"①"以阶级斗争为纲"的错误理论和实践导致中国的经济处在崩溃边缘,人民处在"贫穷的普遍化"状态。换言之,中国社会面临的是一个贫穷的平衡,习惯的是"大锅饭"体制。要发展,首先必须打破这种贫穷的平衡;要打破这种平衡,就要进入不平衡,即让一部分人先富起来。"农村、城市都要允许一部分人先富。勤劳致富是正当的。"②让一部分人先富起来,"是一个大政策,一个能够影响和带动整个国民经济的政策"③。一部分人先富起来,实际上就是改变社会财富占有的原有比例,即以一种不平衡打破社会财富占有的原有比例关系,打破"贫穷的普遍化"这种贫穷的平衡。

邓小平提出的先富与共富的辩证法,是针对平均主义、"贫穷社会主义"模式的。先富打破平衡,是为了实现共同富裕这一新的平衡。换言之,先富不是目的,而是手段,目的是共同致富。"我们提倡一部分地区先富起来,是为了使先富裕起来的地区帮助落后的地区更好地发展起来,提倡人民中有部分人先富裕起来,也是同样的道理,要一部分先富裕的人帮助没有富裕的人,共同富裕。"④"一部分人生活先好起来,就必然产生极大的示范力量,影响左邻右舍,带动其他地区、其他单位的人们向他们学习。这样,就会使整个国民经济不断地波浪式地向前发展,使全国各族人民都能比较快地富裕起来。"⑤这就是说,先富起着"示范""带动"的作用,目的在于推动国民经济"波浪式地向前发展",人民群众"都能比较快地富裕起来"。

先富是有条件的,这就是,先富本身必须是勤劳致富,勤劳致富是正当的,体现了社会主义按劳分配的原则;先富又是有前提的,这就是,先富

①《邓小平文选》第三卷,第237页。
② 邓小平:《建设有中国特色的社会主义》增订本,第12页。
③《邓小平文选》第二卷,第152页。
④ 邓小平:《建设有中国特色的社会主义》增订本,第99页。
⑤《邓小平文选》第二卷,第152页。

必须以劳动者之间的机会均等、平等竞争为原则。这样，才能通过"波浪式地向前发展"达到共同富裕这种新的平衡。"走社会主义道路，就是要逐步实现共同富裕。共同富裕的构想是这样提出的：一部分地区有条件先发展起来，一部分地区发展慢点，先发展起来的地区带动后发展的地区，最终达到共同富裕。"①一部分地区先发展起来就打破了平衡；这种不平衡必须巩固一段，然后才有带动其他地区发展起来的力量，从而达到新的平衡。在邓小平看来，到了 20 世纪末达到小康水平时，就要重点解决共同发展、共同富裕的问题。

实现共同发展、共同富裕，由不平衡走向新的平衡不是"杀富济贫"，不是重归平均主义，而是一种否定之否定的运动过程，一种波浪式的发展过程。在这个过程中，原先的发达地区继续发展，而不发达的地区则以更快的速度发展，形成共同发展的局面，最终实现人民的共同富裕，实现共产主义的本质要求。"社会主义的本质，是解放生产力，发展生产力，消灭剥削，消除两极分化，最终达到共同富裕。"②

邓小平把平衡与不平衡的辩证法运用于当代中国的社会发展中，并同社会主义的本质观结合起来了，制定了先富与共富、先发展与共同发展的波浪式发展模式，不仅赋予平衡与不平衡的辩证法以新的内涵，更重要的是，创立了一种独特的社会发展理论。

---

① 《邓小平文选》第三卷，第 373—374 页。
② 《邓小平文选》第三卷，第 373 页。

第十八章

以实际问题为中心研究马克思主义

邓小平理论之所以是当代中国的马克思主义,是因为邓小平以当代中国的实际问题为中心研究马克思主义,创立了中国特色社会主义理论。纵览马克思主义史可以看出,密切关注变化中的实际,随着实践的发展而不断进行理论创新,是马克思主义的科学"本性"。马克思主义理论的每一次重大突破,社会主义实践的每一次历史性飞跃,都是以实际问题为中心研究马克思主义、进行理论创新的结果。我们必须高度重视以实际问题为中心研究马克思主义在理论上的重要性,同时,又必须自觉地意识到,坚持理论联系实际是个重大的政治问题。

一、以实际问题为中心理解马克思主义基本原理

从历史上看,马克思主义是在批判资本主义、研究资本主义社会实际问题的过程中产生的。马克思主义之所以是科学,从根本上说,就在于以实践为基础,深刻地把

握了人类社会发展的规律以及资本主义生产方式的运动规律，从而揭示了社会主义代替资本主义的必然性及其客观依据。

社会发展的确有其内在规律，不以任何个人或阶级的意志为转移。尽管历史上的每一代封建君主都被教导如何进行统治，被反复告诫"水能载舟，亦能覆舟"，甚至专门编撰了《资治通鉴》之类的书供他们阅读，以希图封建王朝万世一系，可是，照样发生农民起义，照样发生改朝换代，照样发生资产阶级革命，封建制度还是为资本主义制度所代替。之所以发生这种社会形态的更替，从根本上说，是因为在人类社会中存在着生产关系一定要适合生产力状况的规律，以及上层建筑一定要适合经济基础的规律。

"社会的物质生产力发展到一定阶段，便同它们一直在其中运动的现存生产关系……发生矛盾。于是这些关系便由生产力的发展形式变成生产力的桎梏，那时社会革命的时代就到来了。随着经济基础的变更，全部庞大的上层建筑也或慢或快地发生变革。"①正是在生产力与生产关系、经济基础与上层建筑矛盾规律的支配下，社会发展呈现为一种与自然历史"相似"的过程，表现为原始社会、奴隶社会、封建社会、资本主义社会和社会主义社会的依次更替。这就是规律，"以铁的必然性发生作用"的历史规律。

如果说唯物主义历史观的创立为马克思主义奠定了哲学基础，那么，剩余价值论的制定则为马克思主义提供了经济学依据。马克思主义不是"哲学共产主义"，也不是仅仅基于唯物主义历史观的逻辑推导，而是植根于资本主义生产方式内在矛盾的本性之中，直接建立在对资本主义生产方式经济学分析的基础之上。

资本主义生产方式的内在矛盾是生产社会化与生产资料资本家私人占有制之间的矛盾。这一矛盾实际上是生产力与生产关系的矛盾在资本主义社会的特殊表现形式，它构成了资本主义社会一切矛盾中的基本矛

---

① 《马克思恩格斯选集》第 2 卷，第 32—33 页。

盾,并造就了资本主义社会的基本经济规律,即剩余价值规律。正是剩余价值的生产和实现过程使资本陷入一次比一次更大的危机之中。以19世纪20年代的经济危机为开端,尔后反复出现的周期性经济危机,一直到20世纪70年代的石油危机、80年代的结构危机、90年代的金融危机,以及21世纪初的全球金融危机……这一系列危机体现出资本主义生产方式的内在矛盾在不断积累和加深,表明"资本主义生产的真正限制是资本自身"①,表明生产资料资本家私人占有制是资产阶级无法突破、也不愿突破的"大限",因而资本主义也不可能万世一系,或迟或早、或这样或那样,必然要被社会主义所代替。这同样是规律,"以铁的必然性发生作用"的历史规律。

任何一门科学都以发现和把握某种规律为己任。任何一种学说要成为科学,就必须揭示研究对象的规律性。马克思主义之所以是科学,是因为它揭示并深刻地把握了人类社会发展的规律、资本主义生产方式的运动规律及其发展趋势。我们之所以要坚持马克思主义基本原理,从根本上说,是因为这些基本原理是对人类社会发展的规律、资本主义生产方式的运动规律及其发展趋势的理论反映。

无疑,马克思主义创立的时代与现时代有很大的不同。但在资本主义社会,生产资料资本家私人占有制不可能从根本上改变,生产社会化与生产资料私有制的矛盾依然存在,资本仍然具有支配一切的权利,作为社会基本经济规律的剩余价值规律仍然在发挥主导作用。21世纪初爆发的全球金融危机以极其尖锐,甚至可以说是急风暴雨的形式,把当代资本主义生产方式及其世界体系的深层矛盾和重大动向集中起来,凸显出来了,再次证明资本主义制度的历史局限性。

我们不能依据某种学说创立的时间来判断它是否"过时",是否具有真理性。"新"的未必就是真的,"老"的未必就是假的。阿基米德原理创立的时间尽管很久远了,但今天的造船工业无论多么发达也不能违背这

①《马克思恩格斯全集》第25卷,第278页。

个原理。如果违背这一原理,那么造出的船无论多么"现代化",多么"人性化",也不可能航行;如航行,则必沉无疑。正是由于深刻地把握了人类社会发展的规律、资本主义生产方式的内在矛盾及其运动规律,产生于 19 世纪中叶的马克思主义又超越了 19 世纪这个特定的时代,依然是我们这个时代的真理和良心。正如当代西方著名学者海尔布隆纳在《马克思主义:赞成和反对》中所说,"只要资本主义存在,我认为我们就不能宣称他对这一制度内在性质的认定是错误的"[①]。

但是,我们又必须看到,资本主义在当代的确发生了一系列重大变化,从而使马克思主义面临着一系列严峻挑战和崭新课题。

在经济运行机制上,把计划引进市场经济,实行市场调节和计划调节相结合,国家对经济运行过程进行干预,以维持宏观经济的平衡,甚至对国民经济发展的总体方向和重要目标做出计划,并通过各种政策来实施这些计划。换言之,在当代资本主义经济运行机制中,"看不见的手"与"看得见的手"结合起来了,而且国家用"看得见的手"引导着"看不见的手"。

在社会关系方面,主要资本主义国家推行员工持股制和"工人参与管理",甚至明文规定股份公司的董事会、监事会要有一定比例的工人代表参加。同时,实行"福利国家"政策,建立了较为完善的社会保障制度,通过税收调节收入再分配,征收累进税和遗产税,以此来抑制过高收入和过低收入的持续继承性,缓和了两极分化和阶级矛盾。此外,阶级结构也发生了重要变化,以知识分子为主的中间阶层在不断扩大。如此等等。

种种新变化调节并在一定程度上缓解了生产资料私人占有制对生产力发展的制约。资产阶级为了维护资本主义制度的生存和发展,对资本主义生产关系的某些环节和资本主义社会的运行机制做了不少的调节、改良和改善,包括借鉴社会主义的一些做法,从而使得资本主义的生产关

[①] 〔美〕罗伯特·L.海尔布隆纳:《马克思主义:赞成与反对》,马林梅译,东方出版社 2016 年版,第 60 页。

系不仅能够容纳现实的生产力，而且生产力还在发展，尤其是资产阶级吸收和利用当代科学技术革命的新成果，为资本主义社会的生产力的发展提供了新的空间。资本主义统治下的阶级矛盾和社会矛盾由此也得到一定程度的缓和。可以说，在当代，资本主义通过"体制改革"缓解了"制度危机"，获得了"延缓衰老之术"。

这些新变化有的是资产阶级在维护私有制的前提下，自觉或不自觉地吸取、借鉴社会主义的某些主张而产生的，如"征收高额累进税"，建立完善的社会保障制度，对生产进行计划调节，本来就是马克思主义的主张；有的是在马克思、恩格斯时代初见端倪，马克思、恩格斯对此有所论述，但又未深入探讨、详尽论证的，如股份制问题；有的是马克思、恩格斯生前没有也不可能出现的。

对于第一类现象，我们应当看到，这类现象的产生在很大程度上是社会主义的重大影响，以及资本主义国家内工人阶级长期斗争的结果；对于第二类现象，我们应结合新的实际，深入探讨、充分论证，使之上升为马克思主义的基本观点；对于第三类现象，我们应运用马克思主义的立场、观点和方法去分析、研究，形成马克思主义的新的基本观点。

马克思主义是科学，而不是启示录，它没有也不想"教条式地预料未来"，没有也不可能提供有关当代一切问题的现成答案。自诩为包含一切问题答案的学说只能是神学，而不可能是科学。从马克思主义创始人那里找不到有关当代问题的现成答案，这不能责怪马克思，要责怪的只能是自己对马克思主义科学"本性"的无知。我们只能按照马克思主义的科学"本性"期待它做它所能做的事，而不能要求它做它不能做的事。我们不能要求马克思为解决他去世之后上百年、几百年所产生的问题提供现成答案。从根本上说，"马克思的整个世界观不是教义，而是方法。它提供的不是现成的教条，而是进一步研究的出发点和供这种研究使用的方法"①。因此，我们必须以实际问题为中心去理解马克思主义基本原理。

---

① 《马克思恩格斯选集》第 4 卷，第 742—743 页。

邓小平指出,"什么叫社会主义,什么叫马克思主义?我们过去对这个问题的认识不是完全清醒的",或者说"并没有完全搞清楚"①。这表明,人们对马克思主义基本原理的认识是一个不断发展的过程。同时,客观规律指向的历史结局,从总体上来说,在其整个演化过程终结之前是不可能提前出现的,任何客观规律都是在历史的具体演进中逐渐地和愈来愈深刻地发生作用的。这表明,作为对人类社会发展规律、资本主义生产方式矛盾运动规律的理论反映,马克思主义基本原理也不应是凝固不变的,而应随着历史的具体演进不断得到丰富、深化和拓展。

这"两个表明"说明这样一个道理,即我们应当在历史的具体演进中,结合新的实际问题辩证地认识、理解和把握马克思主义的基本原理。

其一,对于像能动反映论、历史决定论、劳动价值论这样一些已成为"常识"的基本原理,我们应结合新的实际问题深化对它们的研究和认识,使之具有新内容,从而以新的思想继承马克思主义基本原理。例如,应结合系统论说明矛盾论,结合信息论说明反映论,结合统计决定论说明历史决定论。就劳动价值论而言,马克思主义经典作家关于资本主义社会的劳动和劳动价值的理论,揭示了当时资本主义生产方式的运行特点和基本矛盾。现在,我们应该结合社会主义市场经济这一新的实际,深化对社会主义社会劳动和劳动价值理论的研究和认识。

其二,有些观点本来就是马克思主义的基本原理,只是由于种种原因,我们过去没有重视或"没有完全搞清楚"这些观点。对此,我们应结合新的实际问题深入开掘、深刻理解这些基本原理,如世界历史与经济全球化理论,实践是人的存在方式和社会生活本质的理论,人的自由而全面发展的理论。当代中国改革开放和现代化建设的实践使我们深刻认识到,促进人的全面发展,是马克思主义关于建设社会主义新社会的本质要求,我们应在发展社会主义社会物质文明、政治文明和精神文明的基础上,不断推进人的全面发展。

---

① 《邓小平文选》第三卷,第63、137页。

其三,有些问题马克思主义创始人已经敏锐地意识到,并对此有所论述,但未深入探讨、充分展开、详尽论证,而当代实践的发展又日益突出这些问题,使之成为具有挑战性并迫切需要解答的"热点"问题。对这些马克思主义创始人有所论述,但未深入探讨、充分展开、详尽论证的观点,我们应结合新的实际问题深入探讨、充分展开、详尽论证,使之成熟完善,上升为马克思主义的基本原理。例如,结合新的实际问题深入探讨、充分展开、详尽论证马克思主义创始人关于政治文明、生态文明的思想,结合新的实际问题深入探讨、充分展开、详尽论证马克思主义创始人关于股份制"是资本主义生产方式在资本主义生产方式本身范围内的扬弃"的思想。

其四,个别基本观点本来是马克思主义的基本原理,但随着历史条件的变化,这种观点可能不再具有基本原理的意义了,如社会主义社会应实行计划经济的观点。相反,有些观点马克思主义创始人并未涉及,而是后来的马克思主义者依据马克思主义方法论,结合新的实际问题而提出来的,并成为当代社会主义实践的基本原则,因而理所当然地成为马克思主义基本原理。例如,邓小平提出的社会主义市场经济思想,实际上是用新的思想发展了马克思主义基本原理。如果说坚持马克思主义关键在于坚持马克思主义的基本原理,那么发展马克思主义关键就在于发展马克思主义的基本原理。

我们不能把马克思主义和马克思的观点简单地等同起来。马克思是马克思主义的主要创始者,正是在这个意义上,列宁认为,马克思主义是马克思的观点和学说的体系,脱离了马克思的观点和学说体系的马克思主义,只能是打引号的马克思主义。相反,认为只有坚持马克思的所有观点才是马克思主义,同样是打引号的马克思主义,即一种教条主义。按照这种标准,就连列宁主义都不能被称为马克思主义,因为列宁的确在一些基本问题上突破了马克思的观点,并用一些新的观点代替了某些原有的观点。实际上,马克思主义是一个植根于实践、不断发展的理论体系。早在马克思主义创立之初,马克思、恩格斯就以其远见卓识向人们宣布:马克思主义不是教条,而是发展着的理论。

历史上众多思想学派都随着其创始人的逝世而逐渐走向没落。马克思主义不是这样。马克思以及恩格斯逝世之后，一代又一代马克思主义者依据新的实践、以实际问题为中心研究马克思主义，并不断发展着马克思主义，从而使马克思主义与时俱进，显示出旺盛的生命力和巨大的影响力。因此，从内容上看，马克思主义是由马克思所创立、为他的后继者所发展的关于批判资本主义和建设社会主义的理论体系。中国特色社会主义理论无疑属于这个理论体系。

二、以实际问题为中心把握社会主义社会的基本规定

马克思主义不仅批判资本主义，而且在批判资本主义的过程中发现了未来社会主义社会的征兆；不仅分析了资本主义生产方式的内在矛盾及其运动规律，而且在分析资本主义生产方式矛盾运动的过程中发现了能够消除资本主义弊病的新的生产方式和社会组织的要素。

的确，社会科学不能预报。但是，社会科学可以预见。所谓预报，是指对某一事物在确定时空范围必然或可能出现的判断；而预见则是以规律为依据的关于发展趋势的判断，或者说，是一种只涉及发展趋势的规律性的判断。自然科学既能预报，又能预见；社会科学不能预报，但能预见。社会生活的特殊性、复杂性使得具体历史事件发生的时间、地点不可能被预报，但我们可以以历史规律为依据预见发展趋势，即预见某一社会现象的最终结局和社会发展的未来走向。正是依据人类社会发展的规律、资本主义生产方式的运动规律，马克思、恩格斯科学地预见并制定了社会主义社会的基本规定。

尽可能快地发展生产力，实现生产力的巨大增长和高度发展，是社会主义社会的基本规定。生产力是社会发展的最终决定因素，创造出高于资本主义社会的生产力是社会主义最终战胜资本主义的物质前提。在《德意志意识形态》中，马克思、恩格斯提出，生产力的巨大增长和高度发展是社会主义社会"绝对必需的实际前提"。在《共产党宣言》中，马克思、

恩格斯又指出,无产阶级夺取政权后应"尽可能快地增加生产力的总量"。强调发展生产力的首要性是马克思主义的基本原则。

建立生产资料公有制,实现共同富裕,同样是社会主义社会的基本规定。尽管马克思、恩格斯对未来社会主义社会特征的预测非常慎重,而且其理论在不断发展,但他们对未来社会主义社会必须建立生产资料公有制这一点却非常坚定,从来没有发生任何变化。在马克思、恩格斯看来,社会主义制度同资本主义制度之间"具有决定意义的差别当然在于,在实行全部生产资料公有制(先是单个国家实行)的基础上组织生产"①。建立社会主义公有制是为了实现人民的共同富裕。如果说高度发展的生产力是共同富裕的物质前提,那么,建立社会主义公有制则是共同富裕的制度基础。在《政治经济学批判大纲》中,马克思明确指出:在新的社会制度中,"生产将以所有人的富裕为目的"。恩格斯也多次阐述了这一思想。

实现共同富裕离不开按劳分配。在个人消费品分配方式上实行按劳分配,是社会主义社会的又一基本规定。在社会主义公有制条件下,生产资料在总体上归社会占有,劳动成为人们占有生产资料和获得产品的主要根据;同时,由于还存在着社会分工,劳动主要是一种谋生手段,劳动能力是个人"天赋"的权利,因而具有私人性质。所以,劳动者所创造的产品在作了各项社会扣除之后,还必须以他们各自付出的劳动量为基础分配个人消费品,即在个人消费品分配中实行按劳分配原则。

在政治上,建立"新的真正民主的国家政权"②,实现最广泛、最真实的民主,同时实行无产阶级专政,这同样是社会主义社会不可或缺的基本规定。按照马克思的观点,无产阶级专政是无产阶级的政治统治形式,是从资本主义社会到共产主义社会之间的政治上的过渡时期。无产阶级与资产阶级的斗争必然导致无产阶级专政,而无产阶级专政不过是达到消灭一切阶级和进入无阶级社会的过渡。换言之,社会主义民主和无产阶

---

① 《马克思恩格斯选集》第4卷,第693页。
② 《马克思恩格斯选集》第3卷,第13页。

级专政是同一过程的两个方面。

在人本身的发展上，确立"有个性的个人"，实现人的全面发展。按照马克思、恩格斯的观点，共产主义社会是一个"联合体"，在这个"联合体"中，"每个人的自由发展是一切人的自由发展的条件"，实现每个人的自由而全面发展，这是共产主义社会的根本特征。而不断促进人的全面发展，正是马克思主义关于建设社会主义新社会的本质要求，社会主义社会的发展目标，就是为每个人自由而全面发展创造条件和基础。正如恩格斯在《共产主义信条草案》中所说，社会主义的目标就是"把社会组织成这样：使每一个成员都能完全自由地发展和发挥他的全部才能和力量，并且不会因此而危及这个社会的基本条件"①。这就是说，促进人的全面发展同样是社会主义社会的基本规定。

的确，对于社会主义社会，马克思主义创始人只是制定了基本规定，而没有提出具体方案和详细情况。这是因为，马克思、恩格斯自觉地意识到未来社会发展的复杂性、随机性和不确定性，因而拒绝对建设社会主义社会的具体方案进行详细论证，提供"预定看法"。正如马克思所说，"在将来某个特定的时刻应该做些什么，应该马上做什么，这当然完全取决于人们将不得不在其中活动的那个既定的历史环境。但是，现在提出这个问题是不着边际的，因而实际上是一个幻想的问题"②。

问题在于，社会主义社会的基本规定是马克思主义创始人依据人类社会发展规律以及资本主义生产方式运动规律而制定的，是一种科学的预见。20世纪的社会主义实践从正反两个方面证明，企图在这些基本规定之外另谋"出路"是没有出路的。中国特色社会主义以实际问题为中心创造性地运用和发展了这些基本原则，使这些基本规定具有了新的形式、新的内涵。

按照马克思的观点，实现生产力的巨大增长和高度发展，是社会主义

---

① 《马克思恩格斯全集》第42卷，第373页。
② 《马克思恩格斯选集》第4卷，第643页。

社会"绝对必需的前提",否则,就无法从根本上巩固社会主义制度。正是依据马克思主义的这一基本原理,在总结社会主义实践经验的基础上,邓小平多次强调,社会主义社会的"首要任务""主要任务""根本任务"是发展生产力,并认为中国的主要目标是发展。

同时,由于社会活动结构由生产——技术——科学转化为科学——技术——生产,科学技术成为"第一"生产力,成为先进生产力的集中体现和主要标志,因此,中国特色社会主义的实践坚持依靠科技创新实现生产力的跨越发展。这样,在对如何发展生产力的思考中,邓小平就站到了时代的制高点上,并深化和发展了马克思主义关于科学技术是生产力的思想。

对于社会主义来说,公有制绝不是可有可无的,它是整个社会主义制度的经济基础,否定公有制就等于否定了社会主义制度存在的客观基础。但是,公有制实现形式可以而且应当多样化。问题的关键在于,应根据现实的生产力选择公有制的内容、范围和实现形式,调整现实的所有制结构,而不能否定公有制。这才是认识问题的正确出发点。因此,中国特色社会主义的实践一直在努力寻找公有制的多种实现形式。例如,在改革过程中建立起来的以家庭联产承包为主的责任制和统分结合的双层经营体制以及股份合作制经济等,实际上是在探索农村公有制的有效实现形式。

坚持以公有制为主体,是社会主义制度的现实基础,是逐步实现共同富裕的现实基础。放弃这一主体,社会主义制度和共同富裕就会成为空中楼阁。正是基于对科学社会主义的深刻理解,基于对中国国情的深刻把握,邓小平指出:"一个公有制占主体,一个共同富裕,这是我们所必须坚持的社会主义的根本原则。"[1]以公有制为主体,就是指公有财产在社会总资产中占优势,国有经济控制国民经济命脉,对经济发展起主导作用。同时,我国处在社会主义初级阶段,生产力水平较为落后,生产力结构较

---

[1]《邓小平文选》第三卷,第111页。

为复杂,因此,应允许多种所有制并存。公有制为主体、多种所有制经济共同发展,是社会主义初级阶段的一项基本经济制度。这是以实际问题为中心研究马克思主义的理论成果,是对科学社会主义的新发展。

按劳分配原则是社会主义社会分配的基本原则,它用劳动代替资本,使劳动成为占有产品和获得收入的主要根据,为实现共同富裕奠定了制度基础;它用劳动的尺度代替需要的尺度,承认劳动者个人能力的差别以及与此相关的个人利益的差别,从而为社会主义经济提供了有效的激励和约束机制。所以,按劳分配及其所体现的经济关系对社会主义制度具有重要意义。在社会主义初级阶段,我们只能坚持而不能改变按劳分配这一基本原则。

同时,随着以公有制为主体、多种所有制经济共同发展这一所有制结构的形成,在分配方式上就必然要实行以按劳分配为主体、多种分配方式并存。更重要的是,按劳分配的实现形式应随着公有制实现形式的变化而变化,而市场经济的存在必然使全社会范围内的按劳分配只能通过市场机制和价值形式,以迂回曲折的形式间接地加以完成。因此,要把按劳分配、劳动所得,同允许、鼓励资本、技术等生产要素参与收益分配结合起来,寻找一种现实可行的,既符合市场经济要求又体现按劳分配本质的劳动计量方式,从而使按劳分配与市场机制有机结合起来。这同样是以实际问题为中心研究马克思主义的理论成果,是对科学社会主义的新发展。

人民民主专政本质上是无产阶级专政。在经济文化落后国家,在资本主义世界的包围中进行社会主义建设,没有强大的无产阶级专政是无法立足的。所以,邓小平多次强调,必须坚持无产阶级专政,并使其法制化,依法行使无产阶级专政。我们必须明白,只有高度发展的生产力、较为完善的公有制和无产阶级专政才能保障社会主义民主原则的实现。换言之,实行无产阶级专政的过程同时就是实现社会主义民主的过程。这是同一个过程的两个方面。

社会主义民主的本质就是人民当家做主,国家一切权力属于人民。政治体制改革的目标是建设社会主义政治文明,发展社会主义民主政治并使其制度化、规范化、程序化。中国特色社会主义实践证明，发展社会主义民主政治，根本的是要坚持党的领导、人民当家做主和依法治国的有机结合和辩证统一。这同样是以实际问题为中心研究马克思主义的理论成果，是对科学社会主义的新发展。

可见，中国特色社会主义实践并没有违背马克思主义创始人所揭示的社会主义社会的基本规定，相反，它正是以此为指南，并加以创造性地运用和发展。即使是建立社会主义市场经济体制在本质上也是同马克思主义一致的，它是马克思主义历史观在当代中国活生生的运用。

按照唯物主义历史观，自然经济、商品经济和产品经济是社会经济发展的三大形态，前资本主义经济在总体上属于自然经济，资本主义经济是商品经济的成熟形式，而共产主义社会则是产品经济；自然经济造成人对人的依赖性，商品经济造成了以人对物的依赖为基础的"人的独立性"，而与产品经济相适应的则是个人全面发展的自由个性。在马克思看来，商品经济是从自然经济到产品经济、从人的依赖性到自由个性的"必然过渡点"，具有不可逾越性。

问题在于，现实的社会主义并没有经过成熟、完整的商品经济形态，市场经济很不发达。这种经济状况远远不能满足社会主义经济现代化的要求。市场经济是有效配置资源和对生产经营者提供有效激励的现代经济形式，而在现实的社会主义公有制经济中又存在着商品交换的内在根据，这就是说，市场经济是内生于现实的社会主义公有制经济的。正因为如此，社会主义和市场经济之间不存在根本矛盾。

中国的社会主义必须发展商品经济，建构社会主义市场经济体制，必须在社会主义条件下经历一个相当长的初级阶段，去实现工业化和经济的社会化、市场化、现代化。中国特色社会主义的实践之所以如此激动人心，就在于它把市场化、现代化和社会主义改革这三重重大的社会变迁浓缩在同一个时空中进行了，构成了一场史无前例、艰难复杂而又波澜壮阔的伟大的社会变革。在这个过程中，市场化、现代化和社会主义之间形成了一种相互渗透、相互制约的关系，市场化、现代化和社会主义由此都具有了新的内容。不管你是否意识到或承认，社会主义市场经济理论的确与马克思主义具有本质上的一致性。社会主义市场经济理论同样是以实际问题为中心研究马克思主义的理论成果，是对社会主义经济理论的创造性发展，标志着中国共产党人对科学社会主义的认识达到了新的水平。

三、中国特色社会主义理论：以实际问题为中心研究马克思主义的典范

人们的认识总是在客观上被历史条件所限制，不存在任何一个包罗万象的终极真理体系。历史已经证明，凡是以终极真理自诩的思想体系，如同希图万世一系的封建王朝一样，无一不走向没落。与此不同，马克思主义是发展的科学，认为现实世界始终处在不断的运动、变化和发展之中，人们对现实世界的认识也始终处在不断地运动、变化和发展之中，不存在任何终极状态和终极真理。正因为如此，马克思主义一开始就反对"教条式地预料未来"，并认为在将来应该做些什么，应该马上做些什么，取决于人们将不得不在其中活动的那个既定的历史环境；一开始就反对以"刻板的正统"对待自己的理论，主张以批判的精神对待自己的理论，从而不断修正自己某些"已经过时"的观点或"当时的错误看法"。

早在 1872 年，马克思、恩格斯就认为《共产党宣言》"有些地方已经过时了"。1873 年，世界经济危机的发生使马克思意识到，资本主义正在出现新的情况，形成新的特点，并认为需要重新认识资本主义。因此，马克思毅然决定停止《资本论》第 2 卷的出版。直到十年后马克思逝世，他也未重提出版《资本论》第 2 卷的事。股份制的形成和发展使恩格斯在 1891 年认识到，由股份公司经营的资本主义生产已不再是私人生产，也没有了无计划性。这实际上是恩格斯对原来观点的一个重要修正。

可见，马克思主义从其创立之初就关注变化中的实际，并始终以实际问题为中心创造新的理论。如果马克思、恩格斯不以批判的精神对待自己的理论，不断地修正、发展自己的理论，马克思主义就会停留在 1848 年的《共产党宣言》；如果没有列宁主义、毛泽东思想，马克思主义就会终止

于 19 世纪;如果没有邓小平理论,马克思主义、社会主义就很可能成为 20 世纪的遗产了。马克思主义发展史告诉我们一个深刻的道理:社会实践是不断发展的,思想认识也必须不断发展,不断根据实践的要求进行创新。马克思主义的生命力,就在于它在实践中能够不断创新。

从社会主义运动史上看,苏联解体,一个重要原因就是,当苏联僵化体制的弊端已经充分暴露时,苏共不敢改革,不敢在实践中发展马克思主义,后又在改革中抛弃了马克思主义,最终导致苏联社会主义的失败。而中国的社会主义"风景这边独好",根本原因就是在于,中国共产党人以实际问题为中心研究马克思主义,在实践中发展了马克思主义,探索出一条具有中国特色的社会主义道路,得到了人民群众的拥护、答应、赞成。实践证明,只有发展着的马克思主义才有生命力,只有发展着的马克思主义才有影响力和吸引力。

我们不能以教条主义的态度对待马克思主义,而必须以马克思主义的态度对待马克思主义。换言之,我们必须始终坚持马克思主义的历史的、发展的观点,坚持实践是检验真理的根本标准,不能拿"本本"去框实践,而只能用实践去发展"本本"。《共产党宣言》发表 170 多年来,世界经济、政治、文化、科技等发生了重大变化,中国社会主义实践发生了重大变化,人民群众的生活方式、思维方式和价值观念发生了重大变化,这些重大变化对马克思主义提出了新的实际问题,我们必须认真对待、深入研究这些新的实际问题,用新的理论发展马克思主义,并用发展着的马克思主义指导新的实践。

中国特色社会主义理论就是这种发展着的马克思主义。中国特色社会主义理论与马克思主义理论一脉相承,同时又是对历史经验和当代实践的新概括,是对新的实际问题的新解答。

从国际形势来看,新的实际问题就是科学技术信息化、经济全球化、政治格局多极化。

科学技术信息化以及信息时代的到来,不仅使经济增长方式发生了根本性变化,而且使人类的生产方式、生活方式和思维方式以及通信方式发生了巨大而深刻的变化。多媒体的传播速度,可以使数十卷的《大不列颠百科全书》在几秒钟内从世界的任何一个地方传到需要它的另一个地方。在今天,人们利用一台小小的电脑,可以在几平方米的房间内展开与全世界的交往。以信息科学和生命科学为代表的当代科学技术的发展突飞猛进,为世界生产力的发展打开了新的广阔空间。同时,西方发达国家也通过吸收和利用这一当代科学技术革命的新的成果,为资本主义社会生产力的发展开辟了新的空间。这样一些问题都是新的实际问题。

信息技术的迅猛发展极大地推动了经济全球化的进程,使世界成为"开放的世界"。经济全球化所导致的全球循环的物质流、技术流、资金流、信息流等增强了各个民族或国家之间的开放性,并使各个民族或国家之间具有了共生性。这种共生性决定了任何一个民族或国家都不可能长久地孤立于世界之外,如同人的肢体不能孤立于血液循环系统一样。经济全球化使各国的经济联系更加紧密,并为各国的发展提供了机遇。

但是,我们又要看到,经济全球化是由西方发达国家主导的,是在不公正、不合理的国际经济旧秩序没有根本改变的情况下发生和发展的。所以,在经济全球化过程中,资本流遍全球,利润流向西方,发达资本主义国家在世界市场上获得了巨大的利润,从而获得了继续发展的重要条件。经济全球化在给发展中国家带来发展机遇的同时,又使发展中国家在总体上处于更加不利的地位,经济安全和经济主权正面临着空前的压力和挑战。经济全球化在给发展中国家带来发展机遇的同时,也带来严峻的挑战和风险,提出了如何维护自己的经济安全和经济主权这一新的实际问题。

与经济全球化相关似乎又相反的,是政治格局的多极化,国际形势发生了半个世纪以来最为深刻的变化。这就是,随着苏联的解体,持续了40多年的两极格局结束了,世界开始多极化过程。这一重大变化,使得世界出现许多新情况,一些过去被美苏斗争掩盖的矛盾,如地区冲突、民族和宗教问题等开始暴露出来,国际恐怖主义、民族分裂主义、宗教极端主义在抬头;旧的霸权主义消失了,但新的强权政治出现了,典型的就是"新干涉主义"，口号是人权高于主权。多极化是历史发展的必然趋势，同时，多极化在曲折中发展，其间充满各种政治力量之间的激烈斗争。经济全球化、世界多极化极大地影响着各民族的生存环境和发展前途。如何更好地把握新的世界格局及其发展规律，使中国在国际政治中起到应有的作用，对我们来说是一个新的实际问题。

就国内形势而言，改革开放和现代化建设使中国进入快速发展和重大转型期，社会生活发生了深刻变化，其中，尤为重要的是工业信息化和利益格局变化。具体地说，在工业化的任务尚未完成的情况下，我们又面临着实现信息化的任务。以信息化带动工业化，推动信息技术在各行业的广泛运用，加快关系经济全局重要领域的信息化进程成为重大而艰巨的历史任务。同时，随着社会主义市场经济体制的建立，多种经济成分迅猛发展，已经形成了以公有制经济为主体、多种所有制经济共同发展的格局。并形成了新的社会阶层，即民营科技企业的创业人员和技术人员，受聘于外资企业的管理技术人员、个体户、私营企业主，以及中介组织的就业人员、自由职业人员。当代中国的利益格局由此发生了新中国成立以来最为重大的变化。无疑是新的实际问题。

毛泽东说过，"真正的理论在世界上只有一种，就是从客观实际抽出来又在客观实际中得到证明的理论"，这种理论"能够依据马克思列宁主义的立场、观点和方法，正确地解释历史中和革命中所发生的实际问题，能够在中国的经济、政治、军事、文化种种问题上给予科学的解释，给予理论的说明"。① 中国特色社会主义理论就是这样一种"真正的理论"，它以实际问题为中心研究马克思主义，是对历史经验的新的总结，是对新的实际问题的新解答，是对新的实践的新概括，并以一系列新的思想、新的观点、新的论断发展了马克思主义，具有鲜明的时代性特征和中国特色，因而是发展着的马克思主义。一言以蔽之，中国特色社会主义理论是以实际问题为中心研究马克思主义的典范。

①《毛泽东选集》第三卷，第 817、814 页。

主要参考文献

《马克思恩格斯全集》第 1 卷,人民出版社 1956 年版。

《马克思恩格斯全集》第 3 卷,人民出版社 1960 年版。

《马克思恩格斯全集》第 4 卷,人民出版社 1958 年版。

《马克思恩格斯全集》第 7 卷,人民出版社 1959 年版。

《马克思恩格斯全集》第 9 卷,人民出版社 1961 年版。

《马克思恩格斯全集》第 12 卷,人民出版社 1962 年版。

《马克思恩格斯全集》第 15 卷,人民出版社 1963 年版。

《马克思恩格斯全集》第 18 卷,人民出版社 1964 年版。

《马克思恩格斯全集》第 19 卷,人民出版社 1963 年版。

《马克思恩格斯全集》第 20 卷,人民出版社 1971 年版。

《马克思恩格斯全集》第 23 卷,人民出版社 1972 年版。

《马克思恩格斯全集》第 24 卷,人民出版社 1972 年版。

《马克思恩格斯全集》第 25 卷,人民出版社 1974 年版。

《马克思恩格斯全集》第 28 卷,人民出版社 1973 年版。

《马克思恩格斯全集》第 29 卷,人民出版社 1972 年版。

《马克思恩格斯全集》第 32 卷,人民出版社 1974 年版。

《马克思恩格斯全集》第 33 卷,人民出版社 1973 年版。

《马克思恩格斯全集》第 37 卷,人民出版社 1971 年版。

《马克思恩格斯全集》第 39 卷,人民出版社 1974 年版。

《马克思恩格斯全集》第 46 卷上册,人民出版社 1979 年版。

《马克思恩格斯全集》第 46 卷下册,人民出版社 1980 年版。

《列宁全集》第 1 卷,人民出版社 1984 年版。

《列宁全集》第 4 卷,人民出版社 1984 年版。

《列宁全集》第 16 卷，人民出版社 1988 年版。

《列宁全集》第 20 卷，人民出版社 1989 年版。

《列宁全集》第 26 卷，人民出版社 1990 年版。

《列宁全集》第 35 卷，人民出版社 1985 年版。

《列宁全集》第 41 卷，人民出版社 1986 年版。

《列宁全集》第 55 卷，人民出版社 1990 年版。

《列宁选集》第 1 卷，人民出版社 1995 年版。

《列宁选集》第 2 卷，人民出版社 1995 年版。

《列宁选集》第 3 卷，人民出版社 1995 年版。

《列宁选集》第 4 卷，人民出版社 1995 年版。

列宁：《对布哈林〈过渡时期的经济〉一书的评论》，中共中央马克思、恩格斯、列宁、斯
　　大林著作编译局译，人民出版社 1976 年版。

《毛泽东选集》第一卷，人民出版社 1991 年版。

《毛泽东选集》第二卷，人民出版社 1991 年版。

《毛泽东选集》第三卷，人民出版社 1991 年版。

《毛泽东选集》第四卷，人民出版社 1991 年版。

《建国以来毛泽东文稿》第一册，中央文献出版社 1987 年版。

《建国以来毛泽东文稿》第二册，中央文献出版社 1988 年版。

《建国以来毛泽东文稿》第三册，中央文献出版社 1989 年版。

《建国以来毛泽东文稿》第四册，中央文献出版社 1990 年版。

《建国以来毛泽东文稿》第五册，中央文献出版社 1991 年版。

《建国以来毛泽东文稿》第六册，中央文献出版社 1992 年版。

《建国以来毛泽东文稿》第七册，中央文献出版社 1992 年版。

《建国以来毛泽东文稿》第八册，中央文献出版社 1993 年版。

《建国以来毛泽东文稿》第九册，中央文献出版社 1993 年版。

《建国以来毛泽东文稿》第十册，中央文献出版社 1996 年版。

《建国以来毛泽东文稿》第十一册，中央文献出版社 1996 年版。

《建国以来毛泽东文稿》第十二册，中央文献出版社 1998 年版。

《建国以来毛泽东文稿》第十三册，中央文献出版社 1998 年版。

邓小平：《建设有中国特色的社会主义》（增订本），人民出版社 1987 年版。

《邓小平文选》第一卷，人民出版社 1994 年版。

《邓小平文选》第二卷，人民出版社 1994 年版。

《邓小平文选》第三卷，人民出版社 1993 年版。

中共中央文献研究室：《邓小平思想年谱》（一九七五——一九九七），中央文献出版社

1998 年版。

中共中央文献研究室:《邓小平年谱一九七五——一九九七》(上),中央文献出版社2004 年版。

中共中央文献研究室:《邓小平年谱一九七五——一九九七》(下),中央文献出版社2004 年版。

中共中央文献研究室:《三中全会以来重要文献选编》,人民出版社 1982 年版。

[波]奥斯卡·兰格:《社会主义经济理论》,王宏昌译,中国社会科学出版社 1981年版。

[美]西里尔·E. 布莱克等:《日本和俄国的现代化——一份进行比较的研究报告》,周师铭、胡国成、沈伯根等译,商务印书馆 1983 年版。

[美]C·E·布莱克:《现代化的动力——一个比较史的研究》,段小光译,浙江人民出版社 1988 年版。

[美]查尔斯·K. 威尔伯:《发达与不发达问题的政治经济学》,高铦、徐壮飞、涂光楠等译,中国社会科学出版社 1984 年版。

[捷]吉里·考斯塔:《社会主义的计划经济理论与实践》,王锡君、柴野、章莉莉等译,中国社会科学出版社 1985 年版。

[以]S. N. 艾森斯塔德:《现代化:抗拒与变迁》,张旅平、沈原、陈育国等译,中国人民大学出版社 1988 年版。

[美]塞缪尔·亨廷顿:《变革社会中的政治秩序》,李盛平、杨玉生等译,华夏出版社1988 年版。

[美]塞缪尔·亨廷顿等:《现代化:理论与历史经验再探讨》,李景明等译,上海译文出版社 1993 年版。

[美]丹尼尔·贝尔:《资本主义文化矛盾》,赵一凡、蒲隆、任晓晋译,生活·读书·新知三联书店 1989 年版。

[美]费正清、麦克法夸尔:《剑桥中华人民共和国史(1949—1965)》,王建朗等译,上海人民出版社 1990 年版。

[美]费正清、罗德里克·麦克法夸尔:《剑桥中华人民共和国史(1966—1982)》,王建朗等译,上海人民出版社 1992 年版。

[英]卡尔·波普尔:《开放社会及其敌人》第一卷,陆衡等译,中国社会科学出版社1999 年版。

[英]卡尔·波普尔:《开放社会及其敌人》第二卷,郑一明等译,中国社会科学出版社1999 年版。

[美]莫里斯·迈斯纳:《毛泽东的中国及后毛泽东的中国——人民共和国史》,杜蒲、李玉玲译,四川人民出版社 1990 年版。

[美]莫里斯·迈斯纳：《马克思主义、毛泽东主义与乌托邦主义》，张宁、陈铭康等译，中国人民大学出版社 2005 年版。

[美]罗斯·特里尔：《毛泽东传》，胡为雄、郑玉臣译，中国人民大学出版社 2008 年版。

[奥]路德维希·冯·米瑟斯：《社会主义：经济与社会学的分析》，王建民、冯克利、崔树义译，中国社会科学出版社 2008 年版。

中共中央文献研究室：《关于建国以来党的若干历史问题的决议注释本（修订）》，人民出版社 1985 年版。

洪银兴、周晓寒、金碚等：《当代东欧经济学流派》，中国经济出版社 1988 年版。

罗荣渠：《从"西化"到现代化》，北京大学出版社 1990 年版。

罗荣渠、牛大勇：《中国现代化历程的探索》，北京大学出版社 1992 年版。

罗荣渠：《各国现代化比较研究》，北京大学出版社 1993 年版。

罗荣渠：《现代化新论》，北京大学出版社 1993 年版。

钱乘旦：《世界现代化历程》，江苏人民出版社 2010 年版。

许纪霖、陈达凯：《中国现代化史（第一卷 1800～1949）》，上海三联书店 1995 年版。

虞和平：《中国现代化历程》第一卷，江苏人民出版社 2007 年版。

虞和平：《中国现代化历程》第二卷，江苏人民出版社 2007 年版。

虞和平：《中国现代化历程》第三卷，江苏人民出版社 2007 年版。

薄一波：《若干重大决策与事件的回顾》上卷，中共中央党校出版社 1991 年版。

薄一波：《若干重大决策与事件的回顾》下卷，中共中央党校出版社 1993 年版。

经济学消息报社：《诺贝尔经济学奖得主专访录——评说中国经济与经济学发展》，中国计划出版社 1995 年版。

王景伦：《毛泽东的理想主义与邓小平的现实主义——美国学者论中国》，时事出版社 1996 年版。

张宇：《过渡之路——中国渐进式改革的政治经济学分析》，中国社会科学出版社 1997 年版。

中共中央党史研究室：《中国共产党新时期历史大事记（1978.12—1998.10）》，中共党史出版社 1998 年版。

[美]王辉：《渐进革命——震荡世界的中国改革之路》，中国计划出版社 1998 年版。

张卓元、黄范章、利广安：《20 年经济改革：回顾与展望》，中国计划出版社 1998 年版。

王梦奎：《中国经济转轨二十年》，外文出版社 1999 年版。

李正华：《中国改革开放的酝酿与起步》，当代中国出版社 2002 年版。

冷溶、杨耕：《从邓小平理论到"三个代表"重要思想》上卷，北京师范大学出版社 2004

年版。

冷溶、杨耕：《从邓小平理论到"三个代表"重要思想》下卷，北京师范大学出版社 2004
　　年版。

于光远：《1978：我亲历的那次历史大转折》，中央文献出版社 2008 年版。

附

录

历史决定论：历史的考察和现状的分析

如何看待历史决定论,历来是历史哲学关注的中心和争论的焦点。从历史上看,历史决定论观念在近代历史哲学中占据统治地位,而反历史决定论观念则是现代历史哲学中的主导思潮。就逻辑而言,如何看待历史决定论,尤其是马克思主义的历史决定论,体现为如何理解历史规律与人的活动的关系,历史运动的合规律性与合目的性的关系,历史发展的决定性与选择性的关系,历史本身的客观性与历史认识的主观性的关系等一系列问题。历史决定论与反历史决定论的论战是 20 世纪哲学研究中最困难、最有争议,同时又最富有内容的问题之一。因此,弄清这一问题的由来,把握这一问题的研究现状,是一个重要的哲学课题。

一、历史决定论的形成、确立和革命性变革

在人类思想史上,维柯是从严格的哲学意义上来思考、探讨历史决定论问题的第一位哲学家。在历史哲学的开山作《关于民族共同性的新科学原理》中,维柯着重考察了"人类社会生活的规律"[①],即历史规律,并提出了三个重要观点:一是人既是历史的创造者,又是历史的认识者;二是历史发展具有规律性,所有民族的历史都必然经历神权、英雄和人权三个阶段;三是在历史活动中的人,都有自己的特殊目的,这些特殊目的又总

---

① ［意］维柯:《新科学》上册,朱光潜译,商务印书馆 1989 年版,第 167 页。

是不自觉地达到具有历史意义的普遍目的。可见,维柯是从历史规律与人的活动目的、历史发展中的普遍性与特殊性的关系来探讨历史决定论问题的。

这是一个新的理论视角。在维柯之前,神学历史观占据统治地位,人们确信"人的历史是神定的一种秩序"。维柯则把人类历史的中心从神移向人类本身,并从人本主义的角度肯定了历史规律的存在。这是维柯历史哲学的独特之处,也是维柯历史哲学对人类思想史的独特贡献。然而,在宣布"人类创造历史"的同时,维柯又提出"上帝创造自然",这就以一种新的形式制造了自然与历史对立的神话,并开启了人本主义与科学主义对立的先河。

如果说维柯从人本主义的角度探讨了历史的规律性,那么圣西门等人则从科学主义的角度探讨了历史的规律性。圣西门、傅立叶始终关注"社会运动的规律"[①],并认为人的内在情欲和外在的物质财富之间的矛盾运动构成了历史规律性,"社会的变革依生活的和经济的行为为转移"[②],所有制才是社会的本质和基础,"社会的存在决定于所有权的保留,而不决定于最初制定这项权利的法律保存"[③]。可以看出,圣西门、傅立叶已经向着唯物主义地理解历史规律的方向迈出了重要的一步。

从理论渊源看,圣西门、傅立叶的观点直接受到爱尔维修的影响。爱尔维修力图把"唯物主义运用到社会生活方面"[④],并建立一种像实验物理学一样的严密的、精确的社会科学。圣西门、傅立叶继承了爱尔维修的观点。圣西门把自己的社会哲学称为"社会物理学"。傅立叶断言,历史规律"在各个方面都符合由牛顿和莱布尼茨所阐明的物质引力规律。物质世界和精神世界在运动体系上具有统一性"[⑤]。从总体上看,圣西门、傅立叶的社会哲学或历史哲学是一种科学主义的历史观,它以人的自然存

---

① 《傅立叶选集》第 1 卷,赵俊欣、吴模信、徐知勉等译,商务印书馆 1979 年版,第 29 页。
② 《傅立叶选集》第 1 卷,第 100 页。
③ 《圣西门选集》上卷,何清新译,商务印书馆 1962 年版,第 229 页。
④ 《马克思恩格斯全集》第 2 卷,第 165 页。
⑤ 《傅立叶选集》第 1 卷,第 12 页。

在为依据去理解和把握历史规律,并力图以自然科学为标准来建立社会科学。如果说维柯是人本主义历史哲学的奠基者,那么圣西门、傅立叶则是科学主义历史哲学的开拓者。孔德的实证主义历史哲学正是从法国空想社会主义历史哲学的解体中产生的。

与维柯、圣西门、傅立叶都不同,黑格尔既看到自然与历史之间的内在联系,又注意到自然与历史的区别。在黑格尔看来,自然是绝对理性在空间中的展开,历史则是绝对理性在时间中的展开,因而自然与历史之间必定存在着某种差别。正是由于意识到自然与历史存在着某种区别,黑格尔提出了一种解释历史决定论的独特方式。

首先,历史是绝对理性在时间中的展开,体现为"自由意识的进展"。在黑格尔看来,这是一个从东方到西方,从希腊到日耳曼的不可逆的过程。世界历史的四个时期,即东方国家、希腊国家、罗马国家和日耳曼国家分别在自己的历史中体现着历史规律的特殊原则。

其次,历史规律只有通过人的活动才能实现,"假如没有热情,世界上一切伟大的事业都不会成功"①,绝对理性和人的活动因此交织成为历史的"经纬线"。但是,在黑格尔看来,历史规律本质上是先于历史而预成的"绝对计划",人只是实现这种超历史"计划"的"活的工具",就算是拿破仑,也不过是骑在马背上的"绝对精神"。

再次,历史规律只有合目的性、历时性,而不具备重复性。在黑格尔看来,历史有自己的"绝对的最后目的",而达到这个目的的坚定不移的意向就构成了历史的规律性。因此,历史规律就是在这种历时性的单线过程中表现其决定作用的,它君临一个民族的机会只有一次,在它的轨迹之外,或在已经经历过它的一定原则的民族那里,就没有历史了。这就是说,历史规律没有重复性,因而也无法用自然科学的精确性来把握,只有哲学的思辨才能透过历史表面的喧嚣去领悟历史的本质,把握历史规律。

黑格尔把维柯以后的历史决定论观念系统化了,但也神秘化了。一

---

① [德]黑格尔:《历史哲学》,王造时译,生活・读书・新知三联书店1956年版,第62页。

方面,黑格尔敢于对历史做总的思考,全面而深刻地探讨了历史决定论,是一种"宏伟的历史观""划时代的历史观",在客观唯心主义的基础上确立了历史决定论的权威;另一方面,黑格尔又把历史规律归结于超历史的"绝对理性""绝对目的",犯了一种从历史的外部把规律和目的输入历史的错误。黑格尔只是在形式上肯定了人的能动性,由于他把人仅仅看作绝对理性自我实现的工具,实际上彻底剥夺了历史的属人性质,人及其活动的目的性、选择性、创造性和主体性统统被笼罩在绝对理性的阴影之中。

剥去黑格尔历史决定论的神秘外衣,从历史的真正主体——现实的人及其活动中去揭示历史规律及其特殊性,是历史哲学进一步发展的"绝对命令"。完成这一任务并实现历史决定论革命性变革的,不是别人,正是马克思。马克思所实现的历史决定论变革的关键就在于,他确认实践构成了人的存在方式,历史规律就实现、存在并形成于人的实践活动之中。

按照马克思的观点,实践首先是人以自身的活动来引起、调整和控制人与自然之间物质变换的过程;在这个过程中,人与人之间又必然要互换其活动,并结成一定的社会关系;同时,实践活动结束时得到的物质结果,在这个过程开始时,就已经在实践主体的头脑中作为目的、以观念的形式存在着。这就是说,实践内在地包含三种转换,即人与自然之间的物质变换、人与人之间的活动互换以及观念与物质的转换。正是这种"物质变换""活动互换"以及"物质与观念的转换"形成了体现主体活动的特点,包括物质运动在内的人的实践活动规律。社会生活在本质上是实践的,人的实践活动的规律实际上就是历史运动的规律。唯物主义历史观首先把历史规律归结为人的实践过程。

按照马克思的观点,生产力和生产关系是人们生产实践活动的两个方面,生产力是人们的实践能力,生产关系则是人们的"物质的和个体的活动所借以实现的必然形式"[①],二者的矛盾运动规律从根本上决定着社

---

① 《马克思恩格斯选集》第4卷,第532页。

会发展的大致趋势,构成了历史运动的"中轴线"。但是,唯物主义历史观并没有把历史规律性等同于经济必然性。经济必然性既不可能脱离人们的生产实践活动成为独立的实体,也不可脱离政治、文化等社会要素而纯粹地发生作用;相反,经济必然性会在各种社会要素的作用下发生某种程度的"变形"。所以,马克思认为,应把一切经济规律"当作一种趋势来看","它的绝对的实现被起反作用的各种情况所阻碍、延缓和减弱"。①唯物主义历史观确认经济必然性本身就具有社会性、历史性,以经济必然性为内核的历史规律因此具有总体性,是经济、政治、文化等社会要素交互作用的产物。

按照马克思的观点,历史规律同样具有重复性,即在一定条件下,某种历史规律会反复发生作用,成为一种常规现象。以此为前提,唯物主义历史观制定了"五种社会形态"理论,确认在不同的历史时期、不同的民族那里,可以产生相同的社会形态。马克思的"唯物主义提供了一个完全客观的标准,它把生产关系划为社会结构,并使人有可能把主观主义者认为不能应用到社会学上来的重复性这个一般科学标准,应用到这些关系上来……一分析物质的社会关系(即不通过人们的意识而形成的社会关系:人们在交换产品时彼此发生生产关系,甚至都没有意识到这里存在着社会生产关系),立刻就有可能看出重复性和常规性,把各国制度概括为社会形态这个基本概念"②。由于把社会关系归结于生产关系,把生产关系归结于生产力——人与自然的关系,唯物主义历史观就有了"可靠的根据把社会形态的发展看做自然历史过程"③不仅发现了历史规律的重复性、常规性及其秘密,而且能够以"自然科学的精确性"指明社会"生产的经济条件方面所发生的物质的"变革④。"重复性""常规性"和"精确性"概念的出现,使唯物主义历史观成为一门科学,一门成熟的科学。

① 《马克思恩格斯全集》第 25 卷,第 195、261 页。
② 《列宁选集》第 1 卷,人民出版社 1995 年版,第 8 页。
③ 《列宁选集》第 1 卷,第 8—9 页。
④ 《马克思恩格斯选集》第 2 卷,第 33 页。

承认历史的规律性也就是历史决定论,但马克思主义的历史决定论不是机械决定论,它不仅确认人是历史的主体,历史规律实现并形成于人的实践活动中,承认经济必然性会在政治、文化等社会要素的反作用下发生某种程度的"变形",而且认为历史的规律性,即历史必然性,要通过偶然性才能实现。现实事物的发展,不通过偶然性而只表现为纯粹的必然性的情况是不存在的,必然性要通过偶然性才能实现。"如果'偶然性'不起任何作用的话,那末世界历史就会带有非常神秘的性质。这些偶然性本身自然纳入总的发展过程中,并且为其他偶然性所补偿。"①

历史必然性只是社会发展中占统治地位的趋势,这种趋势只有在一定条件的作用下才能实现。问题在于,历史必然性本身又不能自由地选择这些条件,它遇到什么条件只能是一种"机遇"或"遭遇",即偶然性。所以,确定的历史必然性只有通过非确定的偶然性才能实现。偶然性因此成为历史必然性的实现形式,并使同一必然性的表现形式带有不同特征的烙印。

但是,我们应当注意,"偶然性只是相互依存性的一极,它的另一极叫作必然性。在似乎也是受偶然性支配的自然界中,我们早就证实,在每一个领域内,都有在这种偶然性中去实现自己的内在的必然性和规律性"②。历史领域也是如此。"历史事件似乎总的说来同样是由偶然性支配着的。但是,在表面上是偶然性在起作用的地方,这种偶然性始终是受内部的隐蔽着的规律支配的,而问题只是在于发现这些规律。"③在恩格斯看来,唯物主义历史观的任务,"归根到底,就是要发现那些作为支配规律在人类社会的历史上起作用的一般运动规律"④。

一言以蔽之,马克思主义的历史决定论是实践决定论、辩证决定论。

---

① 《马克思恩格斯全集》第 33 卷,第 210 页。
② 《马克思恩格斯选集》第 4 卷,第 175 页。
③ 《马克思恩格斯选集》第 4 卷,第 247 页。
④ 《马克思恩格斯选集》第 4 卷,第 247 页。

二、现代西方历史哲学对历史决定论的否定及其特征

从维柯到黑格尔,再到马克思,可以说是历史决定论凯歌行进的时代,越来越多的思想家接受并确认了历史决定论。然而,从19世纪晚期开始,越来越多历史学家、哲学家又开始怀疑、否定,甚至抛弃了历史决定论。如果说历史决定论在近代西方历史哲学中占据主导地位,那么否定历史决定论的观念则是现代西方历史哲学中的主导思潮。造成这种认识逆转的原因主要有四个方面:

其一,对黑格尔历史决定论的反叛。在黑格尔历史哲学中,一切都理性化了,理性成了一种新的迷信,高高地耸立在祭坛上,让人们顶礼膜拜。为了证明自己的哲学的真理性,黑格尔常常不惜对历史施以粗暴的剪裁,甚至歪曲,并把历史学降到了哲学的"婢女"的地位。对历史学来说,黑格尔的历史决定论扮演的是一种专断的角色,它的非分的要求和蛮横的做法激起了历史学家的强烈不满和本能反抗。反叛黑格尔的历史决定论成为19世纪晚期西方历史学的一个鲜明特征。

其二,孔德实证主义的影响。孔德的实证主义在19世纪晚期获得了一定的成功,被当时的历史学家、哲学家看作黑格尔历史决定论的"解毒剂"。正是在孔德实证主义的影响下,19世纪晚期的西方历史学走上了实证主义的道路,成为"实证主义历史编纂学"。这一时期的大多数历史学家对确定新的事实非常热衷,而对发现规律少有问津。

其三,对量子力学,尤其是"测不准关系"的误解。哥本哈根学派在创立量子力学的初期,确有一种否定决定论的倾向,认为"测不准关系"和"互补描述"超出了决定论描述的范围。现代实证主义者正是以"测不准关系"和"互补描述"为依据,认为科学不再有决定论的特征。量子力学的成就必然影响哲学。正如波恩所说,量子力学的创立"本身有着巨大的哲学意义"。问题在于,用量子力学否定决定论,实际上是对量子力学的一种误解或简单化理解。正如波恩所说,量子力学"就其全部特色

看来都是因果规律",它"并没有取消因果性,而只是取消了对因果性的传统解释"。①

其四,对唯物主义历史观的恐惧。按照唯物主义历史观,"现代资产阶级本身是一个长期发展过程的产物,是生产方式和交换方式的一系列变革的产物",换言之,资本主义的产生是历史的必然,并"在历史上曾经起过非常革命的作用"。② 但是,随着大工业的发展,"社会所拥有的生产力已经不能再促进资产阶级文明和资产阶级所有制关系的发展"③,相反,生产力的发展受到资本主义所有制关系的阻碍。因此,社会再也不能在资产阶级的统治下生存下去了,换言之,资产阶级的生存同社会不再相容了。资本主义的灭亡和社会主义的胜利同样是不可避免的历史规律。这一科学的历史决定论犹如给资本主义社会下达了死亡通知书,资产阶级思想家们颤栗了,他们由此从承认历史决定论转向否定历史决定论。在西方,"寻求'宏观历史'的规律性的企图是官方历史明确反对的"④。

从历史决定论的确立到反历史决定论观念的盛行,这一转变在西方历史哲学中大体经历了三个环节:

一是兰克的历史客观主义。兰克历史客观主义的宗旨就是"秉笔直书"(Wise eigentlichgewesen),即只描述历史是这样,而不探究历史为何是这样。兰克是一个转折点。兰克之前的历史理论以探求历史规律为重心,兰克之后的历史理论则以描述历史现象为己任。

二是狄尔泰的历史理解理论。在狄尔泰看来,历史是已经逝去的存在,而且是一个精神世界,因而人们无法直接面对历史,无法用客观主义的方法和自然科学的精确性来研究和把握历史,历史科学唯一可行的方法只能是"体验""理解";在作为精神世界的历史中,不存在客观历史及其

---

① [德] M. 玻恩:《关于因果和机遇的自然哲学》,侯德彭译,商务印书馆 1964 年版,第 106、107 页。
② 《马克思恩格斯选集》第 1 卷,第 274 页。
③ 《马克思恩格斯选集》第 1 卷,第 278 页。
④ [奥] 路德维希·冯·贝塔兰菲:《一般系统论》,秋同、袁嘉新译,社会科学文献出版社 1987 年版,第 167—168 页。

规律,至少是不能认识客观历史及其规律,精神科学只是将历史事件"归诸一种价值和意义系统"。狄尔泰的历史理解理论犹如要放在传统史学阵营中的"特洛伊木马",从内部和根本上摧毁了历史客观主义,并孕育了新的历史哲学——批判的历史哲学。

三是克罗齐的历史主观主义。在克罗齐看来,人们是通过对历史知识、历史资料来认识历史的,但问题在于,历史知识、历史资料并不是客观的,而是主观的,每一代人总是从自己时代的需要出发去研究过去的历史,形成历史知识,留下历史资料。在这个过程中,历史学家不可避免地把自己的当代价值观念和知识结构介入到历史中,因此,一切历史都是当代史。既然不存在客观历史,那么探求客观的历史规律就成了无意义的废话。克罗齐的这一观点对西方历史哲学,以至整个学术界产生了深刻而广泛的影响。从此,否定历史决定论的观念成为现代西方哲学的主导思潮,几乎成为一种"流行病"。

从总体上看,现代西方历史哲学是在四个方面展开历史决定论与反历史决定论的论战,并否定历史决定论的,这就是:历史事件的不可重复性与历史规律的可重复性的关系,历史认识的主观性与历史本身的客观性的关系,历史活动的选择性与历史发展的决定性的关系,历史事件的不可预测性与历史趋势的可预见性的关系。

以历史事件的单一性否定历史规律,是现代西方历史哲学的第一个基本特征。

按照文德尔班等人的观点,只有反复出现的东西才能形成规律。在自然界中,相同的事件反复出现,因而存在着规律;在历史中,一切都是"单纯的一次性东西",历史事件都是个别的、不重复的,因而不存在规律。文德尔班由此认为:"在自然研究中,思维是从确认特殊关系进而掌握一般关系;在历史中,思维则始终是对特殊事物进行亲切的摹写。""前者追求的是规律,后者追求的是形态。"①文德尔班的观点有其合理性,历史不

---

① 洪谦:《西方现代资产阶级哲学论著选辑》,商务印书馆 1964 年版,第 59 页。

同于自然,历史事件的确都是独一无二的,法国大革命、美国独立战争、日本明治维新、中国辛亥革命等都是非重复性的存在,但由此否定历史规律的存在却是不能接受的。我们应当明白,历史事件是"一",历史现象是"多",在这"多"的背后存在着只要具备一定的条件就会重复起作用的历史规律。

问题的关键就在于,历史规律的重复性不等于历史事件的重复性。任何一个历史事件的产生都是必然性和偶然性共同作用的结果,正是其中的偶然性使历史事件各具特色,不可重复,规律重复的只是同类历史事件中的共同的、本质的、必然的东西,它不是,也不可能是重复其中的偶然因素。因此,历史规律的重复性正是在一个个不可重复的历史事件中体现出来的。1640年的英国革命、1789年的法国大革命、1911年的中国辛亥革命……这一个个不可重复的历史事件的出现,体现的正是资产阶级革命的历史规律。文德尔班等人把历史规律的重复性等同于历史事件的重复性,说明他们并不理解可重复的历史规律与不可重复的历史事件之间的真实关系。

以历史认识的相对性来否定历史规律,是现代西方历史哲学的第二个基本特征。

按照克罗齐的观点,只有现实生活的需要和兴趣才能促使人们去研究过去,人们又总是根据当代的知识结构和价值观念去研究、认识和评价历史的,因此,"当代性"是一切历史的内在特征。在克罗齐看来,在打上了"当代性"烙印的有限的、特定的历史中去寻找普遍的历史规律,永远不会成功,而且历史本来就没有任何规律可循。

克罗齐的确提出了一个重要问题,这就是人们认识历史的特殊性问题。"一切历史都是当代史"的合理之处就在于,它揭示了认识历史总是从现实出发,从后向前追溯的逆向过程。"历史方法论和历史认识论的中心问题在于,客观地认识过去只能靠学者的主观经验才可能获得。"[1]罗克

---

① [英]杰弗里·巴勒克拉夫:《当代史学主要趋势》,杨豫译,上海译文出版社1987年版,第19页。

齐看到了这一问题的特殊性，并给我们留下了一系列有待解决、值得深思的问题，这就是认识自然与认识历史的区别、历史认识中的真理与价值的关系、如何检验历史认识中的真理、如何以及能否还历史的"本来面目"等等。

但是，克罗齐毕竟走得太远了，他把一切都相对化、主观化了，以致否定了客观历史及其规律性。从认识论的角度看，克罗齐至少犯了两个错误：

一是割裂了现实与历史的关系。历史虽属过去，但并没有消失，化为"无"，而是以一种浓缩或萎缩、残片或发展的形式存在于现实社会中；现实社会是历史的延续、缩影或展开，因而提供了认识历史的钥匙。

二是割裂了有限与无限的关系。只要具备一定的条件，规律就可以在无限的事物中发挥作用，重复出现。在这个意义上说，规律的确是无限的形式。但是，规律的这种无限性并不需要它在无限多的事件中得到证明，在一定的有限事件中证明了规律的存在，也就是在无限的同类事件中证明了规律的存在及其重复性。要求从无限的同类事件去验证历史规律的存在，实际上是一种形而上学的要求。它表明，克罗齐割裂了有限与无限的内在联系，重归黑格尔早已批判过的"恶无限"观念，并在这条道路上走到了逻辑终点。

以历史选择性否定历史规律性，是现代西方历史哲学第三个基本特征。

按照胡克等人的观点，人的历史活动具有选择性，不同的民族根据自己的需要选择了不同的社会制度，从而使历史发展具有多元性，因而不存在所谓的历史规律；全部历史就是人们不断选择的结果，这种选择表现的并不是客观规律，而是人的自由，"是他自己本质的一个独特的和不可还原的表现"[1]。人的历史活动的确具有选择性。选择是人类创造历史活动的重要一环，尤其是当一个民族的历史处在一个转折点时，社会发展往往

---

[1] ［美］悉尼·胡克：《对卡尔·马克思的理解》，徐崇温译，重庆出版社 1989 年版，第153 页。

显示出多种可能性;在这多种可能性中,哪一种可能性能够成为现实,则取决于这个民族的自觉选择。

但是,由此把历史选择性同历史规律性对立起来,以前者的存在否定后者却是错误的。这是因为历史选择的对象只能存在于既定的"可能性空间"中,而既定的"可能性空间"的形成却是由人们不能自由选择的生产力所决定的,生产力的状况从根本上决定着"可能性空间"的状况。西方社会和东方社会都走过专制主义道路这一事实,说明人们的历史选择是有既定前提并受历史规律制约的。

人的历史活动的选择性以及由此造成的不同民族发展道路的多样性,并不能改变人类总体历史的进程及其一元性——经济必然性。从人类总体历史来看,原始社会、奴隶社会、封建社会、资本主义社会、社会主义社会这五种社会形态的确是依次更替的。迄今为止,还没有任何一个民族或国家处于这五种社会形态之外,即使半殖民地半封建社会,也是封建主义和资本主义畸形结合的产物。而从根本上决定这五种社会形态更替、社会发展的,正是经济必然性,即生产力和生产关系矛盾运动规律。

以历史事件的不可预测性来否定历史规律,是现代西方历史哲学的第四个基本特征。

按照波普尔的观点,历史决定论的核心,就是根据所谓的历史规律来预测人类历史的未来进程。但是,历史并不存在规律,历史运动没有所谓的客观规律所循。这是因为:人类社会的进化是一个单独的历史进程,对这一进程的描述只是一个单称的历史命题,而不是普遍的历史规律;从连续的历史事件中可以发现社会变迁的趋势,但趋势不是规律,人们可以根据规律作科学预测,但不能根据趋势来作科学预测,换言之,历史是不可预测的;预测是人的认识活动,而人又是历史的主体,如果历史是可预测的,那么这种预测本身就参与并将影响历史进程。在历史中,某一个预测甚至可以引起它所预测的历史事件的产生,如果没有这个预测,这个历史事件也许根本不会发生;反过来,对某个行将到来的历史事件的预测,又可以防止这个事件的发生。因此,客观的历史规律不存在,科学的历史预测不可能,历史决定论不成立。

波普尔在这里至少犯了一个认识论的错误,即混淆了预报与预见。所谓预报,是指对某一事物在确定时空范围必然或可能出现的判断;预见则是以规律为依据的关于发展趋势的判断,或者说,是一种只涉及发展趋势的规律性的判断。自然规律是动力学规律,动力学规律体现的是事物之间的一一对应的规律性关系,所以,自然科学既能预见,又能预报;历史规律属于统计学规律,统计学规律体现的则是一种必然性与多种随机现象之间的规律性关系,这种规律性需要通过大量的偶然、随机现象才能表现出来,所以,社会科学只能预见,而不能预报。

面对客观事实,波普尔不得不承认,"马克思的预言可能也能实现",现代资本主义的发展"证实了马克思的预言,即贸易循环必然是造成无约束的资本主义制度崩溃的因素之一"。但是,波普尔又"自我解嘲",认为导致马克思历史预言成功的"并不是他的历史主义的方法,而一直是制度学分析的方法"。① 实际上,在马克思那里,无论是历史主义方法,还是制度学分析方法,预见都是以发现和把握历史规律为前提的。

虽然波普尔的结论是错误的,但他的思考却是深刻的,留下的问题是有价值的:一是历史规律与历史趋势的关系。具体地说,趋势的逐渐强化最终会成为一种必然性,从而转化为规律,而有的趋势本身就包含着某种必然性;反过来,随着条件的变化,规律的作用有可能弱化,最后转化为趋势,如此等等。二是历史预测与历史进程的关系,即历史预测能否影响、如何影响历史进程、历史规律和历史事件,以及历史客观进程与历史认识主体的关系问题。

三、当代中国哲学界对历史决定论的研究及其问题

当代中国哲学界对历史决定论的研讨以研究马克思关于俄国跨越资

---

① [英]卡尔·波普尔:《开放社会及其敌人》第二卷,郑一明等译,中国社会科学出版社1999年版,第303页。

本主义"卡夫丁峡谷"的设想为发端,以社会主义的历史命运为中心,内容涉及历史规律与人的活动的关系、历史发展的决定性与选择性的关系、历史进程的合规律性与合目的性的关系、社会发展的跨越性与不可跨越性的关系等一系列问题。这些问题本来就是唯物主义历史观的基本内容,而它们之所以重新引起当代中国哲学界的关注,用列宁的话来说,就是因为不同的社会、政治形势会使马克思主义的不同方面分别提到首要地位。在我看来,当代中国哲学界重新探讨历史决定论的底蕴就在于,如何超越"西化"的现代化模式,寻求适合本民族发展的现代化道路。

正确把握历史规律与人的活动的关系,首先要正确理解社会的本质。20世纪80年代以来,中国哲学界重新认识并进一步探讨了社会的本质问题,取得了较大的进展和突破。这种进展和突破集中体现在确认社会本质上是实践的。实际上,确认实践是社会的本质并非发现"新大陆",而是"重归"马克思。正是马克思在《关于费尔巴哈》中明确提出,"全部社会生活在本质上是实践的"[1]。马克思的这一论断准确而深刻地提示了社会的本质。

从人类社会的起源以及人与动物的区别看,社会本质上是实践的。劳动是使人类社会从自然界独立出来的基础,同时,又是人区别于动物的标志。正如马克思所说,"一当人们自己开始生产他们所必需的生活资料的时候……他们就开始把自己和动物区别开来"。"个人怎样表现自己的生活,他们自己也就怎样。因此,他们是什么样的,这同他们的生产是一致的——既和他们生产什么一致,又和他们怎样生产一致。因而,个人是什么样的,这取决于他们进行生产的物质条件。"[2]

从人类社会的基本关系看,社会本质上是实践的。社会并不是个人的简单相加,而是人们之间各种关系的综合,人们之间的经济关系、政治关系和思想关系构成了社会的基本关系,而实践则是这些基本的社会关

---

[1]《马克思恩格斯选集》第1卷,第56页。
[2]《马克思恩格斯全集》第3卷,第24页。

系得以形成的基础。具体地说,实践是人类为了满足自身的需要而占有自然物的活动,它不仅生产人们生存和生活所必需的物质产品,同时也产生着人与人之间的经济关系;不仅建立了人与自然界之间的现实关系,而且建立了同这种关系相适应的人与人之间的社会关系。同时,实践还是人们有目的的自觉活动,它不仅使自然物发生形式变化,同时还在自然物中实现了人的目的,使主观观念转化为客观实在。实践不仅包括人与自然、人与人的关系,而且体现着人与其观念的关系。

从人类社会发展的基础看,社会本质上是实践的。正如马克思所说,"物质生活的生产方式制约着整个社会生活、政治生活和精神生活的过程。不是人们的意识决定人们的存在,相反,是人们的社会存在决定人们的意识"①。社会存在就是在人们的实践活动中生成的,决定社会发展的历史规律也不是存在于人的实践活动之外或凌驾于人的实践活动之上,而是形成、存在并实现于人的实践活动之中。历史规律也就是人类实践活动的规律,或者用恩格斯的话来说,是人们社会行动的规律。

可以看出,对社会本质的正确理解必然使对历史规律的研究获得较大的进展、突破和共识,即历史规律并不是存在于人的活动之外或凌驾于人的活动之上的"绝对计划",历史规律就形成、存在并实现于人的活动之中,表现为一种最终决定人类行为结局的力量,历史规律本质上是人的活动规律;反过来,历史规律又制约着人的活动,决定着社会发展的趋势,从而使人的活动具有历史性,同时,人在其实践活动中能够认识、运用和驾驭历史规律。在我看来,历史规律形成并存在于人的实践活动中,是历史规律与人的活动在本体论意义上的统一;人在实践活动中对历史规律的认知,是历史规律与人的活动在认识论意义上的统一。

当然,在研究和讨论过程中还存在着较大的分歧。这种分歧主要体现在如何理解和把握历史规律的特殊性以及历史运动的合规律性与合目的性的关系、历史发展的决定性与选择性的关系、历史领域中的自由与必

---

① 《马克思恩格斯选集》第2卷,第32页。

然的关系这三个重要问题上。

就历史规律的特殊性以及历史运动的合规律性与合目的性的关系而言,以下四种观点具有代表性:

第一种观点认为,历史规律既有客观性,又有主观性或主体性,因为历史规律是主体和客体、主观和客观辩证统一的规律,由人的活动构成的历史规律内在地包含着主体的目的、意志和自觉性因素。历史规律客观性的含义只能是:相对于构成历史规律的条件来说,历史规律是在人之外的客观存在,如果这些条件不发生任何变化,历史规律就不以人的意志为转移。

第二种观点认为,历史规律是主体运动的规律。这是因为:历史主体和客体的相互作用形成历史规律,主客观关系是历史规律的本质和核心,即全部历史规律都渗透着主客观关系;历史规律既不是机械的因果规律,也不能归结为统计规律,而是一种自为规律,正是这种自为性,表明历史规律是主体运动的规律,是主体的自组织规律,或者说,自为性是历史规律的集中体现。

第三种观点认为,历史规律不一定是单值对应的线性因果关系,而往往是多值的非线性因果关系,因此,历史规律给人的活动所提供的并不是唯一的现实可能性,往往是多种现实可能性;而人们活动的历史环境以及认识上的差异,又使同一种可能性的实现具有多种形式;同时,历史规律是非直接的、统计性的,只是作为一般趋势、一种平均数而存在。

第四种观点认为,历史运动的合规律性与合目的性的统一表现为,在历史活动中,人们把自己的目的这一主观的环节插入到客观的因果规律中,作为客观运动的现实原因发挥着作用,从而构成了历史运动特有的合目的性,并与合规律性统一起来。

就历史发展的决定性与选择性的关系而言,以下三种主要观点值得注意:

一是认为从实践观点出发,既可以引申出历史决定论,又可以推导出历史选择论,二者在唯物主义历史观中达到有机统一。按照这种观点,社会的物质条件和物质的社会关系虽然不是人们随心所欲创造的产物,却是人们实践活动的结果;人的能动性受到社会的物质条件和物质的社会关系的制约,但并非是它们从属的、附带的产品。生产力和生产关系的矛盾、冲突和解决,归根到底,只能是人们之间的利益和意志的矛盾、冲突和解决。整个人类历史是合规律的过程,也是人类为了自身的生存和发展进行选择、创造的过程。

二是认为历史主体的任何活动都是选择性和非选择性的统一。这是因为:选择性普遍存在于一切生命活动中,其特点就是自觉性,它是主观能动性的体现;非选择性表明,主体活动具有不以主体的主观意志为转移的性质,表明主体活动受到种种客观条件、客观规律的制约。选择性与规律性虽为一对现实矛盾,但主体活动却是二者的统一,这种统一体现在人类能动活动的自我制约上,其客观依据是事物的根本性质和发展趋势,其主观根据则是主体自身的状况。

三是认为历史领域中具有普遍的因果关系,历史活动的每一个结果以及实际发生的历史事件都有其内在原因,历史中的主要因果关系形成历史必然性序列,并使历史运动过程呈现出一定的轨迹、趋势和规律性。从人类总体历史来看,发展是一个决定过程,表现为"五种社会形态"依次更替;就具体民族历史而言,发展并不是严格地按照"五种社会形态"的序列演进的,这里,历史选择性表现出重复作用。历史选择可以使一个民族跨越一种,甚至几种社会形态,通过不同的发展道路走向较高级的社会形态。

但是,历史选择性并不是对历史决定性的否定,相反,二者具有内在的统一性。首先,历史选择的前提或对象——"可能性空间"是由人们不能自由选择的生产力所决定的;其次,人们通过历史选择而实现的"跨越"是有限度的,这个"限度"归根结底是由现实的生产力方式和社会形态决定的;再次,尽管不是每一个民族或国家都严格按照"五种社会形态"依次演进,但它的发展方向同人类总体历史的顺序是一致的,其历史运行的线路不可能是同人类总体历史相反的逆向运动。

可见，当代中国哲学界对历史决定论的研究是深刻的，视角是广阔的，从而为我们展示了一个新的思想地平线。当然，思维总是具有"破缺性"，问题总是处于不断解决又不断形成之中。当代中国哲学界对历史决定论研究取得重大成就的同时，也留下了一系列有待解决的重大问题。

第一个问题是，人的有意识的活动如何产生了不以人的意识为转移的历史规律，或者说，人的有意识的活动产生客观的历史规律的内在机制是什么？对此，有的学者用恩格斯的"合力论"来解释。可是，恩格斯的"合力论"只是一个形象比喻，只是一种现象描述，并没有揭示人的有意识的活动产生客观的历史规律的内在机制。思考应进一步深入，并在前人活动与后人活动的关系、历史规律与社会要素的关系方面下功夫。

其一，个人活动的冲突之所以构成社会发展的"合力"，使历史运动呈现出规律性，是因为他人活动制约某人活动，他人活动就是制约某人活动的客观条件；前人活动制约后人活动，前人活动就是制约后人活动的客观条件；他人活动在某人活动之外，前人活动在后人活动之外，因而它们都具有非选择性，即不以某人、后人的主观意志为转移。他人活动对某人活动的制约就是生产关系对个人活动的制约，前人活动对后人活动的制约就是作为人们"以往活动产物"的生产力对后人活动及其关系的制约。

其二，历史规律的形成和实现离不开人的活动，并不等于说人的活动就是历史规律。历史规律是社会要素之间的本质的、必然的联系，并以社会要素为载体，如价值规律产生于人的经济活动之中，但其载体却不是人，而是"物"，即商品，只要存在商品生产，价值规律就必然存在并发挥作用，这不以任何人的意志为转移。换言之，我们应把人的活动本身和活动规律适当区别开来，不能把构成活动的要素直接等同于构成规律的要素。

第二个问题是历史运动的合规律性与合目的性及其关系。这是当代中国哲学界极为关注，同时又未真正解决的问题。马克思早就指出，"历史不过是追求着自己目的的人的活动"[①]，并认为在人们的实践活动中，

---

① 《马克思恩格斯全集》第 2 卷，第 118—119 页。

"目的是他所知道的,是作为规律决定着他的活动的方式和方法的"①。由此产生的问题就是,在历史运动中,合规律性与合目的性是如何统一的。

如前所述,有的学者认为,在历史运动中,人的目的是作为主观环节插入到客观的因果链条中,从而作为历史运动的现实原因发挥作用的,这就构成了历史运动特有的合目的性,同时又形成了历史运动的合规律性。历史规律的特殊性就在于,它是体现着人的自觉能动性的特点,同时又包括物质运动在内的人的实践活动规律。但是,这里又存在一个"悖论",既然人的目的插入到客观的因果链条并作为历史运动的现实原因发挥作用,那么历史规律就应包含人的目的这一要素;如果历史规律包含人的目的这一要素,目的又作为规律决定着人的活动的方式,那么如何理解历史规律的客观性? 这是一个需要深入探讨的问题。

问题还在于,历史运动的合目的性是合谁的目的,是合个体的目的,还是合社会的目的? 对此,有的学者认为,个体的目的无法驾驭社会发展,但社会可以在全人类意志的"合力"制约下合目的地发展。可是,个体的意志如何转化为全人类的意志,个体的目的性如何转化为社会的目的性? 这需要说明。更重要的是,个人活动所具有目的性并不直接等同于无人格的社会的目的性,并不等于社会实现这一目的的实际活动过程及其结果。这同样是一个需要深入探讨的问题。

第三个问题是,确认历史规律形成于人的活动之中,那么如何理解自由是对必然的认识这一命题。

在唯物主义历史观中,自由是对必然的认识这一命题,绝不意味着人们在从事某种历史活动之前有一个现成的历史规律可供认识,相反,并不存在任何一种预成的、抽象不变的历史规律,任何一种具体的历史规律都形成于具体的历史活动和社会关系中,当这种特定的历史活动和社会关系结束时,这种具体的历史规律也就不复存在。以往的历史传统和既定

---

① 《马克思恩格斯全集》第23卷,第202页。

的社会条件为新一代的历史活动提供了前提,并决定了新一代历史活动的大概方向,但这些历史传统和社会条件又在新一代的历史活动中不断被改变,正是在这种改变以往条件的活动过程中,决定着新一代命运的新的历史规律才得以形成。只有当某种历史活动和社会关系达到充分发展、充分展示时,某种历史规律才能真正全面地形成,只是在此时,人们才能真正理解、把握这种历史规律。正因为如此,马克思指出:"对人类生活形式的思索,从而对它的科学分析,总是采取同实际发展相反的道路。这种思索是从事后开始的,就是说,是从发展过程的完成的结果开始的。"①

由此可见,历史领域中的自由与必然的关系问题本质上是一个实践问题,而不仅仅是认识问题。这是一个有待深入探讨并具有重大意义的哲学课题。对马克思主义的历史决定论来说,这一问题连同人的有意识的活动如何产生不以人的意识为转移的历史规律,以及历史的合规律性与合目的性如何统一的问题,是具有基础性、根本性和前沿性的问题。科学地解答这些问题,必将为历史决定论,尤其是马克思主义历史决定论的研究开辟新的天和地。

载《求是学刊》2002 年第 6 期

---

① 《马克思恩格斯全集》第 23 卷,第 92 页。

第一版后记

从 1989 年开始,我就在思考、酝酿这部著作,即《东方的崛起:关于中国式现代化的哲学反思》的写作,在共和国即将迎来 60 岁生日之际,我终于完成了这部著作的写作、修改和定稿。

当这部著作的定稿端放在写字台上时,我心中想的已经不是这部著作了。既然已经定稿,那么,它就是这样了。此时,我的思绪却和一首歌曲联系起来了,那就是《共和国之恋》:"在爱里、在情里,痛苦幸福我呼唤着你;在歌里、在梦里,生死相依我苦恋着你⋯⋯"我深情地爱着我的祖国,深切地关注着当代中国的改革开放和现代化建设,深刻地体会到只有改革开放和"中国式的现代化道路"才能把中国引向繁荣富强。因此,我把这部《东方的崛起:关于中国式现代化的哲学反思》献给共和国 60 华诞。"你恋着我,我恋着你,是山是海我拥抱着你。"

我不敢也不能说这部著作已达高屋建瓴,但它也不是浅滩上的漫步。这部著作凝聚着 20 年来我对中国特色社会主义理论和改革开放实践研究的成果,体现着我的哲学思考的维度、深度、广度,是我理论研究的心灵写照和诚实记录。

当然,我深知我的哲学素养、思维方式和知识结构的局限,深知这部著作的全部缺陷。更重要的是,当代中国的改革开放和现代化建设仍处在"现在进行时",正在向深度和广度不断拓展。因此,当我完成这部著作时，丝毫没有感到轻松。我感到，这不是我对"中国式的现代化"研究的结束，而是开始。我期望在新的研究过程中走向现实的深处，走向理论的制高点。我深知：

居高声自远，
非是藉秋风。（虞世南）

杨　耕

2009 年 9 月于北京世纪城时雨园

第二版后记

　　呈献在读者面前的这部著作,是 2009 年出版的《东方的崛起:关于中国式现代化的哲学反思》的第二版。

　　2009 年,在共和国 60 华诞之际,我出版了《东方的崛起:关于中国式现代化的哲学反思》。从那时起到现在,时间又过去了 10 多年。10 多年来,尽管我对马克思主义的理解有所变化,对改革开放和现代化建设的认识有所深化,但是,我对马克思主义的总体理解没有变化,对改革开放和现代化建设的根本认识没有变化,因而对《东方的崛起:关于中国式现代化的哲学反思》的核心观点,即只有社会主义才能救中国,只有改革开放才能发展社会主义中国,只有"中国式的现代化道路"才能把中国引向繁荣富强,没有改变。所以,《东方的崛起:关于中国式现代化的哲学思考(第二版)》继承并坚持了第一版的核心观点,维持并延续了第一版的基本理论格局和总体理论框架。正因为如此,我的这部著作主书名仍为"东方的崛起"。

　　但是,《东方的崛起:关于中国式现代化的哲学思考(第二版)》对第一版做了一次全面的技术性修订:一是对第一版的基本范畴做了全面修订,以使范畴的内涵更加明晰;二是对第一版的文字做了全面修订,以使文字的表述更加准确;三是对第一版的标点符号做了全面修订,以使标点符号的使用更加规范;四是对第一版的引文做了全面核对,以使引文的使用准确无误;五是对第一版的第九章《当代中国的开放:时代背景与思维坐标》、第十三章《邓小平理论：当代中国的马克思主义》做了较大的修改，对附录《以实际问题为中心研究马克思主义》做了较大的修改和较多的充实，并把它调整为第二版的第十八章《以实际问题为中心研究马克思主义》。可以说，第一版的每一页都留下了修订的痕迹。正因为如此，我把这部著作"定性"为2009年版之后的"第二版"。

实现现代化，重建中华民族的生存方式，实现中华民族的复兴，构成了鸦片战争以来中国历史进程的悲壮主题，凝聚着几代中国人的思考与奋斗、光荣与梦想。"中国式的现代化道路"的探索与开拓，标志着中国的现代化运动进入到自觉、主动、创造性"回应"的时空境界。关注改革开放和现代化建设，探讨和把握"中国式的现代化"的规律，并以此为基础建构面向21世纪、中国化的马克思主义；反过来，以这样一种发展着的马克思主义引导当代中国的实践活动，使社会主义在中华民族的伟大复兴中再造辉煌，使中华民族在社会主义的改革中实现伟大复兴，这，正是我们这一代学者的责任和使命。人应该有使命意识，而且每一代人有每一代的责任和使命。正如马克思所说，"作为确定的人，现实的人，你就有规定，就有使命，就有任务，至于你是否意识到这一点，那都是无所谓的。这个任务是由于你的需要及其与现存世界的联系而产生的"。

"中国式的现代化"的最基本特征和最重要意义就在于，它把现代化、市场化和社会主义改革这三重重大的社会变革浓缩在同一时空中进行了，因而构成一次史无前例、特殊而又复杂的"革命性变革"。正是在"中国式的现代化"的实践活动中，我透视出中国共产党人的初心、坚守和奋斗，透视出14亿中国人民如何从东南西北悲壮奋起的宏大历史场面，透视出历经磨难的中华民族何以复兴于当代的全部秘密。改革的确是中国的"第二次革命"，"中国式的现代化道路"的确决定着中国的未来走向。正因为如此，在第一版《东方的崛起：关于中国式现代化的哲学反思》出版后的十余年，我仍然深切地关注着改革开放和现代化建设。自不量力地借用伟人周恩来的一句诗，那就是"面壁十年图破壁"，以发现和把握"中国式的现代化"的规律，从而为提高中华民族的理论思维水平，为重建民族的生存方式、思维方式和价值观念，做出自己应有的贡献。

正因为如此，我向读者呈上《东方的崛起：关于中国式现代化的哲学思考（第二版）》，以表达一个当代中国学者的责任和使命、信心和信念。

和第一版《东方的崛起：关于中国式现代化的哲学反思》一样，第二版的主题仍是东方的"崛起"，重在讨论"中国式的现代化道路"的开创，重在研究邓小平理论的创立。因此，第二版仍重在阐述邓小平是如何开创"中国式的现代化道路"，如何创立邓小平理论的，以阐明邓小平为开创中国特色社会主义做出的历史性贡献，建立的历史性伟业。正如习近平总书记所说，邓小平同志是"中国社会主义改革开放和现代化建设的总设计师，中国特色社会主义道路的开创者，邓小平理论的主要创立者"。"邓小平同志留给我们的最重要的思想和政治遗产，就是他带领党和人民开创的中国特色社会主义，就是他创立的邓小平理论。"

中国特色社会主义已经进入新时代，新的时代必然产生新的思想，这就是习近平新时代中国特色社会主义思想。新时代的中国特色社会主义理应得到更深入而全面的研究，习近平新时代中国特色社会主义思想理应得到更深刻而详尽的阐述。然而，由于这部著作的主题，即东方的"崛起"的限制，由于这部著作篇幅的限制，我只好把这一重大的课题留给以后的论著了。

华东师范大学出版社社长王焰编审慷慨地把《东方的崛起：关于中国式现代化的哲学思考（第二版）》列入出版计划；项目部主任朱华华副编审精心组织第二版的编辑、出版工作；责任编辑王海玲编审以其认真负责的态度、高超的编辑水平，高质量地完成了第二版的编辑工作；北京师范大学出版集团杜丽娟编辑不辞辛劳，打印了第二版的全部书稿，并核对了全部引文。从中，我深深地感受到朋友们的深情厚谊。每当我处在人生的十字路口时，每当我处在人生的"低谷"时，每当我"山重水复"已"无路"时，总有朋友默默地站在那里在等候着我，给我智慧、力量和信心。

正是朋友们的深情厚谊,使"我不去想身后会不会袭来寒风冷雨"(汪国真),在哲学和人生的道路上风雨兼程,直到"看见世界的尽头"(刘伯延)。

杨　耕

2021 年 10 月于北京世纪城时雨园